CICÉRON

DISCOURS

POUR C. RABIRIUS POSTUMUS

POUR T. ANNIUS MILON

COLLECTION DES UNIVERSITÉS DE FRANCE
publiée sous le patronage de l'ASSOCIATION GUILLAUME BUDÉ

CICÉRON

DISCOURS

TOME XVII

POUR C. RABIRIUS POSTUMUS
POUR T. ANNIUS MILON

TEXTE ÉTABLI ET TRADUIT
PAR
ANDRÉ BOULANGER

Cinquième tirage

PARIS
LES BELLES LETTRES
2002

Conformément aux statuts de l'Association Guillaume Budé, ce volume a été soumis à l'approbation de la commission technique, qui a chargé M. E. Galletier d'en faire la révision et d'en surveiller la correction en collaboration avec M. A. Boulanger.

95 boulevard Raspail, 75006 Paris
www.lesbelleslettres.com

Première édition 1949

ISBN : 2-251-01070-X
ISSN : 0184-7155

PLAIDOYER
POUR C. RABIRIUS POSTUMUS

NOTICE

I

Date du procès. L'affaire de C. Rabirius Postumus, comme l'indique Cicéron lui-même, n'est qu'un « mince appendice » au procès de concussion intenté à Gabinius [1]. Comme ce procès a été jugé au plus tôt dans les derniers jours d'octobre 54 [2] et que le défenseur dans son plaidoyer pour Rabirius mentionne le froid rigoureux qui se fait alors sentir à Rome [3], on peut dater cette affaire de l'hiver 54/53 [4]. Rabirius ayant été poursuivi comme agent de Gabinius et bénéficiaire de ses rapines, son procès est en quelque sorte le dernier épisode de l' « affaire d'Égypte ».

L'affaire d'Égypte [5]. En 59, lors de son consulat, César, moyennant une indemnité de 6.000 talents dont Pompée eut sa part, avait fait accorder par le sénat et le peuple romain à Ptolémée XIII dit Aulète, roi d'Égypte, la reconnaissance officielle qu'on lui faisait attendre depuis vingt ans [6] ainsi que le titre d' « ami et allié du peuple romain ». Mais ce triste sire que l'opinion générale tenait pour un ivrogne et un débauché

1. *Rab. P.*, 8 : « quasi quaedam appendicula causae iudicatae atque damnatae ».

2. Dans une lettre à Quintus (3, 4, 1 ; cf. *Att*, 4, 18, 1 et *Quint.*, 3, 5, 5) datée du 24 octobre 54, Cicéron annonce l'acquittement de Gabinius dans le procès *de maiestate* et prévoit une condamnation dans le procès *de repetundis* qui est proche.

3. *Rab. P.*, 42 : « hanc uim frigorum hiememque ».

4. Drumann-Grœbe, *Geschichte Roms*, t. VI, p. 63, propose novembre 54, sans que rien autorise une telle précision.

5. Cf. A. Bouché-Leclercq, *Histoire des Lagides*, t. II, p. 181 et suiv.

6. Rappelons qu'en 81, à la mort de Ptolémée XII, le bruit avait été répandu à Rome que le roi avait légué ses états aux Romains ; il y avait eu dès lors au Sénat des partisans de l'annexion de l'Égypte. Les titres de Ptolémée XIII, bâtard de Ptolémée XII, n'étaient d'ailleurs pas indiscutables.

s'entendait fort mal avec ses sujets. Dès l'année suivante, ne se sentant plus en sûreté à Alexandrie, il quitta subrepticement son royaume. Après un détour par Rhodes où il rencontra Caton mais ne se laissa pas convaincre par ses sages conseils, il se réfugia en Italie. A défaut de César, qui guerroyait en Gaule, il se flattait de trouver pour sa restauration un secours efficace tant auprès de Pompée que de ses créanciers dont le principal était sans doute Rabirius. Pompée l'hébergea dans sa villa d'Albe et Rabirius lui consentit un nouveau prêt. Ptolémée employa fort utilement cet argent à se concilier des partisans au Sénat et en Égypte ; d'autre part il fit massacrer une délégation envoyée d'Alexandrie pour soutenir contre lui la cause de ses anciens sujets. Cependant le consul P. Lentulus Spinther fit voter par le Sénat un décret qui changeait le proconsul de Cilicie — Lentulus s'était réservé cette province à sa sortie de charge — de replacer Ptolémée sur le trône d'Égypte [1]. Comme l'affaire promettait de beaux bénéfices, Pompée se serait volontiers risqué à l'entreprise, en dépit de l'impopularité qu'elle ne pouvait manquer de lui attirer. Mais il se heurta à une violente opposition. Le jeune tribun de la plèbe C. Caton, ami de Clodius, provoqua une consultation des livres sibyllins. On y lut que la restauration du roi d'Égypte par la force armée serait dangereuse pour Rome [2]. De son côté, Crassus ne témoignait pas pour l'opération projetée moins d'intérêt que Lentulus et Pompée. Cependant les années 57 et 56 se passèrent en vaines discussions, chacun des trois candidats mettant tout en œuvre pour écarter les deux autres.

Ptolémée avait quitté Rome vers la fin de 57 pour attendre à Ephèse l'heure de sa restauration, laissant à son agent Hammonius des instructions et des moyens pour poursuivre dans le Sénat son travail de corruption [3].

1. Cf. Cic., *Rab. P.*, 21 ; *Fam*, 1, 1, 3 ; 7, 17, 1; Dion Cas., 39, 12, 3.
2. Dion Cassius, 39, 15-16
3. Cicéron en témoigne dans une lettre à Lentulus de janvier 56 (*Fam.*, 1, 1, 1) : « Hammonius, regis legatus aperte pecunia nos oppugnat ; res agitur per eosdem creditores per quos, cum tu aderas, agebatur. »

Cependant les Alexandrins s'efforçaient de rendre impossible le retour de leur ancien roi. Après plusieurs tentatives avortées, ils avaient trouvé en Syrie un aventurier du nom d'Archélaos, qui se disait fils de Mithridate Eupator. Ils le donnèrent pour époux à la reine Bérénice, fille aînée du roi, qui exerçait nominalement la régence depuis le départ de celui-ci, et le proclamèrent roi d'Égypte [1]. C'est alors que Ptolémée, comprenant qu'à attendre davantage il compromettrait définitivement ses chances de restauration, obtint, moyennant la promesse de 10.000 talents, l'intervention armée de Gabinius, le consul de 58, que les triumvirs avaient prolongé dans son gouvernement de Syrie jusqu'à l'arrivée de Crassus. Nul doute que l'opération n'ait été autorisée, voire même encouragée par César et Pompée [2]. Au printemps de 55, Gabinius marcha contre Alexandrie avec presque toutes les forces de sa province. Il triompha sans peine de la résistance des Égyptiens et leur imposa un roi qu'ils avaient si peu désiré. Il regagna rapidement sa province, laissant une garnison en Égypte. Il y avait installé, comme ministre des finances du roi, Rabirius Postumus, en le chargeant sans doute de faire rentrer la somme que Ptolémée lui avait promise.

La nouvelle de cette expédition, interdite par le Sénat et condamnée à l'avance par l'oracle sibyllin, excita autant de surprise que d'indignation à Rome, surtout dans le parti conservateur. Cicéron en fut particulièrement ému. Il détestait en Gabinius le consul de 58, qu'il rangeait à bon droit parmi les responsables de son exil. Par égard pour Pompée, il s'abstint de mentionner l'expédition d'Alexandrie dans son discours *Sur les provinces consulaires*, où cependant il ne ménage guère Gabinius. Mais son animosité se déchaîna contre lui dans l'invective qu'il dirigea contre Pison. Il y maudit l'homme qui a vendu au roi d'Égypte « sa personne, ses faisceaux, l'armée du peuple romain, la révélation et prohibition des dieux immortels, les réponses des prêtres, l'autorité du

1. Dion Cassius, 39, 57.
2. Cf. Bouché-Leclercq, *Hist. des Lagides*, t. II, p. 162.

Sénat, les ordres du peuple, le nom et la dignité de l'Empire »[1]. Il garde le silence lorsque, en février 54, les publicains mettent Gabinius en cause devant le Sénat et que les tribuns menacent de porter l'affaire devant le peuple. Mais quelque temps après il le prend à partie dans un discours très violent, aujourd'hui perdu[2] et réclame contre lui un châtiment exemplaire.

Lorsque Gabinius revint à Rome en septembre, il eut à faire face à une triple accusation *de maiestate*, *de repetundis*, *de ui*. Cicéron, qui figurait parmi les témoins à charge dans le premier procès, fit à Pompée cette nouvelle concession de ne déposer qu'avec une modération extrême. Gabinius fut acquitté[3]. La corruption avait évidemment joué en la circonstance un rôle prépondérant. Lors du procès en concussion, Cicéron, après bien des hésitations et tourmenté de scrupules, céda aux prières de Pompée et accepta de défendre son ennemi. Cette fois, « il eut la honte sans le profit ». Gabinius, exagérément rassuré par son acquittement se montra moins généreux envers son second jury. Les témoignages écrits de Pompée, de César, de Ptolémée, les dépositions complaisantes des délégués alexandrins qui affirmèrent contre l'évidence que Gabinius n'avait pas reçu d'argent du roi d'Égypte, enfin le plaidoyer de Cicéron ne purent lui épargner la condamnation. Astreint à restituer à l'État la somme de 10.000 talents, il fut incapable de s'acquitter et ne put trouver de cautions. Il lui fallut donc s'exiler.

C'est alors que le tribun de la plèbe C. Memmius, accusateur de Gabinius, se tourna contre Rabirius. En vertu d'un article de *la lex Iulia de repetundis*, portée par César en 59, il prétendit le rendre solidairement responsable de l'amende infligée à Gabinius et l'assigna en paiement de la somme que celui-ci n'avait pu acquitter.

1. *In Pis.*, 48, cité par Bouché-Leclercq, *Hist. des Lagides*, t. II, p. 166.
2. Cité avec le *pro Gabinio* par Quintilien, 11, 1, 73.
3. Cicéron, lettres citées *supra*, p. 7, n. 2.

C. Rabirius Postumus [1]. C. Rabirius Postumus était fils de C. Curtius [2], riche chevalier romain, homme d'affaires renommé et de Rabiria, sœur du C. Rabirius que Cicéron défendit en 63 dans un procès de *perduellio* [3]. Il fut adopté par son oncle maternel, sans doute par testament [4] et dès lors changea son nom de C. Curtius Postumus en celui de C. Rabirius Postumus. On sait par Cicéron qu'il avait pris la suite des affaires de son père [5] et les développa considérablement. Son activité s'étendait à maints domaines : fermes de l'État, travaux publics, prêts à des villes étrangères et à des souverains. Aussi généreux qu'habile, il associait ses amis à ses affaires, c'est-à-dire s'employait à faire fructifier leurs capitaux. En 59, lorsque Ptolémée XIII, reconnu roi d'Égypte grâce aux bons offices, largement rétribués, de César, se trouva à court d'argent, Rabirius lui avait consenti un prêt important. Dans la suite le roi, qui avait quitté l'Égypte, fut hors d'état de le rembourser. Pour rattraper cette créance fort aventurée, Rabirius, lorsque Ptolémée se réfugia à Rome, lui fit de nouvelles avances, engageant non seulement son propre argent mais celui de ses amis. Cicéron, dans son plaidoyer, entend dégager complètement la responsabilité de son client quant à l'emploi de cet argent qui servit à acheter la bienveillance de nombreux sénateurs comme

1. Sur C. Rabirius Postumus, v. PAULY-WISSOWA, *Real-Encyklopädie*, IV, 1763 et suiv. ; DRUMANN-GRŒBE, *Geschichte Roms*, VI, p. 60 et suiv. ; G. BOISSIER, *Cicéron et ses amis*, p. 123 et suiv. et l'alerte article de P. GUIRAUD, *Histoire d'un financier romain*, dans *Rev. de Paris*, 15 janvier 1903, recueilli dans *Etudes économiques sur l'Antiquité*, p. 204-240 ; H. DESSAU, *Caius Rabirius Postumus* dans *Hermes*, 46, 1911, p. 613-620, et 47, 1912, p. 320.

2. Sur ce personnage v. CICÉRON, *Pro Rabirio perduellionis reo*, 8 et *Rab. P.*, 3 ; 45 ; 47.

3. V. dans la présente édition, t. IX.

4. Selon l'hypothèse très vraisemblable de DESSAU, *art. cit.*, p. 615. qui estime que les mots *C. Rabiri iudicio et uoluntate* (*Rab. P.*, 45) conviennent bien à une adoption de cette sorte.

5. Le témoignage de Cicéron : «patrem suum nunquam uiderat» (*Rab. P.*, 4) semble établir que Rabirius ait été enfant posthume. Toutefois ce *cognomen* paraît avoir été fréquent dans la famille des Curtius (Cf. CICÉRON, *Ver.*, 1, 100) ; il apparaît souvent aussi comme prénom.

nous l'avons vu, et à subvenir au train somptueux du roi [1]. D'ailleurs quand Ptolémée quitta Rome à la fin de 57, il signa une reconnaissance de dette en bonne et due forme dans la villa albaine de Pompée et peut-être avec la garantie de celui-ci [2].

En 55, dès que le roi fut rétabli sur son trône, Rabirius se hâta de gagner l'Égypte [3], où il s'évertua non seulement à faire rentrer sa propre créance, capital et intérêts, mais à lever, pour le compte de Gabinius les 10.000 talents promis par Ptolémée. Pour parvenir plus aisément à ses fins, il accepta — et peut-être sollicita — le titre d'intendant général (*dioecetes*) du roi et se résigna à porter les insignes de sa charge et le costume grec qui était celui des fonctionnaires royaux. Mais les Alexandrins supportèrent fort mal ces nouvelles exactions et le roi, peut-être sous prétexte de protéger la vie de son ministre et créancier, le fit jeter en prison. Cicéron prétend même que ses jours furent en danger [4]. Il réussit enfin à quitter l'Égypte, « nu et sans ressources », à en croire son défenseur, mais non sans avoir dirigé sur Pouzzoles quelques vaisseaux chargés de marchandises égyptiennes. En rentrant à Rome, il se déclara complètement ruiné et, dit Cicéron [5], aurait été réduit à la banqueroute si César ne l'avait secouru de ses libéralités.

C'est alors que, pour consommer son désastre, les accusateurs de Gabinius, après la condamnation de celui-ci,

1. *Rab. P.*, 5.

2. J. Carcopino, *César*, p. 732.

3. Cicéron affirme, *Rab. P.*, 21 — et il n'y a pas de raison de suspecter son témoignage, — que Rabirius ne faisait pas partie de la suite de Gabinius lors de l'expédition d'Alexandrie (*non Gabini comes uel sectator*).

4. D'après Guiraud, *op. cit.*, p. 233, Rabirius aurait été disgracié par le roi à la suite d'une intrigue de cour. « Ce fut une chute de grand-vizir. » Bien que cette interprétation s'accorde avec la version présentée par Cicéron, *Rab. P.*, 29, nous avons adopté, comme plus vraisemblable, celle de Bouché-Leclercq, *op. cit.*, p. 169, qui admet que Ptolémée a emprisonné Rabirius pour donner une certaine satisfaction à la colère du peuple, tout en le mettant à l'abri des violences de la rue.

5. *Rab. P.*, 41.

l'impliquèrent dans l'affaire et prétendirent le contraindre à payer la partie de l'amende que Gabinius n'avait pu solder par ses propres ressources. L'action judiciaire, étroitement solidaire de la précédente, fut intentée par les mêmes accusateurs, soumise aux mêmes juges, présidés cette fois encore par le préteur Caton ; enfin l'accusation provoqua une nouvelle comparution des témoins alexandrins.

L'accusation contre Rabirius. Il est bien difficile, faute de témoignages précis, de définir exactement l'action judiciaire intentée à Rabirius [1]. Le plaidoyer de Cicéron est fort obscur et défiguré par de nombreux *loci desperati*. Il ne s'agit pas d'un véritable procès *de repetundis* [2]. Toutefois l'action, comme nous l'avons indiqué, a été intentée en vertu d'un article de la *lex Iulia de repetundis*, qui mettait en cause ceux « ad quos ea pecunia quam is ceperit qui damnatus sit peruenerit » [3]. Comme d'ordinaire dans les procès *de repetundis*, des griefs secondaires s'ajoutaient au chef d'accusation principal, Memmius reprochait à Rabirius d'avoir fourni aux agents de Ptolémée des sommes destinées à corrompre le sénat en vue de la restauration du roi [4], d'avoir séjourné à Alexandrie comme intendant général du roi et d'avoir adopté le costume grec dans l'exercice de ses fonctions [5].

1. Selon Suétone, *Claud.*, 16, 2, l'empereur Claude, lors de sa censure « nota » un citoyen parce qu'il avait été de la compagnie d'un roi dans une province « et il rappela que jadis on avait intenté un procès de lèse-majesté à Rabirius Postumus qui avait suivi Ptolémée à Alexandrie pour sauver une créance ». Cette erreur repose évidemment sur une interprétation superficielle ou un souvenir confus du discours de Cicéron. En fait le séjour de Rabirius en Égypte comme fonctionnaire royal n'est pour les accusateurs qu'un grief accessoire.

2. Cf. Ciaceri, *Cicerone e i suoi tempi*, t. II, p. 135 ; E. Costa, *Cicerone giureconsulto*, t. IV, p. 55.

3. E. Costa, *loc. cit.*, d'après Cicéron, *Rab. P.*, 8.

4. *Rab. P.*, 6. En fait le grief était parfaitement fondé, au témoignage de Cicéron lui-même. Cf. *supra*. p. 8, n. 3.

5. *Rab. P.*, 22 et suiv. Notons que selon Orose, 6, 19, 20, après la défaite d'Antoine et l'occupation d'Alexandrie par Octave, le sénateur

La défense. Quelle que fût la valeur de la cause de Rabirius, Cicéron avait d'excellentes raisons d'assumer la défense. Tout d'abord, lors de son exil, Rabirius l'avait fort opportunément soutenu de son argent, lui et sa famille [1]. Il ne pouvait oublier qu'en 63 il avait été le défenseur du père adoptif de Rabirius Postumus, accusé de haute trahison. C'était en outre pour lui une fort utile occasion de s'attirer la reconnaissance de l'ordre équestre, élément nécessaire de cette *consensio bonorum* sur laquelle Cicéron appuyait toute sa politique. Surtout il s'agissait de complaire à César qui, quoique absent, apparaissait comme le principal *aduocatus* de l'accusé. On ose à peine ajouter que peut-être il a cherché, en faisant acquitter Rabirius, une revanche — évidemment médiocre — à son échec dans le procès *de repetundis* de Gabinius

Le plaidoyer apparaît comme singulièrement pauvre bien qu'il n'y ait pas de lacune importante dans le texte qui nous est parvenu [2]. L'avocat use, et encore sans trop y insister, d'un unique argument juridique, qui, s'il était fondé, suffirait à mettre Rabirius hors de cause : les sanctions prévues par la *lex Iulia de repetundis* ne concernant que l'ordre sénatorial ; par conséquent Rabirius, chevalier romain, ne peut être condamné en vertu de cette loi [3]. Quant au reste, appliquant la règle qu'il a énoncée dans le *De Oratore* [4], il oppose à toutes les accusations une négation absolue. Il repousse dédaigneusement les

romain Ovinius fut mis à mort pour avoir avili sa dignité en acceptant la charge d'intendant des ateliers royaux de tapisserie et de tissage. (Cité par Bouché-Leclercq, *op. cit.*, t. II, p. 332.)

1. *Rab. P.*, 47, .

2. Quintilien, 3, 6, 11, le résume ainsi : « ... prima parte orationis in hoc intendit ut actionem competere in equitem Romanum neget, secunda nullam ad eum pecuniam peruenisse negat ».

3. *Rab. P.*, 12. — E. Costa, *Cicerone giureconsulto*, t. IV, p. 42, fait remarquer que cette loi, bien que concernant essentiellement les magistrats concussionnaires appartenant à la *nobilitas*, devait valoir aussi pour les chevaliers qui, dans l'exercice des charges publiques qui pourraient leur être confiées commettraient les délits visés par la loi.

4. *De orat.*; 2, 105 « ... et de pecuniis repetundis, quae maximae sunt, neganda fere sunt omnia ».

griefs secondaires relatifs à la tentative de corruption du sénat et au séjour de Rabirius à Alexandrie comme fonctionnaire royal. L'essentiel de l'argumentation consiste à dissocier complètement la cause de Rabirius de celle de Gabinius. Il conteste formellement que les débats du procès de l'ancien proconsul de Syrie aient fait apparaître quoi que ce soit à la charge de son client. Pas une fois, dit-il, il n'a été fait mention de Rabirius et notamment son nom n'a pas été cité lorsque le tribunal a fixé la somme qui devait être restituée par le condamné. Rabirius n'a participé en rien aux opérations délictueuses de Gabinius. Il est faux qu'il ait perçu à son bénéfice un supplément aux *decumae* levées par lui sur l'ordre du roi pour être versées à Gabinius. Cette accusation, dit-il, est fondée uniquement sur les affirmations des témoins alexandrins qui, dans le premier procès, ont déposé en tant que témoins à décharge, assurant que Gabinius n'avait rien touché du roi, et prêtent maintenant leur témoignage à l'accusation [1]. Bien loin d'être le complice entre les mains de qui a passé l'argent, Rabirius est une victime de Ptolémée et de Gabinius.

L'avocat fait grand état de la pauvreté présente de son client — pauvreté simulée, prétend l'accusation — mais qui, d'après lui, prouve que l'accusé n'a pas bénéficié des exactions de Gabinius et en tout cas le rend incapable de rembourser les sommes réclamées à celui-ci.

Toute cette argumentation ne paraît guère faite pour emporter la conviction. Partout elle laisse apparaître la gêne qu'éprouve Cicéron a affirmer par surcroît l'innocence de Gabinius. Il semble que, pour enlever l'acquittement de son client, Cicéron ait compté bien moins sur l'argument juridique, présenté d'ailleurs de façon peu convaincante, et sur la démonstration qu'il a prétendu faire de l'innocence de son client par le récit des faits que sur le grand nom de César, protecteur de l'accusé. C'est pourquoi le plaidoyer s'achève par un éloge de César qui prélude au panégyrique qu'on trouvera dans le *Pro Marcello*.

1. *Rab. P.*, 34 et suiv.

Issue du procès. Nous ignorons si ce médiocre plaidoyer, même appuyé par tout le crédit de César, a pu faire acquitter un accusé dont l'innocence était plus que douteuse. H. Dessau, dans un article admirable d'érudition et d'ingéniosité [1] s'est efforcé de démontrer que C. Rabirius Postumus figurait maintes fois dans la correspondance de Cicéron, postérieurement à ce procès, sous les appellations de Curtius, de Postumus Curtius et de Postumus. Notamment il est dit qu'en 49 Postumus Curtius, songe à briguer la préture [2]. Donc le client de Cicéron, s'il faut l'identifier avec ce Postumus Curtius, aurait été à cette date en possession de ses droits civiques et par conséquent n'aurait pu être frappé en 54 d'une condamnation qui l'aurait contraint à s'exiler de Rome, car le rétablissement des exilés par César n'intervint que plus tard [3].

Certes ce personnage, dont Cicéron se dit le *patronus* [4] et qu'il donne comme un partisan de César a quelques traits communs avec C. Rabirius Postumus, mais l'identification n'est nullement certaine [5].

Tout ce qu'on est en droit d'affirmer c'est que, durant l'hiver de 46, un Rabirius Postumus, qui est sûrement le client de Cicéron se trouvait en Afrique avec César et fut chargé par celui-ci d'assurer, avec une partie de la flotte de guerre, le ravitaillement de la Sicile, mission qui convenait parfaitement à un homme d'affaires [6].

1. Cité *supra*, p. 11, n. 1.
2. Att., 9, 2a, 3 ; 9, 3, 2 ; 9, 5, 1.
3. Selon Ciaceri, *Cicerone e i suoi tempi*, t. II, p. 136, n. 6, qui cependant croit à l'acquittement deRabirius, le fait qu'il ait joui de ses droits civiques après le procès ne prouve nullement qu'il ait été absous car « il n'a pas été soumis à une véritable action *de repetundis* » et l'obligation de se substituer à un condamné défaillant pour la restitution des sommes indûment perçues n'entraînait pas la perte des droits civiques.
4. *Att.*, 9, 6, 2.
5. Il faut accorder à Dessau que dans la pratique, en dehors des circonstances officielles, un adopté conserve assez longtemps son nom primitif. C'est ainsi que Cicéron continue à donner à Atticus le nom de Pomponius longtemps après son adoption par Q. Caecilius. Mais il est fort surprenant que le nom de Rabirius n'apparaisse jamais dans la correspondance de Cicéron où Postumus Curtius est si souvent mentionné.
6. *Bell. Afr.*, 8, 1 ; 26, 3.

II

Sources du texte. Tous les manuscrits qui nous ont conservé le texte du *Pro Rabirio Postumo* dérivent de la copie que Poggio avait faite d'un manuscrit découvert par lui en 1417, probablement en France [1]. Cette copie, envoyée en Italie a disparu et l'on n'a pas retrouvé de traces du manuscrit original, qui contenait, outre le *Pro Rabirio Postumo*, les discours contre Rullus sur la loi agraire et le *Pro Rabirio perduellionis reo*. Ce manuscrit était mutilé et fort corrompu. Pour donner un texte lisible les copistes ont fait grand usage de la conjecture.

Clark a collationné pour son édition onze manuscrits du xve siècle qui dérivent plus ou moins directement de la copie de Poggio. Le plus proche de cette copie encore que séparé d'elle au moins par un intermédiaire est sans doute le Laurentianus XLVII, 26 (Ω) [2].

A. Klotz n'a pas jugé utile de désigner nominativement dans son apparat chacun des manuscrits dérivés de la copie de Poggio. Il s'est contenté de trois signes qui désignent respectivement : ω l'accord de tous les manuscrits ; ψ les leçons de l'archétype ; ς celles d'un ou plusieurs manuscrits. Il est certain que ces désignations sont parfois arbitraires. C'est pourquoi, utilisant les collations de Clark, nous n'avons pas cru pouvoir nous dispenser de renvoyer à chacun des manuscrits sur lesquels est fondé l'établissement du texte. L'ingéniosité des philologues, depuis quatre siècles et demi, s'est exercée en vain sur de nombreux *loci desperati*. En maints

1. Sur cette découverte de Poggio, v. SABBADINI, *Le scoperte dei codici latini*, t. I, 1905, p. 81 et 84 ; t. II 1914, p. 191-192 ; E. WALSER, *Poggius Florentinus Leben und Werke*, p. 57 et suiv. ; A. C. CLARK, *Anecdota Oxoniensia, Class. Series*, XI, 1909. Cf. t. IX de la présente édition, p. 26 et suiv.

2. On trouvera ces manuscrits énumérés ci-dessous, liste des sigles, p. 21.

passages, notamment aux § 2, 26, 37, 38, 40, 43, pour offrir au lecteur un texte intelligible, il faut se résigner à des restitutions absolument arbitraires.

Bibliographie. Il n'existe pas d'édition particulière du *Pro Rabirio Postumo*. Il faut donc avoir recours aux éditions collectives des discours de Cicéron.

L'édition de A. C. Clark (*Scriptorum classicorum Bibliotheca Oxoniensis*, 1909) marque un progrès considérable sur celles qui l'ont précédée.

L'édition de A. Klotz (M. Tulli Ciceronis *Scripta quae manserunt omnia*, t. VII, dans la *Bibliotheca Teubneriana*, 1919) a contribué sur bien des points à rétablir et à expliquer ce texte difficile et profondément corrompu [1].

1. Qu'il me soit permis d'exprimer ici ma profonde reconnaissance à M. Édouard Galletier qui une fois de plus, a été pour moi, bien plus qu'un réviseur, le plus compétent et le plus dévoué des collaborateurs.

ANALYSE DU DISCOURS

Exorde (§ 1-2)

Rabirius n'est coupable que de s'être lié aux promesses d'un roi.

Narration (§ 3-7)

Rappel de la carrière de Rabirius. Homme d'affaires habile et généreux, il fut amené à consentir des prêts considérables au roi d'Égypte ; mais il ne peut être tenu responsable de l'emploi qui a été fait de cet argent, notamment pour corrompre le Sénat.

Réfutation (§ 8-44)

L'affaire de Rabirius n'est qu'un appendice de celle de Gabinius. L'action a été intentée en vertu d'un article de la *lex Iulia de repetundis*. Or cet article ne peut concerner Rabirius dont le nom n'a pas été prononcé au cours du procès de Gabinius (§ 8-11). De plus cette loi ne concerne pas l'ordre équestre (§ 12-19). — Rabirius ne peut nullement être impliqué dans l'affaire de Gabinius car il n'a été mêlé en rien à la restauration de Ptolémée (§ 19-21). Il a été intendant général du roi d'Égypte, mais il n'y a consenti que dans l'espoir de récupérer les sommes qu'il avait avancées à Ptolémée. Il a été obligé de revêtir le costume grec, mais bien des Romains l'avaient fait avant lui. On ne peut lui faire un grief d'avoir cédé à la contrainte (§ 22-29). Il est faux que Rabirius, dans l'exercice de ses fonctions, en levant de l'argent destiné à Gabinius, ait perçu un supplément pour lui-même. Le témoignage à ce sujet des Alexandrins est sans valeur, car, dans le procès de Gabinius, ils ont affirmé que celui-ci n'avait rien reçu du roi (§ 30-38).

On accuse Rabirius de dissimuler l'argent qu'il avait rapporté d'Égypte. En réalité, il est revenu de ce pays pauvre et sans ressources et n'a été sauvé de la banqueroute que par l'admirable générosité de César (§ 38-44).

Péroraison (§ 45-48)

Le défenseur implore les juges en faveur d'un accusé innocent et si digne d'intérêt et dans les derniers mots rappelle le généreux appui que César lui a prêté.

SIGLA

Ω = cod. Laur. XLVIII. 26 (Lag. 26)
μ = cod. Matritensis 10097
m = cod. Ambros. C. 96 supr.
o = cod. Oxon Dorvill. 78 (Lag. 38)
p = cod. Paris. Nouv. Acq. 1564
q = cod. Paris. 7788
s = cod. Senensis H. VI. 12
t = cod. Senensis H. XI. 61
ψ = cod. Laur. (Gadd.) XC. sup. 69

---

c = cod. Oxon. Canon. 226
k = cod. Paris. 7779, A. D. 1459 scriptus

Omnes codices saeculo XV° scripti sunt

PLAIDOYER POUR C. RABIRIUS POSTUMUS

Exorde. I. 1 Si quelqu'un pense, juges, que C. Rabirius mérite qu'on le blâme pour avoir soumis sa fortune au pouvoir et à l'arbitraire d'un roi, une fortune particulièrement bien assise et des mieux constituée, il peut invoquer à l'appui de son jugement non seulement sa propre opinion mais l'opinion de celui qui a commis cette faute, car personne ne désapprouve sa conduite plus fortement que lui-même. Cependant notre usage ordinaire est de juger les entreprises par les résultats et de dire, en cas de réussite, qu'on a fait preuve de beaucoup de prévoyance et, dans le cas contraire, qu'on a manqué de jugement. Si le roi avait eu quelque loyauté, nul ne serait plus sage que Postumus ; parce que le roi l'a trompé, on déclare que nul n'est plus insensé que mon client, si bien qu'on dirait que la sagesse n'est que divination[1] . 2 Cependant, juges, si quelqu'un pense qu'il faut reprocher à Postumus la vanité de ses espérances ou l'imprudence de sa conduite, ou, pour me servir de l'expression la plus sévère, son irréflexion, je ne contredis pas à son opinion, mais je lui adresse seulement une prière : puisqu'il voit que la fortune elle-même a puni si cruellement les entreprises de Postumus, qu'il ne croie pas devoir ajouter un surcroît d'amertume au désastre dont celui-ci est accablé. C'est bien assez de ne pas relever ceux que leur imprudence a fait tomber, mais s'acharner contre ceux qui sont à terre ou pousser ceux qui glissent au précipice, c'est sûrement de la barbarie, quand surtout juges, en vertu d'un penchant naturel, en quelque sorte,

1. C'est-à-dire que la sagesse consiste uniquement à prévoir l'issue des entreprises.

M. TVLLI CICERONIS
PRO C. RABIRIO POSTVMO ORATIO

I 1 Si quis est, iudices, qui C. Rabirium, quod fortuna*s* sua*s*, fundatas praesertim atque optime constitutas opes, potestati regiae libidinique commiserit, reprehendendum putet, ascribat ad iudicium suum non modo meam sed etiam ipsius qui commisit sententiam ; nec cuiquam enim eius consilium uehementius quam ipsi displicet. Quamquam hoc plerumque facimus ut consilia euentis ponderemus et, cui bene quid processerit, multum illum prouidisse, cui secus, nihil sensisse dicamus. Si exstitisset in rege fides, nihil sapientius Postumo, quia fefellit rex, nihil hoc amentius dicitur, ut iam nihil esse uideatur nisi diuinare sapientis. 2 Sed tamen, si quis est, iudices, qui illam Postumi siue inanem spem siue inconsultam rationem siue, ut grauissimo uerbo utar, temeritatem uituperandam putet, ego eius opinioni non repugno ; illud tamen deprecor ut, cum ab ipsa fortuna crudelissime uideat huius consilia esse multata, ne quid ad eas ruinas quibus hic oppressus est addendum acerbitatis putet. Satis est homines imprudentia lapsos non erigere, urgere uero iacentis aut praecipitantis impellere certe est inhumanum, praeser-

1 fortunas suas *t* : fortunae suae *uel* suae fortunae *cett.* || opes *om. t*, *del.* ***Muret***.
2 praecipitantis : periclitantis *ck*.

au genre humain, dans une famille illustrée par un titre de gloire, ceux qui appartiennent à cette race, parce que les mérites de leurs ancêtres sont célébrés dans les propos des hommes et perpétués dans leur souvenir, poursuivent en général avec une ardeur extrême ce même titre de gloire. C'est ainsi que non seulement dans l'art de la guerre Paul-Emile a été imité par ses fils Scipion et Maximus, mais encore dans le sacrifice de sa vie et dans le genre même de sa mort, P. Decius l'a été par son fils [1]. Qu'il me soit donc permis d'assimiler les petites choses aux grandes, juges.

Narration, II **3** Au temps de notre enfance, le père de mon client, C. Curtius, tenait le premier rang dans l'ordre équestre ; c'était un homme de cœur et un publicain des plus considérables. Sa grande capacité dans les affaires n'aurait pas été si hautement appréciée s'il n'y avait pas eu chez lui une extraordinaire obligeance, si bien qu'on aurait dit qu'en augmentant sa fortune il cherchait non pas la satisfaction de la cupidité mais le moyen d'exercer sa bienfaisance. **4** Né d'un tel père, bien qu'il ne l'eût jamais vu, Rabirius, sans autres guides que la nature, dont le rôle est si considérable, et les leçons que ne cessait de lui donner sa famille, fut amené à conformer sa vie à l'exemple de son père. Son activité fut grande ; il s'engagea dans une foule d'affaires ; il eut d'importantes participations dans les fermes de l'État ; il consentit des prêts à des nations étrangères ; il avait des intérêts dans maintes provinces et même il se dévoua à des rois ; une première fois déjà il avança au roi d'Alexandrie dont il est présentement question une somme considérable. Cependant il ne cessa jamais d'enrichir ses amis, de les introduire dans les affaires.

1. Selon la tradition, le consul P. Decius Mus, en 341 av. J.-C., pour assurer la victoire aux Romains contre les Latins, se dévoua aux Dieux infernaux et se jeta au milieu des ennemis où il périt percé de coups. En 295 son fils et, en 279, son petit-fils imitèrent son héroïsme.

tim, iudices, cum sit hoc generi hominum, prope natura datum ut *si* q*u*a in familia laus aliqua forte floruerit, hanc fere qui sint eius stirpis, quod sermo*ne* hominum a*c* memori*a* patrum uirtute*s* celebr*an*tur, cupidissime persequantur, si quidem non modo in gloria rei militaris Paulum Scipio a*c* Maximu*s* fili*i*, sed etiam in deuotione uitae et in ipso genere mortis imitatus est P. Decium filius. Sint igitur similia, iudices, parua magnis. II **3** Fuit enim pueris nobis huius pater, C. Cur*t*ius, princeps ordinis equestris, fortissimus et maximus publicanus, cuius in negotiis gerendis magnitudinem animi non tam homines probassent, nisi in eodem benignitas incredibilis fuisset, ut in augenda re non auaritiae praedam, sed instrumentum bonitati quaerere uideretur. **4** Hoc ille natus, quam*quam* patrem suum numquam uiderat, tamen e*t* natura ipsa duce, quae plurimum ualet, et adsiduis domesticorum sermonibus in paternae *uit*ae similitudinem deductus est. Multa gessit, multa contraxit, magnas partis habuit publicorum ; credidit populis ; in pluribus prouinciis eius uersata res est ; dedit se etiam regibus ; huic ipsi Alexandrino grandem iam antea pecuniam credidit ; nec interea locupletare amicos umquam suos des-

2 ut si qua in *ed. Bipont* : uti qua in *codd.* || quod sermone hominum ac memoria patrum uirtutes celebrantur *Schütz* : quod sermo hominum ad memoriam patrum uirtute celebretur *codd.* || ac Maximus filii *Clark* : aut Maximum filium *codd.*

3 fuit Ω^2*ostck* : sufficit *cett.* || Curtius *ck* : Curius *cett.* || homines *t*ψ^2, *om. pc*, in eo *cett.*

4 quamquam *R. Klotz* : quamuis *codd.* || et (*ante* natura) *tck* : ei *cett.* || uitae *Hotoman* (*recte* ?) : culpae *codd.*, disciplinae *Clark*.

de leur donner des participations, de les aider de son argent, de les soutenir de son crédit. Bref, par sa haute capacité et sa libéralité il était l'image de son père dans sa conduite et ses procédés.

Cependant, expulsé de son royaume, Ptolémée vint à Rome avec des intentions perfides, comme l'a dit la Sibylle et comme Postumus l'a éprouvé. Comme il manquait d'argent et en demandait, mon client, pour son malheur, lui en prêta. Ce n'était pas la première fois, car, alors que Ptolémée était sur le trône, il lui en avait prêté de loin [1] ; il ne croyait pas que ce <second> prêt fût hasardeux, car personne ne doutait que le roi ne fût rétabli sur son trône par le Sénat et le peuple romain. **5** Or, à donner, à prêter ainsi, Rabirius s'avança beaucoup trop, car il prêta non seulement son argent mais celui de ses amis. Sottise ! — Qui dit le contraire ? ou qui ose, désormais juger qu'une entreprise qui a mal tourné, avait été bien combinée ? Mais il est bien difficile, une fois engagé dans une affaire avec de grandes espérances, de ne pas la suivre jusqu'au bout. III. Le roi se présentait en suppliant ; il demandait beaucoup et promettait infiniment ; ainsi Postumus en était réduit à craindre de perdre ce qu'il avait avancé s'il mettait un terme à ses avances. Il n'y avait pas plus insinuant que le roi, plus complaisant que mon client, si bien qu'il regrettait de s'être engagé dans l'affaire sans qu'il lui fût permis de s'arrêter.

6 De là tire son origine le premier chef d'accusation. Le Sénat, dit-on, a été corrompu. O dieux immortels ! Est-ce là cette sévérité des tribunaux si désirée ? Ceux qui nous ont corrompus sont mis en cause et il n'en est pas de même de nous qui avons été corrompus ? Quoi donc ? Faut-il que je défende ici le Sénat, juges ? Certes

1. Il s'agit du prêt consenti par Rabirius à Ptolémée en 59, lorsque celui-ci fut reconnu roi d'Égypte par Rome.

titit, mittere in negotium, dare partis, augere *re*, fide sustentare. Quid multa ? cum magnitudine animi, tum liberalitate uitam patris et consuetudinem expresserat.

Pulsus interea regno Ptolomaeus dolosis consiliis, ut dixit Sibylla, sensit Postumus, Romam uenit. *C*ui egenti et roganti hic infelix pecuniam credidit. nec tum primum ; nam regnanti crediderat absens ; nec temere se credere putabat, quod erat nemini dubium quin is in regnum restitueretur a senatu populoque Romano. **5** In dando autem et credendo processit longius nec suam solum pecuniam credidit sed etiam amicorum ; stulte, quis negat, aut quis iam a*ud*et, quod male cecidit, bene consultum putar*e* ? *Sed* est difficile, quod cum spe magna sis ingressus, id non exsequi usque ad extremum. III Supplex erat rex, multa rogabat, omnia pollicebatur, ut iam metuere Postumus cogeretur ne quod crediderat perderet, si credendi constituisset modum. Nihil autem erat illo blandius, nihil hoc benignius, ut magis paeniteret coepisse quam liceret desistere.

6 Hinc primum exoritur crimen illud ; senatum corruptum esse dicunt. O di immortales ! haec est illa exoptata iudiciorum seueritas ? corruptores nostri causam dicunt ; nos qui corrupti sumus non dicimus ? Quid ergo ? senatum defendam hoc loco, iudices ?

4 augere re *R. Klotz* : re augere *codd. Lambini* augere *cett.* || cui *Müller* : huic *codd.*

5 audet *Madvig* : amouet (admonet *p*) *codd.* || putare *Patricius* : -res Ωμοψ -ret *cett.* || sed *Turnèbe* : at *o* id *cett.* || spe magna *qtck* : spem magnam *cett.* || rogabat μ*pqck* -rat *cett.* (*fort. recte*) || credendi : -dere Ω^2*pq*.

mon devoir est de le faire en toutes circonstances, tant j'ai d'obligation envers cet ordre ; mais ce n'est pas de cela qu'il s'agit en ce moment et cette affaire n'est pas liée au procès de Postumus. Bien que ce soit pour les dépenses du voyage de Ptolémée, pour la somptuosité de son équipage et pour le cortège royal que l'argent a été fourni par Postumus ; bien que les reconnaissances de dette aient été signées dans la villa albaine de Cnéus Pompée [1] lorsque Ptolémée a quitté Rome, cependant celui qui consentait le prêt n'était pas tenu de s'enquérir de l'usage que l'emprunteur ferait de l'argent. Ce n'est pas en effet à un brigand qu'il a consenti le prêt mais à un roi, et non pas à un roi ennemi du peuple romain mais à un prince dont il voyait que le Sénat avait confié la restauration à un consul ; à un roi qui n'était pas un étranger pour notre empire, mais avec lequel il avait vu conclure un traité au Capitole. **7** Donc si c'est le créancier qui est coupable et non celui qui a fait un usage malhonnête de l'argent prêté, que l'on condamne celui qui a fabriqué et vendu une épée et non celui qui s'en est servi pour tuer un citoyen. Ainsi donc, il ne t'appartient pas, C. Memmius, d'impliquer dans une pareille infamie ce Sénat à l'autorité duquel tu t'es dévoué dès ta jeunesse, pas plus qu'à moi de réfuter une accusation étrangère à la cause. Car la cause de Postumus, quelle qu'elle soit, n'a pas de rapport avec le Sénat. **8** Quand pareillement j'aurai montré qu'elle n'a pas de rapport avec Gabinius, tu n'auras assurément plus rien à dire.

Réfutation. IV En effet la présente affaire : « Aux mains de qui l'argent est parvenu » n'est en quelque sorte qu'un mince appendice à une affaire déjà jugée et

1. Pompée avait en effet hébergé Ptolémée dans sa villa d'Albe (cf. J. Carcopino, *Cesar*, p. 732) et lui avait sans doute fait espérer une prompte restauration.

Omni equidem loco debeo ; ita de me est meritus ille ordo ; sed nec id agitur hoc tempore nec cum Postumi causa res ista coniuncta est. Quamquam ad sumptum itineris, ad illam magnificentiam apparatus comitatumque regium suppeditata pecunia a Postumo est, factaeque syngraphae sunt in Albano Cn. Pompei, cum ille Roma profectus esset, tamen non debuit is qui dabat, quo *modo* ille qui accipiebat consumeret, quaerere. Non enim latroni, sed regi credidit, nec regi inimico populi Romani, sed ei cuius reditum consul*i* com*men*datum *a* senat*u* uidebat, nec ei regi qui alienus ab hoc imperio esset, sed ei quicum foedus ferir*i* in Capitolio uiderat. **7** Quod si creditor *est* in culpa, non is qui improbe credita pecunia usus *est*, damnetur is qui fabricatus gladium est et uendidit, non is qui illo gladio ciuem aliquem interemit. Quam ob rem neque tu, C. Memmi, hoc facere debes ut senatum, cuius auctoritati te ab adulescentia dedisti, in tanta infamia uersari uelis, neque ego id quod non agitur defendere. Postumi enim causa, quaecumque est, seiuncta a senatu est. **8** Quod si item a Gabinio seiunctam ostendero, certe quod dicas nihil habebis.

IV Est enim haec causa ‘ QVO EA PECVNIA PERVENERIT ’ quasi quaedam appendicula causae iudicatae atque damnatae. Sunt lites aestimatae A. Gabi-

6 quo modo *Patricius* : cur *k* tum Ω cum *cett.* || consuli commendatum a senatu *den Brink* : consulueum datum senatum *codd.* || feriri *Navagero* : -re *codd.*

7 est in culpa non is *R. Klotz* : in culpa sit non is *ck* is in culpa non sit *cett.* || usus est *Orelli* : sit usus *k* usus *cett.* || gladium est : est gladium *QVINT.*, 9, 3, 6.

sanctionnée par une condamnation. On a fixé le montant de l'amende infligée à Gabinius ; mais il n'a pas été fourni de cautions et le montant total de l'amende n'a pas été payé au peuple sur les biens du condamné. Or la loi Julia[1] prescrit de poursuivre le recouvrement contre les gens aux mains de qui aura passé l'argent pris par le condamné. Si dans la loi Julia ceci est une nouveauté ainsi que maintes dispositions plus sévères que celles des lois antérieures et plus morales, eh bien oui, qu'on introduise aussi cette pratique judiciaire nouvelle.
9 Mais si en fait on s'est contenté de reproduire en autant de mots exactement cet article qui figurait non seulement dans la loi Cornélia, mais déjà dans la loi Servilia, par les dieux immortels, que faisons-nous, juges, et pourquoi introduire dans l'État cette nouveauté judiciaire ? C'était à la vérité une pratique bien connue de vous tous ; mais s'il est vrai que l'usage soit le meilleur des maîtres, nul mieux que moi ne doit la connaître. Dans des affaires de concussion j'ai été accusateur, j'ai siégé comme juge, j'ai informé comme préteur, et très souvent j'ai été défenseur. Aucun aspect de cette sorte d'affaire qui pût me donner l'occasion de compléter mes connaissances ne m'est resté étranger. Dans ces conditions je soutiens que jamais personne n'a été impliqué dans un procès « aux mains de qui l'argent est parvenu » sans avoir été nommé lors de la fixation de la peine pécuniaire. Mais lors de cette fixation personne n'était nommé qu'en vertu des dépositions des témoins, des registres des particuliers ou des comptes des cités. **10** Donc assistaient d'ordinaire à la réquisition de la peine pécuniaire ceux qui avaient pour eux-mêmes quelque sujet de crainte et, lorsqu'ils étaient cités, si bon leur semblait, ils répondaient aussitôt à l'accusation ; mais s'ils redou-

1. *Lex Julia de repetundis*, portée par César lors de son consulat (59).

nio, nec praedes dati nec ex bonis popul*o uniuersa pecunia* exacta est. Iubet lex Iulia persequi ab eis ad quos ea pecunia quam is ceperit qui damnatus sit peruenerit. Si est hoc nouum in lege Iulia, sicuti multa sunt seuerius scripta quam in antiquis legibus et sanctius, inducatur sane etiam consuetudo huius generis iudiciorum noua. **9** Si*n* hoc totidem uerbis translatum caput est quo*t* fuit non modo in Cornelia sed etiam ante in lege Seruilia, per deos immortalis ! quid agimus, iudices, aut quem hunc morem nouorum iudiciorum in re*m* publicam inducimus ? Erat enim haec consuetudo nota uobis quidem omnibus, sed, si usus magister est optimus, mihi debet esse notissim*a*. Accusaui de pecuniis repetundis, iudex sedi, praetor quaesiui, defendi plurimos ; nulla pars quae aliquam facultatem discendi adferre posset a me afuit. Ita contendo, neminem umquam ' QVO EA PECVNIA PERVENISSET ' causam dixisse qu*i* in aestimandis litibus appellatus non esset. In litibus autem nemo appellabatur nisi testium dictis aut tabulis priuatorum aut rationibus ciuitatum. **10** Itaque in inferendis litibus adesse solebant qui aliquid de se uerebantur, et, cum erant appellati, si uidebatur, statim contra dicere solebant ; sin eius temporis recentem inuidiam pertimuerant, respondebant postea. Quod

8 populo uniuersa pecunia exacta est *Mommsen* : populi seruari lex aequa est *codd.* || inducatur : inducta Ω^2*st* || etiam *pq* : etiam cum *cett.*

9 Sin *Manuzio* : sit (*uel* sint) *codd.* || quot *Manuzio* : quod *codd.* || rem *pk* : R. (re) *cett.* || notissima *ed. Hervag* : -mus *codd.* || discendi *Hotoman* : dic- *codd.* || a me afuit *Halm* : mea (non mea *ck*) fuit *codd.* || qui in *st* : quin *cett.* || litibus : limitibus Ωμοψc.

taient la réprobation excitée par un fait encore récent, ils renvoyaient leur justification à plus tard. Et en agissant ainsi, bon nombre d'entre eux ont obtenu gain de cause. V Mais voici qui est nouveau et sans précédent jusqu'à ce jour. Dans la fixation de la peine le nom de Postumus n'apparaît nulle part. Que dis-je, dans la fixation ? Naguère, vous-mêmes qui êtes ici vous avez déjà siégé comme juges d'A. Gabinius ; eh bien, est-il un témoin qui ait nommé Postumus ? Que dis-je, un témoin ? est-ce que l'accusateur parle de lui ? Bref, est-ce que dans tout le procès vous avez entendu le nom de Postumus ? **11** Donc Postumus ne subsiste pas comme accusé d'un procès déjà jugé ; mais on a mis la main sur cet unique chevalier romain pour l'impliquer dans une affaire de concussion. Sur la foi de quels documents. ? De documents dont il n'a pas été fait état dans le procès de Gabinius. Sur la foi de quel témoin ? D'un témoin qui alors ne l'a jamais nommé. En vertu de quelle fixation de l'amende ? D'une fixation où le nom de Postumus n'est nullement mentionné. En vertu de quelle loi ? D'une loi à laquelle il n'est pas assujetti.

Désormais, juges, tout dépend de votre prudence, de votre sagesse. Vous devez considérer en effet ce qu'il convient que vous fassiez et non ce qu'il vous est loisible de faire. Car si vous cherchez ce qu'il vous est loisible de faire, vous pouvez bannir qui vous voulez de la cité ; c'est votre bulletin qui vous donne votre puissance, mais il sert aussi à dissimuler l'injustice et nul n'a à craindre d'en éprouver de remords s'il ne redoute le témoignage de sa propre conscience. **12** En quoi consiste donc la sagesse du juge ? A mettre dans la balance non seulement ce qu'il peut mais ce qu'il doit faire, à prendre conscience non seulement de l'étendue de son pouvoir mais des limites de son mandat. On vous remet un bulletin pour prononcer votre jugement. En vertu de quelle

cum fecissent, permulti saepe uicerunt. V Hoc uero nouum et ante hoc tempus omnino inauditum. In litibus Postumi nomen est nusquam. In litibus dico ; modo uos idem in A. Gabinium iudices sedistis ; num quis testis Postumum appellauit ? testis autem ? num accusator ? num denique toto illo in iudicio Postumi nomen audistis ? **11** Non igitur reus ex ea causa quae iudicata est redundat Postumus, sed est adreptus unus eques Romanus de pecuniis repetundis reus. Quibus tabulis ? Quae in iudicio Gabini recitatae non sunt. Quo teste ? A quo tum appellatus nusquam est. Qu*a aestim*atione litium ? In qua Postumi mentio facta nulla est. Qua lege ? Qua non tenetur.

Hic iam, iudices, uestri consili res est, uestrae sapientiae ; quid deceat uos, non quantum liceat uobis, spectare debetis. Si enim quid liceat quaeritis, potestis tollere e ciuitate quem uoltis ; tabella est quae dat potestatem ; occultat eadem libidinem, cuius conscientia*m* nihil est quod qui*s*quam timeat, si non pertimescat suam. **12** Vbi est igitur sapientia iudicis ? In hoc, ut non solum quid possit, sed etiam quid debeat, ponderet nec quantum sibi permissum meminerit solum, sed etiam quatenus commissum sit. Datur tibi tabella iudici. Qua lege ? Iulia de pecuniis repetundis. Quo de reo ? De equite Romano. At iste ordo lege ea non tenetur. ‘ Illo, ’ inquit,

10 et ante *Müller* : est ante *codd.* || idem *ck* : iidem *cett.*
11 Gabini (-ii) *Hotoman* : Gabinio Ωος a Gabinio *cett.* Gabiniano *Muret* || quo teste *stψ²ck* : quod iste *cett.* || qua aestimatione *Pantagathus* : quam (qua *stck*) appellationem (-ne *stck*) *codd.* || conscientiam *ck* : -tia *cett.* || quisquam *ed. Venet.* : quicquam *codd.*

loi ? De la loi Julia sur la concussion. Et contre quel accusé ? Contre un chevalier romain. Mais l'ordre équestre n'est pas assujetti à cette loi. C'est, dit l'accusateur, en vertu de l'article « Aux mains de qui l'argent est parvenu ». Tu n'as pas entendu de témoignage contre Postumus, ni lorsque tu étais juge de Gabinius, ni lorsque, après la condamnation de Gabinius, tu évaluais la peine pécuniaire dont il était frappé. « Mais maintenant j'en entends. » Postumus est donc accusé en vertu d'une loi dont lui-même aussi bien que tout l'ordre équestre, est complètement affranchi.

VI **13** En cette circonstance, ce n'est pas vous que j'implorerai, chevaliers romains, aux droits desquels ce procès porte atteinte, plutôt que vous, Sénateurs, dont on met en question la bienveillance envers cet ordre, alors qu'elle s'est manifestée souvent déjà et naguère encore, à l'occasion de la présente affaire. En effet, lorsqu'un excellent, un éminent consul, Cn. Pompée, a saisi le Sénat de cette même question, des opinions rigoureuses, en très petit nombre toutefois, ont été exprimées, pour proposer que les tribuns, les préfets, les greffiers, les auxiliaires des magistrats fussent assujettis à la loi ; c'est vous, oui c'est vous-mêmes qui vous y êtes opposés, avec le Sénat en nombre. Et bien que la fréquence des délits eût exaspéré les esprits jusqu'à mettre en péril l'innocence elle-même, du moins si vous n'avez pas éteint la haine, vous n'avez pas voulu permettre qu'on lui fournît contre notre ordre un nouvel aliment. **14** Tels sont donc les sentiments du Sénat. Et vous, chevaliers romains, quelle va être enfin votre conduite ? Glaucia, cet homme taré mais d'esprit pénétrant, avait coutume de conseiller au peuple, lorsqu'on lisait une loi, de prêter attention à la première ligne. S'il y était question « de dictateur, de consul, de préteur, de maître de la cavalerie », il n'avait pas à s'inquiéter, car il devait savoir que cela ne le con-

'capite : *quo ea pecunia peruenerit.*' *Nihil audisti* in Postumum, *cum* in Gabinium iudex esses, nihil Gabinio da*mn*ato, cum in eum litis aestimare*s*. 'At nunc audio.' Reus igitur Postumus est ea lege qua non modo ipse sed totus etiam ordo solutus ac liber est.

VI **13** Hic ego nunc non uos prius implorabo, equites Romani, quorum ius iudicio temptatur, quam uos, senatores, quorum agitur fides in hunc ordinem ; quae qui*dem* cum saepe ante, tum in hac ipsa causa nuper est cognita. Nam cum optimo et praestantissimo consule, Cn. Pompeio, de hac ipsa quaestione referente, existerent non nullae, sed perpaucae tamen acerbae sententiae, quae quidem censerent ut tribuni, ut praefecti, ut scribae, ut comites omnes magistratuum lege hac tenerentur, uos, uos inquam, ipsi et senatus frequens restitit, et quamquam tum propter multorum delicta etiam ad innocentium periculum tempus illud exarserat, tamen, cum odium non restingueretis, huic ordini ignem nouum subici non siuistis. **14** Hoc animo igitur senatus. Quid ? uos, equites Romani, quid tandem estis acturi ? Glaucia solebat, homo impurus, sed tamen acutus, populum monere ut, cum lex aliqua recitaretur, primum uersum attenderet. Si esset 'DICTATOR, CONSVL, PRAETOR, MAGISTER EQVITVM', ne laboraret ; scire*t* nihil ad

12 quo ea pecunia peruenerit *Graevius* : quod erat *codd.* || nihil audisti *add. Madvig* || cum *Manuzio* : quod *codd.* || damnato *Madvig* : dato *codd.* || aestimares *Madvig* : -ret *codd.* || at : ad *Ω's* || totus etiam : etiam totus *Ωq*.

13 equites Romani : R. equites Ω || quidem *ck* : qui *cett.* || non *codd.* : nostri *Müller* (*fort. recte*).

14 sciret *ck* : -re *cett.*

cernait en rien ; mais s'il y avait : « Quiconque après la promulgation de la présente loi... », il fallait prendre garde de se trouver impliqué dans une nouvelle espèce d'information judiciaire. **15** Aujourd'hui, chevaliers romains, c'est à vous de prendre garde. Vous savez que je suis né parmi vous et que je vous ai toujours été tout dévoué. Tout ce que je dis ici est inspiré par une grande sollicitude, une extrême affection pour votre ordre. Chacun s'attache à tels hommes ou à tel ordre ; moi, c'est toujours à vous que j'ai été attaché. Je vous en avertis et je vous en préviens ; alors que l'affaire est entière et n'a pas encore été plaidée, je le proclame, j'en atteste tous les hommes et tous les dieux : tant que vous le pouvez, tant que cela vous est loisible, veillez à ne pas établir, pour vous-mêmes et pour votre ordre, une condition plus dure que vous ne pouvez le supporter. C'est un mal qui s'insinuera, croyez-moi, plus loin que vous ne pensez.
VII **16** Quand M. Drusus, tribun de la plèbe très influent et très noble, voulut établir une nouvelle information judiciaire contre l'ordre équestre : « Quiconque pour juger a reçu de l'argent », les chevaliers lui firent une opposition ouverte. Quoi donc ? Voulaient-ils que cela fût permis ? Nullement ; ce genre de corruption était à leurs yeux non seulement déshonorant mais abominable. Toutefois ils soutenaient que pour être assujetti à certaines lois il faut avoir volontairement adopté certaine condition de vie. C'est une joie d'obtenir un rang très élevé dans l'État, la chaise curule, les faisceaux, les hauts commandements, les provinces, les sacerdoces, les triomphes, enfin de transmettre son image au souvenir de la postérité. **17** En revanche, ces avantages comportent quelque inquiétude et plus de crainte à l'égard des lois et des tribunaux. « Quant à nous, sans avoir jamais fait fi de ces distinctions » répliquaient les chevaliers romains « nous avons adopté cette vie de calme

se pertinere ; sin esset ' QVICVMQUE POST HANC LEGEM ', uideret ne qua noua quaestione adligaretur. **15** Nunc uos, equites Romani, uidete. Scitis me ortum e uobis omnia semper sensisse pro uobis. Nihil horum sine magna cura et summa caritate uestri ordinis loquor. Alius alios homines et ordines, ego uos semper complexus sum. Moneo et praedico, integra re causaque denuntio, omnis homines deosque testor : dum potestis, dum licet, prouidete ne duriorem uobis condicionem statuatis ordinique uestro quam ferre possit*is*. Serpet hoc malum, mihi credite, longius quam putatis. VII **16** Potentissimo et nobilissimo tribuno pl., M. Druso, *nou*am in equestrem ordinem quaestionem ferenti : ' SI QVIS OB REM IVDICANDAM PECVNIAM CEPISSET ' aperte equites Romani restiterunt. Quid ? hoc licere uolebant ? Minime ; neque solum hoc genus pecuniae capiendae turpe sed etiam nefarium esse arbitrabantur. Ac tamen ita disputabant, eos teneri *iis* legibus oportere qui suo iudicio essent illam condicionem uitae secuti. Delectat amplissimus ciuitatis gradus, sella curulis, fasces, imperia, prouinciae, sacerdotia, triumphi, denique imago ipsa ad posteritatis memoriam prodita ; **17** est simul etiam sollicitudo aliqua et legum et iudiciorum maior quidam metus. ' Nos ista numquam contempsimus ' —ita enim disputabant— ' sed hanc uitam quietam atque otiosam secuti

15 testor : testes Ω || possitis *Patricius* : -sit *codd.*
16 nouam *Madvig* : unam *codd.* || iudicandam *Patricius* : iudicatam *codd.* || iis *add. A. Klotz.*
17 est *codd.* : sit *Mommsen* esto *Patricius* || maior *k* : maiorum *cett.*

qui est la nôtre ; si elle est privée d'honneurs, qu'elle soit du moins exempte de soucis. » « Tu es juge aussi bien que moi. » « C'est vrai, mais toi, tu as demandé à l'être et moi, j'y suis contraint. Qu'on me permette donc de n'être pas juge ou de n'avoir pas à craindre une loi faite pour les sénateurs. » **18** Allez-vous donc, chevaliers romains, abandonner un droit que vous ont transmis vos pères ? Je vous engage à ne pas le faire. On sera précipité dans des procès de ce genre non seulement par la haine sous toutes ses formes mais simplement par des propos malveillants, si vous n'y prenez garde. Si en ce moment on vous annonçait que l'on propose au Sénat de vous assujettir à ces lois, vous croiriez devoir tous courir à la curie. Si une loi à ce sujet était proposée au peuple, vous vous précipiteriez tous aux rostres. Le Sénat a voulu que vous fussiez affranchis de cette loi ; le peuple ne vous y a jamais astreints. Libres vous vous êtes réunis ici ; prenez garde d'en sortir enchaînés. **19** En fait si Postumus a été victime de cette loi, alors qu'il n'est ni tribun ni préfet et qu'il n'a pas accompagné Gabinius quand celui-ci a quitté l'Italie et qu'il n'a pas été de ses familiers, comment pourront se défendre désormais ceux de votre ordre qui seront impliqués avec nos magistrats dans des affaires de ce genre ?

VIII « Tu as, dit l'accusateur, poussé Gabinius à restaurer le roi. » La loyauté ne me permet plus de m'exprimer avec sévérité sur le compte de Gabinius. Un homme avec qui, à la suite de si vives inimitiés, je me suis réconcilié et que j'ai défendu avec tant de zèle, j'ai le devoir de ne pas l'outrager dans son malheur[1]. Quand bien même jadis, l'ascendant de Pompée ne m'aurait pas réconcilié avec

1. Cicéron, pour complaire à Pompée, avait consenti à atténuer son témoignage à charge dans le procès *de maiestate* intenté à Gabinius après son retour de Syrie, en septembre 54. Il se résigna même à assumer la défense de Gabinius dans le procès *de repetundis* qui suivit.

sumus ; quae quoniam honore caret, careat etiam molestia '. 'Ta*m* es tu iudex quam ego [senator] '. ' Ita est, sed tu istud petisti, ego hoc cogor. Quare aut iudici mihi non esse liceat, *aut* legem [lege] senatoria*m* non timere '. **18** Hoc uos, equites Romani, ius a patribus acceptum amittetis ? Moneo ne faciatis. Rapientur homines in haec iudicia ex omni non modo inuidia sed sermone maliuolorum, nisi cauetis. Si iam uobis nuntiaretur in senatu sententias dici ut his legibus teneremini, concurrendum ad curiam putaretis ; si lex *de ea* re ferretur, conuolaretis ad rostra. Vos senatus liberos hac lege esse uoluit, populus numquam adligauit ; soluti huc conuenistis ; ne constricti discedatis cauete. **19** Nam, si Postumo fraudi fuerit, qui nec tribunus nec praefectus nec ex Italia comes nec familiaris Gabini fuit, quonam se modo defendent posthac qui uestri ordinis cum magistratibus nostris fuerint his causis implicati ?

VIII ' Tu ', inquit, ' Gabinium ut regem reduceret impulisti. ' Non patitur mea *me* *i*am fides de Gabinio grauius agere. Quem enim ex tantis inimicitiis receptum in gratiam summo studio defenderi*m*, hunc adflictum uiolare non debeo. Quocum me s*i* an*te* Cn. Pompei auctoritas in gratiam

17 tam *Angeli* : tum *q* tamen *cett.* || eques *post* iudex *add. Patricius* || senator *secl. A. Klotz* || aut *post* liceat *add. Patricius* || legem lege *codd.* : legem *Augustinus* || senatoriam *Augustinus* : -ria *codd.*, aut lege senatoria non teneri *Patricius.*

18 de ea re ferretur *Mommsen* : referretur *codd.* ferretur *Augustinus.*

19 fuerint *pck* : fuere Ω fuerunt *cett.* || mea me iam *Muret* : etiam mea *pqc* mea etiam *cett.* || tantis : tacitis Ω || defenderim *pqψ²* :- rem *cett.* || me si ante *Madvig* : me stantem *codd.*

lui, aujourd'hui son infortune m'y obligerait. **20** Toutefois lorsque tu prétends que c'est à l'instigation de Postumus que Gabinius est parti pour Alexandrie, si tu ne crois pas à la sincérité de la défense de Gabinius, oublies-tu aussi ta propre accusation ? Gabinius prétendait avoir agi dans l'intérêt de l'État, parce qu'il craignait la flotte d'Archélaus [1] et croyait que la mer allait foisonner de pirates ; il prétendait même qu'une loi l'avait autorisé à agir ainsi. Toi, son ennemi, tu dis que c'est faux. Je te le pardonne d'autant plus aisément que sur ce point le tribunal s'est prononcé en sens inverse. J'en reviens donc à ton grief et à ton accusation. **21** Tu criais bien haut que dix mille talents avaient été promis à Gabinius. Il aurait fallu évidemment un conseiller bien insinuant pour persuader à force de prières à un homme aussi cupide que tu le prétends de ne pas tant dédaigner deux cent quarante millions de sesterces. En la circonstance Gabinius, quelles qu'aient été ses intentions, n'a pris assurément conseil que de lui-même ; quelle qu'ait été alors l'idée, c'était celle de Gabinius. Qu'il ait recherché la gloire, comme il le disait lui-même, ou l'argent, comme tu le prétends, c'est son intérêt qu'il a poursuivi. Postumus n'a pas été de la suite ni de l'état-major de Gabinius. Se ralliant non pas à l'autorité de Gabinius que l'affaire ne concernait pas, mais à celle de l'illustre P. Lentulus [2] émanée du Sénat, c'est avec un dessein arrêté et une espérance bien fondée qu'il avait quitté Rome.

22 Mais il a été intendant général du roi. Il n'en a pas moins été détenu dans les prisons du roi et peu s'en faut qu'on ne lui ait arraché la vie. En outre il a subi

1. Archélaus, fils d'un général de Mithridate Eupator, proclamé roi d'Égypte, après avoir épousé Bérénice, fille aînée de Ptolémée-Aulète, s'était déclaré contre les Romains.

2. P. Lentulus Spinther, proconsul de Cilicie, avait été dès son consulat, chargé par le Sénat de la restauration de Ptolémée-Aulète. Cf. Notice, p. 8.

non reduxisset, *n*unc iam ipsius fortuna reduceret.

20 Sed tamen, cum ita dicis, Postumi impulsu Gabinium profectum Alexandriam, si defensioni Gabini fidem non habes, obliuiscerisne etiam accusationis tuae ? Gabinius se id fecisse dicebat rei publicae causa, quod classem *Archelai* timeret, quod mare refertum fore praedonum putaret ; lege etiam id sibi licuisse dicebat. Tu inimicus negas. Ignosco, et eo magis quod est contra illud iudicatum. Redeo igitur ad crimen et accusationem tuam, **21** *qui* uociferabare decem milia talent*um* Gabinio esse promissa. *Auctor* uidelicet perblandus reperiendus fuit qui hominem, ut tu uis, auarissimum exoraret, HS bis miliens et quadringentiens *ne* magno opere contemneret. Gabinius illud, quoquo consilio fecit, fecit certe suo ; quaecumque mens illa fuit, Gabini fuit. Siue ille, ut ipse dicebat, gloriam, siue, ut tu uis, pecuniam quaesiuit, sibi, *non Rabirio quaesiuit* ; *Rabirius enim* non Gabini comes uel sectator ne*c* a*d* Gabini, cuius id negotium non erat, sed ad P. Lentuli, clarissimi uiri, auctoritatem a senatu profectam et consilio certo et spe non dubia Roma contender*at*.

22 At dio*ecetes* fuit regius. Et quidem in custodia etiam fuit regia et uita *ei* ablata paene est ;

19 nunc *c* : hunc *cett.*
20 Archelai *ed. Hervag.* : marchilei *codd.*
21 qui *mg. Lambini*: quid *codd.* || talentum *Navagero*: -ta *codd.* || auctor *Halm* : huic *codd.* || perblandus : persuasor blandus *cod. Hotomani* || *HS om* Ω*pqs*, *post* miliens *loc. A. Klotz* || et : sed Ω'*mpq*ψ' || ne *add. Angeli* || non... enim *add. Madvig* || nec ad *Madvig* : negat *codd.* || clarissimi uiri *Navagero* : C. V. *codd.* || contenderat *Orelli* :-ret *codd.*
22 dioecetes *Beroaldo* : diogenes *codd.* || uita ei *Patricius*: uita eius *codd.* || ablata : allata Ωμψ oblata *pq* uis uitae eius adlata *Madvig* (*fort. recte*).

bien d'autres souffrances que l'arbitraire du roi, que la nécessité l'ont obligé à subir. Pour tout cela il mérite un seul reproche, c'est de s'être rendu dans un état monarchique et de s'être remis à la puissance d'un roi. A vrai dire, ce fut une sottise. Peut-il y en avoir de plus grande pour un chevalier romain que de quitter notre ville, oui, pour un citoyen de notre république, qui de toutes est la plus libre et l'a toujours été, d'aller dans un pays où il faut obéir à un autre et se mettre à son service ?
IX **23** Mais n'excuserai-je pas quant à moi chez mon client Postumus, dont la culture est médiocre, une faute dans laquelle je vois que sont tombés les personnages les plus éclairés ? L'homme le plus savant sans conteste de toute la Grèce, Platon, par l'iniquité de Denys, tyran de Sicile, auquel il s'était confié, se trouva, on le sait, exposé aux plus grands périls et aux pires embûches. Le savant Callisthène, familier d'Alexandre le Grand, fut mis à mort par le même Alexandre [1]. Démétrius, à qui son excellente administration de l'état à Athènes et sa science avaient valu gloire et renom, Démétrius, dit de Phalère perdit la vie dans ce même royaume d'Égypte où il se fit mordre par un aspic [2]. **24** Je l'avoue sans détour : il ne peut y avoir pire démence que de se rendre en connaissance de cause dans un pays où l'on sait que l'on va perdre la liberté. Mais la folie de cette conduite même est justifiée par une folie antérieure qui fait que cette

1. Callisthène, disciple et petit-neveu d'Aristote avait suivi Alexandre dans ses expéditions. Blessé par ses railleries, le roi le fit mettre à mort en 328.

2. Après la prise d'Athènes par Démétrius Poliorcète et la restauration de la démocratie (307 av. J.-C), Démétrius de Phalère, qui depuis 10 ans administrait l'état athénien comme archonte décennal, se retira en Égypte. Il y fut accueilli avec honneur par Ptolémée Lagos ; c'est peut-être par son conseil que fut fondé le Musée d'Alexandrie. Il encourut la défaveur du successeur de Lagos, Ptolémée Philadelphe qu'il avait voulu écarter du trône. Relégué en Haute-Égypte, il y fut soumis à une quasi-captivité. Ne pouvant supporter un tel sort, il se suicida.

multa praeterea quae libido regis, quae necessitas coegit perferre, pertulit. Quar*um* omnium rerum una reprehensio est quod regnum intrarit, quod potestati *se* regis commiserit. Verum si quaerimus, stulte. Quid enim stultius quam equitem Romanum ex hac urbe, huius, inquam, rei publicae ciuem, quae est una maxime et fuit semper libera, uenire in eum locum ubi parendum alteri et seruiendum sit ? IX **23** Sed ego in hoc ta*men* Postumo non ignoscam, homini mediocriter docto, *in* quo uideam sapientissimos homines esse lapsos ? Virum unum totius Graeciae facile doctissimum, Platonem, iniquitate Dionysi, Siciliae tyrann*i*, cui se ille commiserat, in maximis periculis insidiisque esse uersatum accepimus ; Callisthenem, doctum hominem, comitem Magni Alexandri, ab Alexandro necatum ; Demetrium, qui Phalereus uocitatus est, et ex re publica Athenis, quam optime gesserat, et ex doctrina nobilem et clarum, in eodem isto Aegyptio regno aspide ad corpus admota uita esse priuatum. **24** Plane confiteor fieri nihil posse dementius quam scientem in eum locum uenire ubi libertatem sis perditurus. Sed huius i*ps*ius facti stultitiam *ill*a iam superior stul-

22 quarum *Navagero* : quare (quae) *m*ψ *codd.* || se *ante* regis *add. Halm* : *post* quod *hab. k*, *om. cett.*

23 tamen *cod Hotomani* : tandem *cett.* || *in add. Angeli* || tyranni *t*ψ[2]*k* : et tyrannide *cett.* || insidiisque *ed. Venet.* : inediisque *m*ψ[2]*k* insidiis mediisque *cett.* mediisque in insidiis *Halm* || Athenis *codd.* : Atheniensi *Lambin* || gesserat *ck* : digesserat *cett.* || et clarum *om.* Ω || qui Phalereus uocitatus est *post* Demetrium *transp. Patricius* : *post* clarum *habent codd.* || Aegyptio : phalerio μ*p*[1]*qc*[1] (*ex antecedente* Phalereus).

24 ipsius *Halm* : istius *cod.* || illa *Halm* : mali (maior *k*) *codd.* alia *Madvig* || iam *ck* : iam iam *cett.*

action si folle de s'être rendu dans un état monarchique, de s'être mis entre les mains d'un roi paraît un acte de sagesse, si du moins on admet que ce n'est pas tant le fait d'une folie durable que d'une tardive sagesse de s'efforcer de sortir à tout prix d'une situation où la folie vous a engagé. **25** Qu'on retienne donc ceci, qu'on s'arrête à cet acte que l'on ne peut ni écarter ni changer, à propos duquel les esprits équitables parlent de l'espérance de Postumus, les malveillants de sa faute et qui le fait convenir lui-même d'avoir commis une folie lorsqu'il prêta à un roi son argent et celui de ses amis, au grand dam de sa propre fortune. Une fois pris et engagé dans cette affaire, il lui fallait se résigner à tout pour pouvoir un jour se dégager et dégager les siens. Aussi libre à toi de lui reprocher aussi souvent que tu le voudras d'avoir porté un pallium et des insignes qui ne sont pas ceux d'un Romain ; chaque fois que tu tiendras de tels propos, tu ne feras que répéter cette seule et même chose : qu'à la légère il a prêté de l'argent à un roi et soumis sa situation et sa réputation à l'arbitraire d'un roi. **26** Il avait agi à la légère, j'en conviens ; dès lors il ne pouvait plus revenir sur le fait accompli ; il lui fallait prendre le pallium à Alexandrie pour avoir le droit de porter la toge à Rome, ou faire le sacrifice de toute sa fortune s'il gardait la toge. X Par raffinement et par plaisir non seulement des citoyens romains mais des jeunes gens nobles et même certains sénateurs de la plus haute naissance se montrent souvent, dans leurs jardins ou leurs villas de banlieue, mais encore dans une ville très populeuse comme Naples vêtus de *** [1].

1. Tous les mss. donnent la leçon inintelligible « maeciapella » sur laquelle s'est vainement exercée l'ingéniosité des philologues. Il s'agit en tout cas d'un vêtement étranger que ne saurait porter un citoyen romain. Citons, à titre d'exemples, la conjecture de Reid « in manicata palla » et celle de Clark « in tunica pulla » (d'après Cicéron, *Verr.* 4, 54).

titia defendit, quae facit ut hoc stultissimum facinus, quod in regnum uenerit, quod *se* regi commiserit, sapienter factum esse uideatur, si quidem *non* tam semper stulti quam sero sapientis est, cum stultitia sua impeditus sit, quoquo modo possit se expedire. **25** Quam ob rem illud maneat et fixum sit quod neque moueri neque mutari potest in quo aequi sperasse Postumum dicunt, peccasse iniqui, ipse etiam insanisse se confitetur, quod suam, quod amicorum pecuniam regi crediderit cum tanto fortunarum suarum periculo, hoc quidem semel suscept*o* atque contracto perpetienda *omnia* fuerunt ut se aliquando a*c* suos uindicaret. Itaque obicias licet quam uoles saepe palliatum fuisse, aliqua habuisse non Romani hominis insignia, quotiens eorum quippiam dices, totiens unum dices atque *idem* illud, temere hunc pecuniam regi credidisse, suas fortunas atque famam libidini regiae commisisse. **26** Fecerat temere, fateor; mutari factum iam nullo modo poterat; aut pallium sumendum Alexandriae ut e*i* Romae togato esse liceret, aut omnes fortunae abiciendae, si togam retinuisset. X Deliciarum causa et uoluptatis non modo ciuis Romanos, sed et nobilis adulescentis et quosdam etiam senatores summo loco natos non in hortis aut suburbanis suis, sed Neapoli, in celeberrimo oppido, † maeciapella saepe uideri † ***

24 se regi *ck* : regi *cett.* || non *cod. Hotomani* : *om. cett.*
25 suscepto... contracto *o²stck* : -tum... -tum *cett.* || omnia *scripsi* : *om. codd.*, illa *uolgo* (*clausula pessima*) || ac *Turnèbe* : ad *codd.* || idem *add. Müller, melius fort. Patricius* atque *del.*
26 ei *k* : et *codd.* || in maeciapella saepe uideri *codd.* : in tunica pulla saepe < uidi, ibidem multi > uiderunt *Clark, alii aliter frustra.*

<On a vu> en chlamyde L. Sylla alors imperator. Et L. Scipion qui fit la guerre en Asie et réduisit Antiochus [1], vous voyez sa statue au Capitole avec non seulement une chlamyde mais aussi avec des sandales. Or ils n'ont pas encouru pour cela la censure des tribunaux, ni même celle de l'opinion. **27** Sans doute justifiera-t-on plus aisément P. Rutilius Rufus en invoquant la nécessité : tombé à Mitylène au pouvoir de Mithridate, il échappa, parce qu'il avait changé de costume, à la cruauté du roi qui s'exerçait contre ceux qui portaient la toge [2]. Ainsi ce P. Rutilius, qui fut pour nos contemporains un modèle de vertu, de mœurs antiques, de sagesse, ce personnage consulaire porta les brodequins et le pallium et personne n'a pensé qu'il fallût lui imputer à lui-même une responsabilité qui incombait aux circonstances. Et l'on fera grief à Postumus d'avoir adopté un costume qui lui donnait l'espoir de récupérer un jour sa fortune ? **28** En fait, dès son arrivée à Alexandrie, juges, le roi lui proposa comme unique moyen de sauver son argent l'administration et comme le maniement des finances royales. Or pour cela il fallait qu'il fût nommé « intendant général » — tel est en effet le titre de la fonction —. Emploi déplaisant, de l'avis de Postumus, mais il n'y avait nul moyen de le décliner ; le titre lui-même en était fâcheux, mais tel était le titre de la charge en Égypte, ce n'est pas lui qui l'avait choisi. Il ne détestait pas moins le costume, mais sans ce costume il ne pouvait conserver ni le titre ni la fonction. Il y avait donc là une contrainte, cette contrainte qui, comme dit un de nos poètes,

« brise et anéantit les forces les plus grandes ».

1. Frère du premier Africain, consul en 190.

2. P. Rutilius Rufus, consul en 105 av. J.-C., s'était illustré au siège de Numance, en Numidie et contre les Cimbres. Condamné pour concussion en 92, il se retira en Asie. Sans doute avait-il dès lors adopté le costume grec qui lui permit d'échapper à la cruauté de Mithridate.

chlamydatum illum L. Sullam imperatorem. L. vero Scipionis, qui bellum in Asia gessit Antiochumque deuicit non solum cum chlamyde sed etiam cum crepidis in Capitolio statuam uidetis ; quorum impunitas fuit non modo a iudicio sed etiam a sermone. **27** Facilius certe P. Rutilium Rufum necessitatis excusatio defendet ; qui cum a Mithridate Mytilenis oppressus esset, crudelitatem regis in togatos uestitus mutatione uitauit. Ergo ille P. Rutilius qui documentum fuit hominibus nostris uirtutis, antiquitatis, prudentiae, consularis homo soccos habuit et pallium ; nec uero id homini quisquam sed tempori adsignandum putauit ; Postumo crimen uestitus adferet is in quo spes fuit posse sese aliquando ad fortunas suas peruenire ? **28** Nam ut uentum est Alexandriam, *i*udices, haec una ratio a rege proposita Postumo est seruandae pecuniae, si curationem et quasi dispensationem regiam suscepisset. Id autem facere non poterat, nisi dio*e*cetes—hoc enim nomine utitur qui † aretic † esset constitutus. Odiosum negotium Postumo uidebatur, sed erat nulla omnino recusatio ; molestum etiam nomen ipsum, sed res habebat nomen hoc apud illos, non h*i*c imposuerat. Oderat uestitum etiam illum, sed sine eo nec nomen illud poterat nec munus tueri. Ergo aderat ' uis ' ut ait poeta ille noster,

' quae summas frangit infirmatque opes '.

27 qui (*ante* documentum) : quod Ω^1*pq*.
28 Alexandriam μρψ²*ck* : -eam *cett.* || i*u*dices *QVINT.*, 4, 2, 18 : audies (uides μ) *codd.* || dioecetes *Angeli* : dioecetes *codd.* || aretic (a rege *p*) *codd.* ea regit *Madvig* qui... a rege A. *Klotz* || hic *Angeli* : hoc *codd.*

29 « Il n'avait qu'à mourir » diras-tu ; telle est en effet la conclusion nécessaire. Il se serait tué assurément s'il avait pu mourir sans se déshonorer grandement, dans l'embarras où se trouvaient ses affaires. XI Renoncez donc à transformer en faute ce qui est l'œuvre du hasard, à faire grief à mon client des torts du roi envers lui, à juger de l'intention par la nécessité, de la volonté par la contrainte, à moins qu'à votre avis ceux-mêmes qui sont tombés entre les mains des ennemis ou des pirates ne méritent un blâme s'ils agissent par contrainte autrement qu'ils l'auraient fait en liberté. Personne de nous n'ignore, même sans en avoir l'expérience, la manière ordinaire aux rois. Or voici ce que sont les ordres des rois : « Attention ! Obéis à ce que je te dis » et « Si tu dis un mot de plus que ce qu'on te demande... » Et leurs menaces :

« Si le jour qui viendra je te trouve encore ici tu mourras »[1]. Tout cela nous ne devons pas seulement le lire et en être spectateurs pour notre plaisir, mais pour apprendre à nous garder du malheur et à y échapper.

30 Mais de ceci-même on tire un chef d'accusation. L'adversaire prétend que Postumus, en faisant rentrer de l'argent pour Gabinius[2], s'est approprié le dixième des sommes imposées. Je ne comprends pas ce que cela veut dire. Est-ce un supplément au dixième, suivant l'usage de nos collecteurs, qui prélèvent un centième ou bien un prélèvement sur le total ? S'il s'agit d'un supplément, onze mille talents sont revenus à Gabinius. Or non seulement dans ton accusation tu ne fais état que de dix mille talents, mais c'est aussi l'estimation qu'ont faite les

1. Ici, de même qu'au paragraphe précédent, comme l'indique le mètre iambique et comme le précise Cicéron lui-même (*legere et spectare*), il s'agit de citations de poètes tragiques non identifiés.

2. En tant que ministre des finances (*dioecetes*) de Ptolémée, Rabirius faisait payer aux sujets du roi les 10.000 talents promis à Gabinius.

29 ' Moreretur, ' inquies ; nam id sequitur. Fecisset certe, si sine maximo dedecore tam imp*e*d*i*tis suis rebus potuisset emori. XI Nolite igitur fortunam con*u*ertere in culpam neque regis iniuriam huius crimen pu*ta*re nec consilium ex necessitate nec uoluntatem ex ui interpretari, nisi forte eos etiam qui in hostis aut in praedones inciderint, si aliter quippiam coacti faciant *ac* liber*i*, uituperandos pute*tis*. Nemo nostrum ignorat, etiam si experti non sumus, consuetudinem regiam. Regum autem sunt haec imperia : ' animaduerte a*c* dicto pare ' et ' praeter rogitatum s*i* *quid* ' et illae minae :

' si te secundo lumine hic offendero ,
moriere ' ;

quae non ut delectemur solum legere et spectare debemus, sed ut cauere etiam *et* effugere di*s*camus.

30 At ex hoc ipso crimen exoritur. Ait enim, Gabinio pecuniam Postumus *cum* cogeret, decum*as* imperat*a*rum pecunia*ru*m sibi coegisse. Non intellego hoc quale sit, utrum accessionem decumae, ut nostri facere coactores solent *in* cent*es*ima, an decessionem de summa fecerit. Si accessionem, undecim milia talentum ad Gabinium peruenerunt. At

29 impeditis *k* : impudentis *cett.* || putare Ω^2*ostck* : punire *cett.* || hostis : hospites Ω'*μpqc'* || ac liberi *Madvig* : libere (-os μ) *codd.* || putetis *Patricius* : putes *codd.* || ac dicto *pqc* : addicto (edicto *k*) *cett.* || si quid *Halm* : sit pie *codd.*, sile *Luterbacher* || hic *CIC. Att.* 7, 26,1 (*ubi laudantur* si... offendero) : hoc *codd.* || solum Ω^2*ostck* : si dum *cett.* || et *c*, *Navagero* : *om. cett.* || effugere : et fugere *Patricius* (*fort. recte*) || discamus *k* : dicamus (*uel* -mur) *cett.*

30 cum *add. hic R. Klotz*, *post* Gabinio *A. Klotz* || decumas *Madvig* : -mus Ω*p* -mis *cett.* || imperatarum ψ *Madvig* : imperatorum *cett.* || pecuniarum Ω^1, *Madvig* : -niam *cett.* || in centesima c^2, *Halm* : centima *cett.*

juges que voici. **31** J'ajoute encore ceci : est-il donc logique, s'agissant d'un si lourd tribut, qu'on ait ajouté un supplément de mille talents à la perception d'une somme si considérable, ou bien qu'en recevant une si forte rémunération un homme que vous représentez comme si cupide ait consenti à une réduction de mille talents ? En fait Gabinius n'était pas homme à faire une telle concession sur ce qui lui revenait, ni le roi à permettre qu'on imposât une pareille charge à ses sujets. Mais nous aurons les témoignages des envoyés d'Alexandrie. Ils n'ont rien dit contre Gabinius ; bien plus, ils ont déposé en sa faveur [1]. Qu'a-t-on donc fait de l'usage d'autrefois, de la pratique des tribunaux, des précédents ? Est-ce la coutume de parler contre celui qui a recueilli l'argent quand on n'a pas parlé contre celui pour le compte duquel l'argent a été recueilli ? **32** Eh bien, si c'est la coutume de qui n'a pas parlé contre l'accusé, est-ce aussi celle de qui a parlé en sa faveur ? Grâce aux mêmes témoins, et encore sans qu'on les produise eux-mêmes, par la seule lecture de leurs dépositions, c'est comme une chose déjà jugée qu'on a coutume d'appliquer à des causes telles que celle-ci.

XII Et il va jusqu'à affirmer, cet ami auquel m'unissaient des liens si étroits, que les Alexandrins ont eu pour déposer en faveur de Gabinius les mêmes raisons que moi pour le défendre. Le motif que j'ai eu, C. Memmius, pour défendre Gabinius a été ma réconciliation avec lui. Je n'ai aucun scrupule à avoir des inimitiés qui meurent et des amitiés éternelles. **33** Car si tu crois que c'est contre mon gré, pour ne pas froisser Pompée, que j'ai défendu cette cause, tu nous méconnais étrangement, lui et moi. Car d'une part jamais Pompée n'aurait consenti

1. Il n'y a pas lieu sans doute de retenir la leçon adoptée par A. Klotz, *duo* au lieu de *ii* (II), qui donnerait le sens : « et même deux de ces témoins ont déposé en sa faveur ».

non modo abs te decem milia obiecta sunt sed etiam ab his aestimata. **31** Addo illud etiam : qui tandem conuenit aut tam graui onere tributorum ad tantam pecuniam cogendam mille talentum accessionem esse factam aut in tanta mercede hominis, ut uis, auarissimi mille talentum decessionem esse concessam ? Neque enim fuit Gabini remittere tantum de suo nec regis imponere tantum pati suis. *At* erunt testes legati Alexandrini. Ii nihil in Gabinium dixerunt ; immo ii Gabinium laudauerunt. Vbi ergo ille mos, ubi consuetudo iudiciorum, ubi exempla ? Sole*t* is dicere in eum qui pecunia*m redegit* qu*i* in illum cuius nomine ea pecunia redigeretur non dixerit ? **32** Age, si is qui non dixit solet, etiamne is solet qui laudauit ? Isdem testibus, et quidem non productis, sed dictis testium recitatis, quasi praeiudicata res ad has causas deferri solet. XII Et ait etiam meus familiaris et necessarius eandem causam Alexandrinis fuisse cur laudarent Gabinium quae mihi fuer*i*t cur eundem defenderem. Mihi, C. Memmi, causa defendendi Gabini fuit reconciliatio gratiae. Neque me uero paenitet mortalis inimicitias, sempiternas amicitias habere. **33** Nam si me inuitum putas, ne Cn. Pompei animum offenderem, defendisse causam, et illum et me uehementer ignoras.

31 onere : -ri *Patricius* || mille talentum *del. Madvig* (*fort. recte*) || imponere *μtψck* : imponere tantum de suo nec regis inponere *cett.* (*uno exemplaris uersu bis scripto*) || pati *del Patricius* || at erunt *Madvig* : aderunt *codd.* || ii (*post* immo) : II *Ωst* duo *ock* || solet is *ck* : soletis *cett.* || pecuniam *ed. Veneta* : -nia *codd.* || redegit *add. Navagero* || qui in *k* : quin (qui *Ω²μp*) *cett.*
32 fuerit *Manuzio* : -rat *codd.*

à ce que pour lui complaire je fisse rien contre mon gré ; et jamais quant à moi, qui ai toujours eu tant à cœur la liberté de tous les citoyens, je n'aurais fait le sacrifice de la mienne. Pendant tout le temps où j'ai été grand ennemi de Gabinius je n'ai cessé d'être grand ami de Pompée et plus tard, lorsque, pour déférer à l'autorité de Pompée, j'ai pardonné comme je devais le faire, j'ai agi sans hypocrisie, car toute perfidie de ma part aurait fait injure à l'homme en considération de qui je m'étais montré généreux. En effet, en refusant de me réconcilier avec un ennemi je n'outrageais pas Pompée, mais si, ramené par lui, j'avais fait un retour hypocrite, j'aurais évidemment manqué avant tout à moi-même, mais immédiatement après j'aurais manqué aussi à Pompée[1].
34 Mais ne parlons plus de moi, revenons à tes Alexandrins. Quel front ! Quelle audace en eux ! Naguère, sous vos yeux, dans le procès de Gabinius, tous les trois mots, on en appelait à eux. Ils niaient qu'on eût remis de l'argent à Gabinius. A plusieurs reprises on a relu la déposition de Pompée témoignant que le roi lui avait écrit que Gabinius n'avait reçu d'argent que pour des besoins militaires[2]. « On n'a pas cru alors, dit l'accusateur, les témoins d'Alexandrie. » Et depuis ? « Aujourd'hui on les croit. » Pourquoi ? « Parce qu'ils affirment aujourd'hui ce qu'ils niaient alors. » **35** Eh quoi ? Tel est donc le sort réservé aux témoins qu'on ne les croie pas lorsqu'ils nient et qu'on les croie lorsqu'ils affirment ? Mais si la première fois ils ont dit vrai avec un air de parfaite véracité, c'est aujourd'hui qu'il mentent ; s'ils ont menti la première fois, qu'ils nous apprennent quel visage ils ont d'ordinaire

1. Les lettres à Atticus contemporaines de ce discours trahissent un pareil embarras quand Cicéron essaie de justifier sa dépendance à l'égard de Pompée.

2. L'énorme bakhchich de 10.000 talents est présenté comme un remboursement des dépenses militaires engagées pour la restauration du roi.

Neque enim Pompeius me sua causa quicquam facere uoluisset inuitum, neque ego cui omnium ciuium libertas carissima fuisset meam proiecissem. *Nec*, quam diu inimicissimus Gabinio fui, non amicissimus mihi [non] Pompeius fuit, nec, postea quam illius auctoritat*i* eam dedi ueniam quam debui, quicquam simulate *feci*, n*e* cum mea perfidia illi etiam ipsi facerem cui beneficium dedissem iniuriam. Nam non redeundo in gratiam cum inimico non uiolabam Pompeium ; si per eum reductus insidiose redissem, me scilicet maxime, sed proxime illum *quo*que fefellissem. **34** At de me omittamus ; ad Alexandrinos istos reuertamur. Quod habent os, quam audaciam ! Modo uobis inspectantibus in iudicio Gabini tertio quoque uerbo excitabantur ; negabant pecuniam Gabinio datam. Recitabatur identidem Pompei testimonium regem ad se scripsisse nullam pecuniam Gabinio nisi in rem militarem datam. ‘ Non est ’, inquit, ‘ tum Alexandrinis testibus creditum. ’ Quid postea ? ‘ Creditur n*unc.* ’ Quam ob rem ? ‘ Quia nunc aiunt quod tum negabant.’ **35** Quid ergo ? ista condicio est testium ut, quibus creditum non sit negantibus, isdem credatur *ai*entibus ? At, si uerum *tunc* uerissima fronte dixerunt, nunc mentiuntur ; si tunc mentiti sunt, doceant nos uerum

33 nec *add. Madvig* || non *del Madvig* Cn. *Clark* || auctoritati *Lambin* : -te *codd.* || simulate : simulare *pψ* simulaui *ck* || feci *add. A. Klotz.* . ne *q, ed. Rom.* : nec *cett.* || cum : enim *ck* || quoque *mostck* : quem *cett* ||
34 nunc *Manuzio* : non *codd.* || negabant : -batur Ω.
35 aientibus *coni. anon. ap. Orelli* (Cf. *CIC. Top.*, 49) : dicentibus *codd.* || tunc *Madvig* : cum Ω[1] tum (tunc *k*) cum *cett.* || uerissima *codd.* : serenissima *Hotoman* || si tunc : si tum *t.*

lorsqu'ils disent la vérité. Nous connaissions Alexandrie par ouï-dire ; maintenant nous apprenons à la connaître <par expérience>. C'est de là que viennent toutes les jongleries ; oui c'est de là que viennent toutes les supercheries ; enfin c'est de ses habitants que sont venus tous les sujets de mime. Rien ne me tarde tant, juges, que de voir la mine de ces gens-là. XIII **36** C'est en notre faveur que naguère ils ont parlé, ici, sur ces bancs. Avec quelle hauteur ils repoussaient l'accusation relative aux dix mille talents ! Maintenant vous connaissez l'impertinence des Grecs ; ils haussaient les épaules ; c'était alors, j'imagine, en raison des circonstances; aujourd'hui, évidemment ces circonstances n'existent plus. Quand une fois un homme s'est parjuré, dans la suite attestât-il, plus de dieux que jamais, il ne faut plus le croire ; surtout, juges, lorsque dans un procès comme celui-ci, il n'y a pas même place d'ordinaire pour un nouveau témoin et que pour cette raison l'on conserve les juges qui ont été ceux de l'accusé principal, pour que tous les faits leur soient connus et qu'on ne puisse rien inventer de nouveau. **37** ..... Les accusés d'un procès « Aux mains de qui l'argent est parvenu » <d'après l'usage, ne sont pas condamnés dans une action judiciaire qui leur est particulière, mais dans celle qui antérieurement a été dirigée contre l'accusé principal> [1]. C'est pourquoi, si Gabinius avait fourni des cautions ou si le peuple avait pu recouvrer sur ses biens le total de l'amende, si grande que fût la somme passée de ses mains en celles de Postumus, on n'en poursuivrait pas la revendication. Ainsi il est aisé de comprendre que, lorsqu'il a été établi dans le premier procès qu'une partie de l'argent qu'un accusé a été condamné à restituer est passée entre les mains d'un autre, la coutume dans un procès tel que celui-ci est d'en poursuivre la revendication. Mais en fait de quoi s'agit-il ?

1. Restitution très incertaine.

qu*o* uolt*u* s*o*leant dicere. Audiebamus Alexandriam, nunc cognoscimus. Illinc omnes praestigiae, illinc, inquam, omnes fallaciae, omnia denique ab iis mi*mo*rum argumenta nata sunt. Nec mihi longius quicquam est, iudices, quam uidere hominum uoltus. XIII 36 Dixerunt hic modo nobiscum ad haec subsellia, quibus superciliis renuentes huic decem milium crimini ! Iam nostis insulsitatem Graecorum ; umeris gestum agebant, tum temporis, credo, caus*a* ; nunc scilicet tempus nullum est. Vbi semel quis *p*eierauerit, *ei* credi postea, etiam si per pluris deos iuret, non oportet, praesertim, iudices, cum in his iudiciis ne locus quidem nouo testi soleat esse ob eamque causam idem iudices retineantur qui fuerint de reo, ut iis nota sint omnia ne*u*e quid fingi noui possit. 37 *** QVO EA PECVNIA PERVENERIT † non suis propriis iudiciis in reum facti † condemnari solent. Itaque si aut praedes dedisset Gabinius aut tantum ex eius bonis quanta summa litium fuisset populus recepisset, quamuis magna ad Postumum ab eo pecunia peruenisset, non redigeretur ; ut intellegi facile possit, quod ex ea pecunia qua *re*orum qui*s* damnatus *si*t peruenisse ad aliquem in illo

35 quo uoltu soleant *Madvig* : quid (quo *p*) uulti (multi Ω*pq*) sileant *codd.* || iis *k* : his *cett.* || mimorum *ck* : minorum (malorum Ω *in mg t*) *cett.*

36 causa *tk* : -ae *cett.* || peierauerit *ed. Cratander* : eirauerit *uel* deierauerit *codd.* || ei *tck* : et *cett.* || neue *Patricius* : neque *codd.*

37 *Ante* QVO *pauca uerba desunt*, qui causam dicunt *suppl. Halm* || non suis... facti *codd.* : *hunc locum desperatum frustra temptauerunt edd.*, *fort.* non suis propriis indiciis sed prioribus in reum factis || qua reorum quis damnatus sit *Madvig* : quae ad quem eorum qui damnatus est *codd.* || peruenisse : -set ψc^1.

En quel lieu du monde sommes-nous ? Peut-on rien imaginer de plus irrégulier, de plus intempestif ? **38** On accuse un homme qui n'a rien pris du roi, comme Gabinius a été convaincu de l'avoir fait, mais qui a prêté au même roi une somme considérable. C'est donc à Gabinius que Ptolémée a donné l'argent qu'il n'a pas rendu à mon client. Eh bien dis-moi donc, puisque celui qui devait cet argent à Postumus ne le lui a pas rendu mais l'a donné à Gabinius, maintenant que Gabinius a été condamné, <est-ce celui qui a reçu l'argent ou mon client qui doit être en cause?> [1]. XIV « Mais Postumus l'a et il le cache. » Il y a en effet des gens pour parler ainsi. Mais enfin quelle espèce d'ostentation, quelle gloriole est-ce là ? Si n'ayant jamais rien possédé, il avait acquis une fortune, il n'aurait quand même pas de raison d'en dissimuler la possession. Mais puisque, en réalité, il avait hérité de deux magnifiques et riches patrimoines [2], et en outre accru sa fortune dans des affaires saines et honorables, quelle raison aurait-il eu de faire croire qu'il ne possédait rien ? **39** Croyez-vous par hasard que lorsqu'il prêtait de l'argent, tenté par l'intérêt, il le faisait pour accroître le plus possible sa fortune et que maintenant qu'il a fait rentrer ses créances, il veuille se faire passer pour indigent ? C'est une gloire d'un nouveau genre qu'il ambitionne ! « En vérité il a fait le tyran à Alexandrie. » — Non, bien plutôt c'est lui qui a été victime de la tyrannie la plus insolente ; il a souffert lui-même la prison, il a vu dans les fers des amis intimes ; la mort s'est souvent offerte à ses yeux ; c'est dépouillé de tout et indigent que finalement il s'est échappé de ce royaume.

40 Mais, <dit-on>, il a eu enfin la contre-partie de son

1. Traduction conjecturale. Les mss. donnent un texte totalement inintelligible.

2. Successivement la fortune de son père et celle de son oncle maternel qui l'avait adopté.

primo iudicio planum factum sit, id hoc genere iudici redigi solere. Nunc uero quid agitur ? ubi terrarum sumus ? quid tam peruersum, *tam* praeposterum dici aut excogitari potest ? **38** Accusatur is qui non abstulit a rege, sicut Gabinius iudicatus est, sed qui maximam regi pecuniam credidit. Ergo is Gabinio dedit qui huic non reddidit. Ia*m c*edo, cum is qui pecuniam Postumo debuit non huic, sed Gabinio dederit, condemnato Gabinio utrum † illa quo ea pecunia sit an nunc de ea † ? XIV At habet et celat. Sunt *e*nim qui ita loquantur. Quod genus tandem est istud ostentationis et gloriae ? Si nihil habuisset umquam, tamen, si quaesisset, cur *se* dissimularet habere causa non esset. Qui uero duo lauta et copiosa patrimonia accepisset remque praeterea bonis et honestis rationibus auxisset, quid esset tandem causae cur existimari uellet nihil habere ? **39** An, cum credebat inductus usuris, id agebat ut haberet quam plurimum ; postea quam exegit quod crediderat, ut existimaretur egere ? Nouum genus hoc gloriae concupiscit. ' Dominatus est enim ', inquit, ' Alexandriae. ' Immo uero in superbissimo dominatu fuit ; pertulit ipse custodiam, uidit in uinclis familiaris suos, mors ob oculos saepe uersata est, nudus atque egens ad extremum fugit e regno. **40** At permu-

37 solere *noc*[2] : -ret *cett.* || tam (*ante* praeposterum) *ed. Ascens.* || aut *k om. cett.* : atque *A. Klotz.*

38 huic non *Lambin* : non huic *codd* || Iam cedo *ed Iuntina* : iam ac credo (accredo *stψ* accedo *nock*) *codd.* || illa... ea *codd.* : illi quo ea pecunia peruenerit an huic dicenda causa est *Clark* ; *alii aliter frustra* || enim *ψ* : etenim *cett.* || se *Muret* : si *mpψ* is *cett.*, *del. Madvig.*

argent ; des navires appartenant à Postumus ont été amenés à Pouzzoles ; on a entendu parler de marchandises, on les a vues. Marchandises illusoires en vérité et trompeuses : car c'est du papier, du lin, du verre qu'on a transporté. Quand plusieurs navires en auraient été remplis, la somme <due> n'aurait pu être réalisée [1]. Ce débarquement à Pouzzoles, les propos qu'il suscita alors, les allées et venues, les manifestations de l'équipage, la malveillance qui s'exerçait alors sur le nom de Postumus, en raison de je ne sais quelle idée qu'on avait de cet argent, tout cela a fait que durant un été, et pas davantage, on nous a rebattu les oreilles de ces propos.

XV **41** La vérité, juges, voulez-vous la connaître ? Si la générosité de César, si grande envers tous, ne s'était aussi manifestée envers lui de façon incroyable, voilà longtemps que Postumus aurait disparu du Forum. Car César a assumé à lui seul les charges de plusieurs amis de mon client et les appuis qu'au temps de la prospérité de Postumus ses intimes en grand nombre lui donnaient chacun pour sa part ; aujourd'hui qu'il est dans le malheur, c'est César qui les lui donne tous. Ce n'est plus que l'ombre, que l'image d'un chevalier romain que vous voyez, juges, conservée grâce au secours et à la fidélité d'un unique ami. Rien ne peut plus lui être enlevé, que ce simulacre de son ancien rang, que seul César conserve et soutient et qu'en dépit d'une situation si misérable, on doit lui reconnaître comme très élevé. Mais peut-être est-ce l'effet d'un mérite médiocre si mon client, surtout dans son malheur et son éloignement, a inspiré tant d'estime à un si grand homme, quand celui-ci se trouve dans une si haute fortune qu'il est difficile pour lui d'abaisser ses regards sur les intérêts d'autrui et qu'il

1. Nous adoptons, sans trop y croire, la correction de Mommsen. Clark propose de lire : « naulum non potuit parari » (on n'a pu récupérer les frais de transport).

tata aliquando pecunia est, *de*ductae naues Postumi Puteol*os* sunt, auditae uisaeque merces. Fallaces quidem et fucosae chartis et linteis et uitro delat*is* ; quibus cum multae naues refertae fuissent, *summa* non potu*it* par*ari*. *Ca*taplus ille Puteolanus, sermo illius temporis, uectorumque cursus atque ostentatio, tum subinuisum apud maliuolos Postumi nomen, propter opinionem pecuniae nescio quam aestatem unam, non pluris, auris refersit istis sermonibus.

XV **41** Verum autem, iudices, si scire uoltis, nisi C. Caesaris summa in omnis, incredibilis in hunc eadem liberalitas exstitisset, nos hunc [Postumum] iam pridem in foro non haberemus. Ille onera multorum huius amicorum excepit unus, quaeque multi homines necessarii secundis Postumi rebus d*i*scripta sustinuerunt, nunc eius adflictis fortunis uniuersa sustinet. Vmbram equitis Romani et imaginem uidetis, iudices, unius amici conseruatam auxilio et fide. Nihil huic eripi potest praeter hoc simulacrum pristinae dignitatis quod Caesar solus tuetur et sustinet ; quae quidem in miserrimis rebus huic tamen tribuenda maxima est ; nisi uero hoc mediocri uirtute effici potest ut tantus ille uir tanti ducat hunc, [et] adflictum praesertim et absentem, et in tanta fortuna sua ut alienam respicere magnum sit,

40 deductae *scripsi* : ductae *nstck* dictae *cett.* || Puteolos *Clark* : -lis *codd.* || delatis *Mommsen* : delatae (uelatae *cod. Turnebi*) *codd.*, *del. Clark* || summa non potuit parari *Mommsen* : una non potuerit parua *codd.* || cataplus *Turnèbe* : artata plus *codd.* || unam *Nauagero* : una *codd.* || pluris : -ribus $\Omega^1\mu o^1$*pqs*.

41 Postumum *del. Manuzio* || homines ψ : -nis *cett.* || discripta *Kayser* : des- *codd.* || et *del. ed. Iuntina* || alienam *Patricius* : -na *codd.*

est si occupé par les grandes affaires dont il a eu et a encore la charge qu'il pourrait, sans qu'on s'en étonnât, oublier celles des autres, ou que, venant à s'en souvenir, il n'aurait pas de peine à se justifier de son oubli. **42** J'ai, quant à moi, reconnu chez C. César une foule de grandes et merveilleuses qualités, mais les autres se sont manifestées pour ainsi dire sur de plus vastes théâtres et sont presque de notoriété publique. Choisir un emplacement pour un camp, ranger une armée en bataille, prendre des villes d'assaut, tailler en pièces les lignes ennemies, affronter la rigueur du froid et des hivers que nous avons peine à supporter dans les habitations de cette ville ; poursuivre l'ennemi dans ces jours mêmes de l'année où nous sommes, quand les bêtes sauvages elles-mêmes se cachent dans leurs tanières et que, de par le droit des nations, tous les combats font trêve, ce sont là de grandes choses, qui le nie ? Mais on y est provoqué par l'appât de grandes récompenses, par le désir de vivre éternellement dans le souvenir des hommes. Il faut d'autant moins s'étonner qu'accomplisse de telles actions celui qui aspire à l'immortalité. XVI **43** Voici le mérite véritable que ne célèbrent ni les vers des poètes, ni les témoignages de l'histoire mais qui se pèse dans la balance des sages. Un chevalier romain, son ami de vieille date, plein de dévouement, d'affection, d'égards pour sa personne, entraîné à la ruine non par les excès, par les dépenses honteuses et les pertes dont les passions sont causes, mais par ses efforts pour augmenter son patrimoine, César l'a arrêté dans sa chute, il n'a pas laissé sa ruine s'accomplir, il l'a secouru, il l'a étayé de son argent, de sa fortune, de son crédit, il le lui accorde encore aujourd'hui et il ne souffre pas que s'accomplisse la ruine d'un ami au bord de l'abîme. Son intelligence si pénétrante ne se laisse pas éblouir par l'éclat de son propre renom et,

et in tanta occupatione maximarum rerum quas gerit atque gessit *ut* uel obliuisci aliorum non sit mirum uel, si meminerit, oblitum esse *se* facile possit probare. **42** Multas equidem C. Caesaris uirtutes magnas incredibilisque cognoui, sed sunt ceterae maioribus quasi theatris propositae et paene popular*e*s. Castris locum capere, exercitum instruere, expugnare urbis, aciem hostium profligare, hanc uim frigorum hiem*u*mque quam nos uix huius urbis tectis sustinemus excipere, his ipsis diebus hostem persequi [tum] cum etiam ferae latibulis se tegant atque omnia bella iure gentium conquiescant — sunt ea quidem magna ; quis negat ? sed magnis excitata sunt praemiis a*c* memori*a* hominum sempitern*a*. Quo minus admirandum est eum facere illa qui immortalitatem concupiuer*i*t. XVI **43** Haec *ue*ra laus est, quae non poetarum carminibus, non annalium monumentis celebratur, sed prudentium iudicio expenditur. Equitem Romanum ueterem amicum suum studiosum, amantem, obseruantem sui non libidine, non turpibus impensis cupiditatum atque iacturis, sed experientia patrimoni amplificandi labentem excepit, corruere non siuit, fulsit et sustinuit re, fortuna, fide, hodieque sustinet nec amicum p*en*dentem

41 et in *add. Lambin* || occupatione *Patricius* : oppugnatione *codd.* || ut *ck* : *om. cett.* || esse se *Patricius* : esset $\Omega^1\psi c$ esse *pq* etiam *cett.*

42 populares *pk* : -ris *cett.* || hiemumque *Patricius* : -memque *codd.* -misque *A. Klotz* || tum *del Patricius* || ac memoria... sempiterna *Madvig* : ad memoriam... sempiternam *codd.* || concupiuerit *k* : -rat *cett.*

43 uera *Patricius* : mira *codd.* mera *Jeep* || pendentem *pk* : prudentem *cett.* (*quod probare studet A. Klotz*).

pour ainsi dire, les lumières de son esprit ne sont pas offusquées par l'élévation de sa fortune et de sa gloire. **44** Qu'on juge grandes, j'y consens, comme elles le sont en réalité, les actions dont j'ai parlé. Que chacun pense ce qu'il voudra de mon opinion à ce sujet. En fait, quant à moi, au milieu d'une puissance si grande, d'une telle fortune, c'est cette générosité envers les siens, cette fidélité à l'amitié que je mets au-dessus de toutes les autres vertus. Quant à vous, juges, en considérant une bonté d'une sorte si nouvelle, si inaccoutumée chez des hommes illustres et tout puissants, vous êtes tenus non seulement de ne pas la dédaigner et de ne pas l'écarter, mais de la favoriser et de l'encourager, d'autant plus que, comme vous le voyez, on semble avoir choisi les jours où nous sommes pour porter atteinte à sa situation. Et pourtant on ne saurait rien en retrancher qu'il ne le supporte en homme de cœur ou ne le récupère sans peine. Mais s'il apprend qu'on a ravi l'honneur d'un de ses meilleurs amis, il ne pourra manquer d'en être vivement affecté et ce ne sera pas pour lui une perte qu'il puisse se flatter de réparer [1].

PÉRORAISON. XVII **45** En voilà assez pour qui ne nous est pas défavorable et même trop pour vous qui, j'en suis convaincu, nous êtes très favorables. Mais pour contenter les soupçons, la malveillance, la cruauté de tous, j'ajouterai : « Oui, Postumus dissimule de l'argent ; les richesses du roi sont cachées quelque part. » Eh bien ! est-il dans un public si nombreux quelqu'un qui veuille se faire adjuger pour un sesterce les biens de C. Rabirius ? Mais, malheureux que je suis, avec quelle douloureuse émotion j'ai parlé ainsi ! Ah ! Postumus est-ce bien toi, le fils de C. Curtius, le fils de C. Rabirius par son choix

1. Pour obtenir l'acquittement de son client, Cicéron évidemment compte beaucoup plus sur le prestige de César que sur les arguments juridiques assez incertains qu'il a employés jusqu'ici.

corruere patitur ; nec illius animi aciem p*rae*stringit splendor sui nominis, nec mentis quasi luminibus officit altitudo fortunae et gloriae. **44** Sint sane illa magna, quae re uera magna sunt ; de iudicio animi mei, ut uolet quisque, sentiat ; ego enim hanc in tantis opibus, tanta fortuna liberalitatem in suos, memoriam amicitiae reliquis uirtutibus omnibus antepono. Quam quidem uos, iudices, eius in nouo genere bonitatem, inusitatam claris ac praepotentibus uiris, non modo *non* aspernari ac refutare sed complecti etiam et augere debetis, et eo magis quod uidetis hos quasi sumptos dies ad labefactandam illius dignitatem. Ex qua illi nihil detrahi potest quod non aut fortiter ferat aut facile restituat ; amicissimum hominem si honestate spoliatum audierit, nec sine magno dolore feret nec id amiserit quod posse [non] speret recuperari.

XVII **45** Satis multa hominibus non iniquis haec esse debent, nimis etiam multa uobis quos aequissimos esse confidimus. Sed ut omnium uel suspicioni uel maliuolentiae uel crudelitati satis fiat : ' occultat pecuniam Postumus, latent regiae diuitiae '. Ecquis est ex tanto populo qui bona C. Rabiri Postumi nummo sestertio sibi addici uelit ? Sed miserum me, quanto hoc dixi cum dolore ! Hem, Postume, tune es *C.* Curti filius, C. Rabiri iudicio

43 praestringit *cod. Turnebi* : perstringit *cett.*

44 non (*ante* aspernari) *ck* : *om. cett.* || dignitatem : claritatem Ω^1 || non *del. Angeli.*

45 Ecquis *Navagero* : et quis *codd.* || C. *add. Orelli* || Curti : Curii Ω.

et sa volonté et de sa sœur par la naissance ? Est-ce bien toi, si généreux envers tous les tiens, toi dont la bonté a enrichi tant de gens, toi qui n'as jamais dilapidé ta fortune et ne l'as jamais sacrifiée à aucune passion ? Et ce sont tes biens, Postumus, que j'adjuge pour un sesterce ! Pour moi, quel misérable, quel cruel office de crieur public ! **46** Mais le malheureux va jusqu'à désirer que, même si vous le condamnez, la vente de ses biens désintéresse complètement tous ses créanciers. La seule chose qui le préoccupe, c'est de faire honneur à ses engagements, et quand même vous voudriez aujourd'hui oublier votre indulgence ordinaire, vous ne pouvez lui enlever rien de plus. N'agissez pas ainsi, je vous en prie et vous en conjure, d'autant plus qu'on réclame un argent qui lui est étranger à un homme à qui on ne rend pas le sien. Car c'est contre un accusé que la pitié devrait secourir qu'on s'est efforcé de soulever la réprobation. **47** Mais maintenant, puisque, comme je l'espère, je me suis fidèlement acquitté envers toi, Postumus, de ma dette d'amitié, je vais payer aussi le tribut de larmes que je te dois, car je t'en ai vu verser en abondance à l'occasion de mon malheur. Elle est encore devant mes yeux cette nuit de deuil pour tous les miens où, avec toutes tes ressources, tu t'es mis tout entier à ma disposition [1]. Par toi une escorte, par toi une garde, et même par toi la quantité d'or que réclamait la circonstance m'ont assisté à mon départ, et jamais, durant mon absence, tu n'as abandonné mes enfants ni ma femme. Je puis faire comparaître une foule d'hommes rappelés d'exil pour témoigner de ta générosité, car j'ai souvent entendu dire que cela avait valu à ton père Curtius un puissant secours dans un procès capital.

1. Dans la nuit du 19 mars 58, Cicéron directement menacé par la *rogatio* de Clodius « de capite ciuis Romani », s'enfuit de Rome. L'appui financier de Rabirius lui fut d'autant plus nécessaire qu'il avait été frappé de la confiscation de ses biens.

et uoluntate filius, natura sororis [filius] ? tu*ne* ille in omnis tuos liberalis, cuius multos bonitas locupletauit, qui nihil profudisti, nihil ullam in libidinem contulisti ? Tua, Postum*e*, nummo sestertio a me addicuntur ? O meum miserum acerbumque praeconium ! **46** At hoc etiam opta*t* *m*iser ut uel *si* condemnetur a uobis, ita bona ueneant ut solidum suum cuique soluatur. Nihil iam aliud nisi fidem curat, nec uos huic, si iam obliuisci uestrae mansuetudinis uolueritis, quicquam praeterea potestis eripere. Quod, iudices, ne faciatis oro obtestorque uos, atque eo magis, si aduenticia pecunia petitur ab eo cui sua non redditur. Nam in eum cui misericordia opitulari debe*b*at inuidia quaesita est. **47** Sed iam, quoniam, *ut* spero, fidem quam praestiti*sti tibi reddidi* Postume, reddam etiam lacrimas quas debeo ; quas quidem ego tuas in meo casu plurimas uidi. Versatur ante oculos luctuosa nox meis omnibus, cum tu totum te cum tuis copiis ad me detulisti. Tu comitibus, tu praesidio, tu etiam tanto pondere auri quantum tempus illud postulabat discessum illum sustentasti, tu numquam meis me absente liberis, numquam coniugi meae defuisti. Possum excitare multos *in patriam* reductos testis liberalitatis tuae, quod saepe audiui patri tuo Curti*o* magno

45 filius (*post* sororis) *del. Ernesti* || tune *k* : tun *os* tu μ tamen *pc* tum *cett.* || tua... sestertio *om.* Ω || Postume ψ*ck* : -mi *cett.*
46 optat miser ut uel *t* : optatim serui uel Ωμ*pq* optat miser ut serui uel *s* optat miser ut *cett.* || si *post* uel *add. A. Klotz* : *ante* uel *R. Klotz*, *post* uobis *Clark* || debebat *Muret* : debeat *codd.*
47 ut *add. Madvig* || praestitisti tibi reddidi *ten Brink* : praestiti (praestiti potui *k*) *codd.* || in patriam *ante* reductos *add. Clark* || reductos *del. Madvig* || Curtio *Madvig* : cui id *codd.*

48 Mais je crains tout désormais ; je redoute la malveillance qui s'attaque à la bonté elle-même. Car nous voyons bien par les pleurs de tant d'hommes quelle affection on a pour toi ; et, quant à moi, ma douloureuse émotion m'affaiblit et étouffe ma voix. Vous, juges, je vous supplie de ne pas enlever à ce grand homme de bien, au meilleur de tous les hommes, le titre de chevalier romain, la jouissance de cette lumière et de votre présence. Quant à lui, il ne vous demande rien que de lui permettre de contempler notre ville d'un regard assuré, de porter ses pas dans ce Forum ; cela même que la Fortune lui aurait ravi si les ressources d'un unique ami n'étaient venues à son aide.

adiumento [fecisset] in iudicio capitis fuisse. **48** Sed iam omnia timeo; bonitatis ipsius inuidiam reformido. *N*am indicat tot hominum fletus quam sis carus tuis, et me dolor debilitat in*ter*cluditque uocem. Vos obsecro, iudices, ut huic optimo uiro, quo nemo melior umquam fuit, nomen equitis Romani et usuram huius lucis et uestrum conspectum ne eripiatis. Hic uos aliud nihil orat nisi ut rectis oculis hanc urbem sibi intueri atque ut in hoc foro uestigium facere liceat, quod ipsum fortuna eripuerat, nisi unius amici opes subuenissent.

47 fecisset (fuisset *μp*) *codd.*, *om. k*, *del. Madvig* || fuisse ψ^2 : fuisset (si stetisset *p*) *cett.*

48 nam c^2, *Halm* : iam *cett* || intercluditque *Lambin* : includitque *codd.* || atqui ut : atque *μp*.

PLAIDOYER
POUR T. ANNIUS MILON

NOTICE

Le meurtre de Clodius.

Lorsque dans la soirée du 20 janvier 52 on apprit à Rome que Clodius avait été tué sur la voie Appienne par des hommes de Milon, la nouvelle ne laissa personne indifférent ; Cicéron ne put manquer de pousser un cri de délivrance : il se voyait débarrassé du plus dangereux et du plus acharné de ses ennemis. Dans le public, on éprouva des sentiments divers : joie, indignation violente, inquiétude, mais à coup sûr, nul étonnement. A tous l'événement apparaissait comme le terme nécessaire d'un ardent conflit qui, depuis des années opposait ces deux « techniciens de la bagarre » Clodius et Milon.

C'est vraisemblablement en 57, peu de temps avant le rappel de Cicéron, que Milon, alors tribun de la plèbe, secrètement encouragé par Pompée, recruta des troupes d'hommes de main destinées à disputer la rue et le Forum aux vieilles bandes de Clodius. Celui-ci, qui dès l'abord mesura le péril, engagea contre son adversaire une lutte sans trêve ni merci. Dès ce temps, Cicéron déclarait non seulement dans l'intimité d'une lettre à Atticus mais en plein Sénat, dans son discours *Sur la Réponse des Haruspices*, que Clodius ne périrait que de la main de Milon [1].

1. Att., 4, 3, 5 (lettre du 23 nov. 57 : « Je pense que Clodius, à moins qu'il ne soit tué d'ici là, sera poursuivi en justice par Milon ; si, par exemple, désormais il se trouve devant lui dans une bagarre, je prévois qu'il sera tué de sa main. »

Et en 56 (date exacte incertaine), dans son discours sur la *Réponse des Haruspices*, § 6 ; « Clodius est considéré comme une victime dévouée et réservée à T. Annius... : de même que P. Scipion était né pour la ruine et la destruction de Carthage... ainsi T. Annius a été donné à la patrie, par une sorte de don divin, pour réprimer, pour étouffer, pour exterminer ce monstre. » Cf. § 7. Déclarations singulièrement compromettantes pour le futur accusé de 52. Le *Pro Milone* n'ajoutera rien aux invectives furieuses contre Clodius, à la description de ses crimes qu'on trouve dans ce discours.

Ainsi s'engagea un conflit en maints épisodes, qui devait se poursuivre jusqu'en janvier 52 et où chacun des chefs de bande marqua des points à son tour. L'affaire de la restitution des biens de Cicéron fut d'abord l'occasion de violents désordres : le 3 novembre 57, émeutes sur le Palatin ; le 11, attaque contre Cicéron sur la voie Sacrée ; le 12, assaut contre la maison de Milon. Puis ce fut l'accusation *de ui* portée par Milon contre Clodius dont les bandes, les jours suivants, ensanglantèrent la rue. Au début de 56, Clodius, à son tour, à peine nommé édile, intenta à Milon devant le peuple une accusation *de ui*. Ce fut l'occasion de beaux désordres, tant sur le Forum que dans le Sénat. Pompée, qui était intervenu en faveur de Milon, fut accablé d'injures. Le Sénat crut mettre fin aux perpétuelles échauffourées qui paralysaient la vie politique et l'activité des tribunaux en décrétant la dissolution de toutes les bandes, celles de Milon comme celles de Clodius. Mais les désordres n'en reprirent pas moins de plus belle en avril de la même année. Clodius fit incendier par ses hommes la maison que Cicéron avait fait rebâtir sur le Palatin. En manière de représailles, les bandes de Milon, qu'accompagnait Cicéron lui-même, donnèrent l'assaut au Capitole et brisèrent les tables de bronze où étaient inscrites les lois de Clodius. En 53 la lutte en vint à un paroxysme de violence et d'acharnement. Milon était candidat au consulat contre les protégés de Pompée, Q. Metellus Scipio et P. Plautius Hypsaeus. Clodius, de son côté, briguait la préture. Mais ne voulant pas d'une magistrature dont l'exercice aurait été réduit à quelques mois par le retard des comices électoraux, et surtout voyant clairement que « sa préture serait paralysée et impuissante avec un consul tel que Milon »[1], il renvoya sa candidature à l'année suivante et employa toutes ses forces à combattre Milon ; il appuya énergiquement les concurrents de son ennemi tout en se réservant jalousement la direction de la campagne électorale ; Cicéron avait pris ardemment le parti de Milon ; il attendait merveille de son élection au consulat car il

1. *Mil.*, 25.

l'estimait seul capable de sauver la république de la dictature en restaurant l'autorité du Sénat et de lui rendre à lui-même l'indépendance qu'il avait perdue depuis l'instauration du triumvirat. Dès 54, alors que Milon annonçait sa candidature aux élections de 53, il confie à son frère Quintus : « Je n'ai qu'un sujet de souci, Milon ; je souhaite que son consulat m'en délivre et je m'y emploierai de toutes mes forces, autant que je me suis employé pour le mien [1]. » Il ne se dissimule pas les difficultés que va rencontrer la candidature de son ami : avant tout l'hostilité déclarée de Pompée, qui a ses propres candidats et s'efforce de leur assurer la faveur de César. C'est pourquoi il cherche à gagner à Milon le précieux appui de Curion. « Tous mes désirs », écrit-il à celui-ci au milieu de 53 « mes efforts, mes soins, mon activité, mes réflexions, enfin mon âme entière sont attachés au consulat de Milon : c'est le lieu unique de mes pensées ; et j'ai résolu que j'y devais chercher, outre la récompense de mon dévouement, la gloire d'un devoir d'amitié rigoureusement rempli ; en vérité je crois que jamais personne n'a pris tant de cœur à la préservation de sa propre vie et de ses biens que je ne fais le succès de Milon ; tout pour moi en dépend, j'en suis convaincu » [2].

La campagne électorale fut une des plus violentes et des plus scandaleuses que Rome eût jamais connues. Les candidats, selon Plutarque [3], « procédaient non seulement par corruption et distribution de deniers, qui étaient crimes tout communs et ordinaires aux brigues des états de la chose publique, mais ouvertement par armes, batteries et meurtres, tendant à la guerre civile, tant ils étaient tous trois audacieux et téméraires ». Les magistrats pour l'année 53 n'avaient été désignés qu'un an après la date réglementaire et ne prirent possession de leurs charges qu'avec six mois de retard. Les comices pour l'élection des magistrats de 52 ne purent être tenus

1. *Quint.*, 3, 7 (9), 2. L'année précédente déjà il confiait à Quintus (*Quint.*, 3, 2, 2) ses inquiétudes à ce sujet. « Nolo cum Pompeio pugnam ; satis est quod instat de Milone. »

2. *Fam.*, 2, 6, 3.

3. *Cat. Ut.*, 72, trad. Amyot.

en raison des bagarres qui ensanglantèrent le Forum dans les derniers mois de l'année. Le 6 novembre le triomphe de Pomptinus sur les Allobroges fut troublé par l'intervention des bandes. « Un autre jour celles de Clodius lapidaient les consuls à l'ouverture d'une séance où le Sénat devait délibérer sur l'organisation des prochains comices ; un autre encore, celles de Milon se jetaient sur l'escorte de son concurrent Hypsaeus en pleine Voie Sacrée et provoquaient une bagarre où peu s'en fallut que Cicéron ne fût compté parmi les morts ; et ainsi de suite [1]. »

Cependant Clodius se répandait contre Milon en propos qui n'étaient pas tous calomnieux. C'est ainsi qu'il l'accusa de dissimuler une partie de ses dettes et de ne briguer le consulat que pour sortir d'une situation financière désespérée. Il eut à ce propos dans le Sénat une violente altercation avec Cicéron [2].

L'année 52 s'ouvrit sans que Rome eût ni consuls ni préteurs et par surcroît le tribun Munatius Plancus, stylé par Pompée, s'opposait à la désignation d'un interroi par le Sénat. Le meurtre de Clodius mit le comble à la confusion. On en connaît assez exactement les circonstances par la narration de Cicéron dans son plaidoyer pour Milon [3], que l'on peut contrôler et rectifier par le témoignage d'Asconius dont on trouvera plus loin le texte [4].

Le 20 janvier 52, Milon, accompagné de sa femme et d'un grand nombre de gardes et de serviteurs s'était rendu par la Voie Appienne à Lanuvium où l'appelait la désignation d'un flamine. Un peu au delà de Bovillae

1. J. Carcopino, *César*, p. 797.

2. En publiant son intervention, Cicéron lui donna la forme d'une *interrogatio*. Cf. Schol. Bob., p. 151 Hild. : « Ex iurgio quod inter se mouerant oratio ista composita est... Inscribitur *Interrogatio de aere alieno Milonis.* » On a conservé une partie de l'argument du scoliaste et quelques fragments (lemmes des scolies). V. M. Tulli Ciceronis *scripta* (Bibl. Teubner.), t. VIII (1918) : *Orationum deperditarum fragmenta*, ed. F. Schoell, p. 451 et suiv.

3. *Mil.*, 23-29.

4. Asconius, *Praef.*, 3 et suiv.

il rencontra Clodius qui revenait d'Aricie escorté d'une trentaine d'esclaves en armes. Les deux cortèges s'étaient croisés sans incident lorsque deux gladiateurs de Milon qui s'étaient attardés en queue de la colonne se prirent de querelle avec des esclaves de Clodius. Des injures on en vint aux coups : Clodius, attiré par la bagarre, se précipita pour soutenir les siens. Grièvement blessé par un gladiateur de Milon, il fut transporté dans une auberge voisine ; Milon, jugeant que le parti le plus sûr et le plus avantageux était d'en finir avec son ennemi, fit donner l'assaut à l'auberge. Ses hommes arrachèrent Clodius de son refuge et le percèrent de coups. Le cadavre, abandonné sur la Voie Appienne, fut relevé par un passant et transporté à Rome. Sans doute la nouvelle du meurtre l'y avait précédé. Une grande foule de gens du bas peuple et d'esclaves excités par Fulvia femme de Clodius, l'accueillit avec un grand tumulte de lamentations et de cris hostiles au meurtrier. Le corps de Clodius, tout couvert de boue et de sang, d'abord déposé dans l'atrium de sa maison du Palatin, fut, à l'aube, transporté au Forum et exposé sur les Rostres, puis mené à la Curie où on le brûla sur un bûcher de bancs, de tribunes, de livres. Le feu se communiqua à l'édifice qui fut détruit ainsi que la basilique Porcia. La même nuit Milon revint à Rome, manifestant l'intention de ne pas se dérober aux conséquences judiciaires de son acte et de maintenir sa candidature au consulat. Quelques jours après, devant une assemblée du peuple convoquée par le tribun M. Célius, il soutint, comme devait le faire son défenseur, qu'il n'avait fait que se défendre contre un attentat prémédité par Clodius. Cependant les désordres continuaient à Rome et les interrois se succédaient sans réussir à faire élire les magistrats pour 52. Le Sénat se décida donc à recourir aux mesures exceptionnelles ; il vota le *senatusconsultum ultimum* qui chargeait l'interroi, les tribuns de la plèbe et le proconsul Pompée de « veiller au salut de l'État » ; à Pompée était donnée en outre la mission de lever des troupes dans toute l'Italie. Le Sénat, résistant à la pression toujours plus forte de l'opinion publique, refusa de lui accorder le titre de dictateur. Il se résigna toutefois à le faire nommer par l'interroi consul sans collègue. C'était évidemment, dans une forme presque légale, une dictature déguisée. Grâce aux pouvoirs dont il était investi et aux forces militaires qu'il avait réunies, Pompée allait se trouver maître absolu de l'État. César est à Ravenne et bientôt va passer précipitamment les Alpes pour combattre l'insurrection gauloise. Fort empêché de s'occuper personnellement des affaires de Rome, il a dû s'en remettre à la « fermeté » de Pompée pour le rétablissement de l'ordre à Rome et tout d'abord pour le châtiment de Milon. C'est pourquoi il s'est résigné au « principat » de Pompée et a prêté la main dans sa province de Gaule Transalpine aux levées de troupes ordonnées par le Sénat [1].

Débarrassé par Milon de Clodius, qui n'avait jamais été pour lui qu'un allié suspect et compromettant, Pompée trouvait l'occasion bonne pour se débarrasser aussi de Milon qui lui inspirait une belle terreur [2]. Les mesures énergiques qu'il prit pour rétablir l'ordre servirent fort efficacement cette intention. Deux lois promulguées par sénatusconsulte visaient la répression des actes de violence et de corruption électorale : la première mentionnait expressément le meurtre commis sur la Voie Appienne, l'incendie de la Curie, l'attaque contre la maison de l'interroi M. Lepidus [3]. Toutes deux aggravaient les peines et abrégeaient la durée de la procédure judiciaire, n'accordant que deux heures à l'accusation et trois à la défense. M. Célius n'eut pas de peine à prouver devant le Sénat que ces lois étaient spécialement dirigées contre Milon, mais ne put en empêcher le vote. C'est donc devant un tribunal d'exception que Milon devait comparaître : les juges devaient être tirés au sort sur une liste de 360 noms

1. Cf. Caesar, *B. G.*, 7, 6, 1 : « His rebus in Italiam Caesari nuntiatis, cum iam ille urbanas res uirtute Cn. Pompei commodiorem in statum peruenisse intellegeret, in Transalpinam Galliam profectus est. » L'entente conclue entre César et Pompée contre Milon a été démontrée avec évidence par J. Carcopino, *César*, p. 798.

2. *Mil.*, 67 ; Asconius, 16-17.

3. Asconius, 15.

dressée par Pompée et la présidence attribuée à un consulaire nommé par le peuple dans des comices spécialement réunis pour cet objet. Cicéron reconnaîtra d'ailleurs que jamais tribunal n'avait été composé d'hommes plus illustres et plus intègres. Caton figurait parmi eux et c'est L. Domitius Ahenobarbus qui fut désigné pour la présidence.

Peu de temps après le meurtre, les parents et les amis de Clodius avaient réclamé le châtiment de Milon. Aussitôt après le vote du *senatusconsultum ultimum*, durant le mois intercalaire, les deux Appius Claudius, fils du frère de Clodius, C. Claudius, demandèrent qu'on soumît à la question les esclaves de Milon qui avaient pris part à l'affaire de la Voie Appienne. Milon fit répliquer par Hortensius, qui l'assistait ainsi que Cicéron, qu'il avait affranchi ces esclaves en récompense de leur dévouement. Un mois environ après la mort de Clodius, Q. Metellus Scipion, au Sénat, affirma avec véhémence que le meurtre avait été prémédité par Milon et révéla nombre de faits accablants pour celui-ci. De même deux tribuns de la plèbe avaient produit devant l'assemblée du peuple des témoignages défavorables à Milon. Enfin, aussitôt après la publication des lois de Pompée, les deux frères Appius lui intentèrent un procès *de ambitu*, tandis que C. Cethegus l'accusait *de ui* et P. Fulvius Neratus *de sodaliciis*. Comme ils étaient certains que le procès *de ui* serait appelé le premier et entraînerait la condamnation de Milon, les accusateurs escomptaient son absence dans les autres affaires. En fait Milon fut cité à comparaître la veille des nones d'avril (4 avril), à la fois devant les deux tribunaux chargés respectivement de se prononcer sur l'accusation *de ui* et sur l'accusation *de ambitu*.

Milon comparut devant le premier et se fit représenter devant l'autre par des amis. Le président de ce tribunal, Torquatus, l'autorisa du reste à ne répondre à l'accusation *de ambitu* qu'après la fin du procès *de ui*.

Le procès. C'est donc devant un tribunal spécial de 81 jurés tirés au sort sur la liste établie par Pompée et présidés par L. Domitius Ahenobarbus que comparut Milon. Plusieurs fois, dans les jours qui précédèrent l'ouverture du procès les tribuns de la plèbe ennemis de Milon avaient prononcé dans l'assemblée du peuple des harangues enflammées contre l'accusé et contre Cicéron. En outre les bandes de Clodius tenaient les accès du Forum. Les précautions militaires prises très ostensiblement par Pompée ne réussissaient pas à rassurer juges, témoins et défenseurs et même accroissaient encore leur sentiment d'insécurité.

Les témoins, dont beaucoup étaient très défavorables à Milon, défilèrent pendant trois jours (5, 6, 7 avril) et leurs dépositions furent interrompues le premier jour par des manifestations tumultueuses. Le ban et l'arrière-ban des hommes de Clodius avaient été mobilisés avec mission d'assiéger le Forum et d'intimider les juges et les témoins à décharge. Pompée, comme il l'avait promis à Domitius, avait renforcé partout les postes de garde et se tenait de sa personne devant l'aerarium d'où il dominait les rostres et l'ensemble du Forum.

L'accusation. Le quatrième jour (8 avril), l'aîné des deux frères Appius Claudius, M. Antonius et P. Valerius Nepos soutinrent l'accusation durant les deux heures que leur accordait la loi. Bien qu'on ne possède aucun témoignage précis à ce sujet, on peut imaginer sans peine le parti qu'ils adoptèrent. Comme avaient fait les ennemis de Milon devant le Sénat et l'assemblée du peuple, ils s'efforcèrent d'établir la préméditation de celui-ci et discréditèrent à l'avance l'argument essentiel du défenseur qui ne pouvait manquer d'évoquer la légitime défense. Ils exploitèrent contre Milon son brusque départ de Rome aussitôt après une séance du Sénat, l'importance de son escorte armée, son acharnement contre Clodius blessé. Ils s'efforcèrent d'exciter l'indignation du tribunal contre des actes de cruauté dont, au dire de nombreux témoins, Milon s'était rendu coupable contre des parents et des partisans de Clodius. Ils ne manquèrent pas de rappeler les nombreux actes de violence qui avaient marqué la vie de Milon avant le meurtre de la Voie Appienne, les menaces de mort qu'il avait proférées maintes fois contre Clodius, la haine dont il avait constamment poursuivi son adversaire.

La défense. Cicéron prit ensuite la parole, seul des *aduocati* de Milon [1]. L'hostilité croissante qui se manifestait contre son client et les menaces des partisans de Clodius l'avaient profondément démoralisé. Au dire de Plutarque, « Milon, craignant que Cicéron ne s'étonnât de voir reluire les armes autour de lui, parce que c'était chose non accoutumée, et que cela ne l'empêchât de bien plaider sa cause, le pria de se faire porter de bonne heure en litière sur la place, et de là se reposer, tout en attendant que tous les juges fussent venus et le parquet rempli. Parce que Cicéron n'était pas seulement craintif aux armes, mais aussi à plaider : car il ne commençait jamais à parler que ce ne fût en crainte et à peine cessa-t-il de vaciller et trembler de peur lorsque son éloquence était déjà parvenue à sa fleur et avait atteint la cime de sa perfection... Étant donc allé pour défendre la cause de Milon, quand, au sortir de sa litière dans laquelle il s'était fait porter, il aperçut Pompée assis en haut, comme s'il eût été en un camp, et la place environnée d'armes reluisantes tout à l'entour, il se troubla de telle manière qu'à peine cuida-t-il jamais commencer à parler, tant le corps lui tremblait fort et ne pouvait avoir sa voix [2]. » Il prononça donc, d'une voix entrecoupée un discours fort indigne de lui, qui fut recueilli par des sténographes et que lisaient encore Quintilien et les scoliastes de Cicéron. Quintilien appelle ce discours « oratiuncula » [3] et le scholiasta Bobien-

1. Rappelons qu'au témoignage d'Asconius, 11, lorsque les accusateurs voulurent faire soumettre à la question les esclaves de Milon, celui-ci fut assisté par Hortensius, Cicéron, M. Marcellus, M. Calidius, M. Caton, Faustus Sylla.

2. *Cic.*, 35.

3. *Inst. Orat.*, 4, 3, 17,

sis en dénonce l'incohérence et l'imperfection [1]. Cicéron peu soucieux de transmettre un tel discours à la postérité le refit à loisir et c'est cette rédaction postérieure qui est parvenue jusqu'à nous. C'est à bon droit que l'on considère ce plaidoyer comme l'un des chefs-d'œuvre de l'éloquence cicéronienne. L'extraordinaire habileté de la composition, la force persuasive des arguments, la perfection de la forme le mettent hors de pair. On y trouve à la fois la rouerie d'un avocat retors et le souffle puissant d'un grand orateur.

Le parti adopté par le défenseur est celui qu'imposaient les circonstances. Il ne pouvait être question d'opposer à l'accusation une dénégation pure et simple. Les faits étaient trop bien établis pour que sur l'essentiel le moindre doute pût subsister ; mais ce que Cicéron nie absolument c'est que Milon ait prémédité l'agression comme l'affirmaient les accusateurs. Car c'est bien en cela que consiste tout le procès : *uter utri insidias fecerit* [2]. Le défenseur s'acharnera donc à démontrer que Milon se trouvait en cas de légitime défense et que dans la « *pugna Bouillana* » il ne s'agissait pour lui que de sauver sa propre vie.

L'exorde est tiré des conditions exceptionnelles du procès et de l'aspect insolite du Forum occupé par des forces militaires. Sans doute l'émotion profondément sincère qui s'y exprime s'inspire-t-elle des amers souvenirs de l'orateur. Puis s'insère dans le discours une « réfutation préliminaire » que Quintilien [3] signale fort justement comme un trait d'originalité. Cicéron démontre en trois points : 1° Qu'un meurtre n'entraîne pas nécessairement une condamnation ; 2° Qu'il n'y a pas dans le Sénat de préjugé défavorable à Milon ; 3° Qu'il n'y en a pas non plus chez Pompée.

Vient ensuite la narration, modèle de vie et de clarté, pièce capitale du discours. L'orateur prétend démontrer que l'innocence de son client ressort avec évidence de l'exposé des faits. Nul doute que le récit ne soit ten-

1. P. 112, 10 St. ; Asconius, *Praef.*, 31.
2. *Mil.*, 23.
3. *Inst. Orat.*, 4, 2, 25.

dancieux : il suffit de le comparer à celui d'Asconius pour soupçonner Cicéron d'avoir quelque peu accommodé la réalité [1]. On a prétendu qu'il avait esquivé à dessein le point essentiel : les circonstances de la mort de Clodius. Milon a-t-il donné à ses esclaves l'ordre d'achever son ennemi blessé et de l'arracher de l'auberge où on l'avait transporté, comme l'affirme Asconius ? En fait Cicéron répond, mais indirectement [2] : les esclaves, dit-il, ont agi « sans que leur maître leur donnât d'ordre, sans qu'il le sût et hors de sa présence, comme chacun aurait voulu que ses esclaves se conduisissent en pareilles circonstances ». Donc il n'est pas question pour l'avocat de plaider coupable. Sur un point du moins sa sincérité n'est pas douteuse. Milon avait sans doute bonne envie de se débarrasser de Clodius, mais, à coup sûr, il n'avait pas organisé de guet-apens pour le jour du meurtre et Cicéron, tout le premier, fut surpris par la nouvelle [3]. La préméditation de Clodius, que Cicéron prétend démontrer dans la *confirmatio de causa* n'est pas plus vraisemblable que celle de Milon ; et pourtant quelle ingéniosité déploie l'avocat pour la rendre évidente ! Faute de preuves directes, il lui faut avoir recours aux présomptions. Pour lui, la preuve essentielle, qu'il présente avec insistance dans son plaidoyer [4], est le propos de Clodius recueilli par M. Favonius : « Dans trois jours Milon sera mort ». En outre il tire parti de l'inutilité du déplacement de Clodius, de l'organisation de son escorte, de l'intérêt qu'il avait à faire disparaître Milon, de ses penchants criminels.

On a parfois considéré comme une surcharge de la rédaction la seconde partie de la confirmation (§ 72-91)

1. Par exemple quand, au § 29, il montre dans quelles conditions, selon lui, s'engagea la bataille : une partie de la bande de Clodius, après avoir croisé le cortège de Milon, l'attaque à revers, tandis qu'une autre, embusquée le long de la route, l'assaille de face. En fait il semble bien que la rencontre ait été fortuite.

2. *Mil.*, 29. Cf. Ciaceri, *Cicerone e i suoi tempi*, t. II, p. 153.

3. *Phil.*, 2, 21 : « At Miloni ne fauere quidem potui ; prius enim res transegit quam eum quisquam facturum id suspicaretur. »

4. *Mil.*, 26 ; 44 ; 52.

qu'on a appelée *compensatio extra causam* [1] et qui développe le thème suivant : même si Milon avait prémédité le meurtre de Clodius, il devrait être absous car il a rendu un service éminent à la patrie en la délivrant de Clodius [2]. Or, d'après Asconius, M. Brutus avait composé un *Pro Milone* fictif [3] dont toute la matière était fournie par l'argument de l'intérêt public. Il n'est pas invraisemblable que Cicéron s'en soit inspiré dans son discours publié, en donnant à l'argument sa juste place *extra causam*.

Notons enfin l'originalité de la *miseratio* imposée à Cicéron par l'attitude assurée et presque provocante de son client. « Milon, dit Plutarque [4], assistait assurément et sans apparence de crainte quelconque à ce jugement de sa cause, sans que jamais il daignât ni laisser croître ses cheveux, comme voulaient faire les autres accusés, ni se vêtir de robe noire... » Il fallut donc que l'avocat prît à son compte les larmes, les supplications, les appels pathétiques auxquels se refusait Milon.

Notons que le *Pro Milone* est peut-être celui des grands discours judiciaires de Cicéron où l'élément politique est le moins important. Toutefois en maint passage l'orateur s'efforce de concilier à son client la bienveillance de Pompée. Que le discours prononcé devant les juges n'ait pas négligé un tel moyen de défense, la chose est plus que vraisemblable. Mais il paraît certain que dans les mois qui suivirent le procès, Cicéron, jugeant l'autorité de Pompée solidement établie pour longtemps, ait voulu assurer l'avenir. En tout cas le couplet sur l'espérance

1. Partie de l'argumentation où sont mis en balance (*compensare*) l'acte imputé et des considérations de justice ou d'utilité extérieures à la cause.

2. Cf. *Part. Orat.*, 106 ; le point de droit est ainsi posé : « Ne sceleratissimum quidem ciuem, sine iudicio, iure ullo necare, potuisti. »

3. L'affaire de Milon resta au programme des écoles de déclamation Sénèque le Père, *Contr.* 3, praef. 16, cite un *Contre Milon* du rhéteur Cestius.

4. *Cic.*, 35.

que l'orateur dit fonder sur le consulat de Pompée paraît bien être un supplément de la rédaction [1].

Dans l'ensemble, il est bien difficile de ne pas admettre que le discours publié n'est que le développement du discours prononcé devant les juges. On ne conçoit guère que Cicéron ait pu renoncer alors à soutenir aucun des arguments principaux sur lesquels est fondée sa défense et qui sont tous également nécessaires pour rendre vraisemblable l'innocence de Milon ou du moins lui concilier la bienveillance du tribunal [2].

Issue du Procès. Cicéron ne put renouveler en faveur de Milon un exploit dont il était coutumier : faire triompher les causes douteuses. Milon, au témoignage d'Asconius, fut condamné par 38 suffrages contre 13. Dans chacun des ordres qui composaient le tribunal, une forte majorité s'était prononcée contre lui. Il s'exila aussitôt, se gardant bien de comparaître dans les autres procès qui lui avaient été intentés. Ses adversaires n'eurent pas de peine à le faire

1. Il est également vraisemblable de supposer que Cicéron, fort dépité de son échec, a cru devoir prendre sans tarder une revanche éclatante auprès des lecteurs, comme l'admet Ciaceri, *op. cit.*, t. II, p. 153, ou que, pour donner à son discours la forme définitive sous laquelle devait le connaître la postérité, il ait jugé prudent d'attendre l'apaisement d'une situation troublée. Tel est l'avis de J. Humbert, *Les plaidoyers écrits et les plaidoiries réelles de Cicéron*, qui croit que le *Pro Milone* n'a été publié qu'à la fin de 52.

2. Il est impossible en tout cas d'admettre, comme le fait J. Humbert, que le discours prononcé a été une simple improvisation et notamment que Cicéron s'est borné à discuter la question de la préméditation. Deux fragments de l'*oratiuncula*, qui forment un tout, ont été conservés par Quintilien, 9, 2, 54, comme exemple d'*aposiopèse* : « an huius ille legis quam Clodius a se inuentam gloriatur, mentionem facere ausus esset uiuo Milone, non dicam consule ? De nostrum omnium non audeo totum dicere... »

Et par le *Scholiasta Bobiensis*, p. 173, 7 St.

« de nostrum omnium -non audeo totum dicere. Videte quid exit lex habitura fuerit cuius periculosa etiam reprehensio est. »

Il est remarquable que rien ne corresponde à ces fragments dans le discours publié, Peyron les avait insérés dans le § 33, entre « deferre posses » et « et aspexit ». — Cf. H. Gannitz, *Zu den Bodienser Ciceroscholien*, Progr., Dresden, 1884).

condamner pour corruption électorale, pour participation à des associations secrètes et une seconde fois pour violence. Ses biens furent confisqués et vendus à l'encan, et Milon montra quelque inquiétude lorsqu'il apprit que Cicéron formait avec Philotime, affranchi de Terentia, une *societas* pour l'acquisition de ces biens.

Il s'était installé à Marseille où il vécut quelques années paisibles. Mais en 48 il fut pris par la nostalgie de la bagarre. Il s'associa au mouvement insurrectionnel dirigé par Célius contre le consul Servilius qui exerçait le pouvoir à Rome en l'absence de César. Il débarqua en Italie méridionale à la tête d'une bande de gladiateurs. Mais ses mercenaires furent facilement dispersés par le préteur Q. Pedius et lui-même périt devant Compsa en Apulie, le crâne fendu par une pierre.

D'après une anecdote célèbre [1], Milon se serait écrié en lisant le discours rédigé que son défenseur — consolation dérisoire — lui avait fait parvenir : « Ah, Cicéron, si tu avais plaidé pour moi de la sorte, je ne mangerais pas de si bon rougets à Marseille ! » J'imagine que Milon, si le mot est authentique, mit quelque humour dans sa boutade. Sans doute n'était-il pas assez naïf pour croire que le plus habile et le plus éloquent des discours eût pu triompher d'une prévention aussi forte et aussi légitime que celle de ses juges. Sans parler de l'hostilité de Pompée à qui ses pouvoirs exceptionnels conféraient une irrésistible autorité, on peut penser que, quoi qu'en dise Cicéron tout le long de son discours, les plus raisonnables des Romains n'étaient pas moins prévenus contre Milon que contre Clodius ; on était à bon droit excédé de cette perpétuelle insécurité, de ces constants désordres qui faussaient la vie publique et bouleversaient la vie privée.

1. Dion Cassius, 40, 54, 2.

II

Sources du texte. 1. Des fragments du *Pro Milone* ont été déchiffrés dans un palimpseste de la bibliothèque de Turin (*P*) *Taurinensis*, A, II, 2. Ce manuscrit, jadis appelé *Bobiensis*, écrit au IVe ou au Ve siècle, a été détruit par un incendie en 1904. Ces fragments, publiés par A. Peyron, *Ciceronis orationum... fragmenta inedita*, Stuttgart et Tübingen. 1824, p. 218 et suiv. ; 282 et suiv., comprennent : § 29 *sunt partim* à 32 *ualeat*; 34 *fuerit occidi* à 36 *iam illum na-* ; 72 *amplecti plebem* à 75 *si sibi pecuni-* ; 86 *Bonae Deae* à 88 *circumscripsisset. Ne*; 92 *-sa extra causam* à 95 *negat enim negat. P* seul a conservé le début du § 34 et comble ainsi, en partie, la lacune que comportent tous les autres manuscrits.

2. Un manuscrit de Cluny, le *Cluniacensis* 496 (*C*), contenait le texte du *Pro Milone*. Ce manuscrit, antérieur au IXe siècle, fut emporté en Italie par Poggio en 1414 et a disparu depuis [1]. Quelques leçons du *Cluniacensis* ont été conservées :

a) par un recueil d'extraits de Barthélemy de Monte Politiano, *Laurentianus* plut. LIV, 5 (*B*).

b) par une seconde main dans un manuscrit de S. Victor du XVe siècle, aujourd'hui *Parisinus*, 14749 (*V*).

Très proche parent du *Cluniacensis* est l'*Harleianus* 2682 autrefois *Coloniensis*, du XIe siècle (*H*), retrouvé par Clark [2], aujourd'hui au British Museum. Ce manuscrit présente la même grande lacune que *C* (de § 18 *cruentata* à § 37 *paene in-*).

3. A une autre famille appartiennent le codex *Berolinensis* 252, autrefois *Erfurtensis*, du XIIe siècle (*E*).

le *Monacensis* 18787, autrefois *Tegernseensis*, du XIe siècle (*T*).

un *Werdensis* (*W*), aujourd'hui disparu (*uetus codex* de

1. Sur la destinée du *Cluniacensis*, v. A. CLARK, *The vetus Cluniacensis of Poggio* (*Anecdota Oxoniensia, Classical series*, I, x, 1905).

2. Cf. A. CLARK, *Anecdota Oxoniensia*, I, VII,1891.

Lambin), dont Lambin ainsi que Guilelmus et Fabricius ont conservé des leçons.

4. Le *Pro Milone* a été conservé en outre par un grand nombre de manuscrits des XIVe et XVe siècles dont aucun ne représente une tradition différente de celle des manuscrits plus anciens qui viennent d'être énumérés. Ils n'ont d'autre intérêt que de contenir des corrections d'humanistes parfois heureuses[1].

5) Enfin il faut tenir compte de la tradition indirecte, particulièrement abondante pour ce discours :

a) Lemmes du commentaire d'Asconius et de celui du Scholiasta Bobiensis.

b) Nombreuses citations faites par Quintilien et divers grammairiens et rhéteurs. Il semble bien que beaucoup de ces citations aient été faites de mémoire ou de seconde main. On ne peut donc les employer qu'avec beaucoup de précaution.

Dans l'ensemble le texte du *Pro Milone* est établi avec beaucoup plus de certitude que celui de la plupart des autres discours de Cicéron. Il est à peine besoin de faire appel à la conjecture. Les divergences les plus fréquentes entre les manuscrits ne concernent guère que l'ordre des mots. Mais comme peu de discours cicéroniens ont été lus plus assidûment et accablés d'un plus grand nombre de commentaires, le *Pro Milone* a particulièrement souffert de l'invasion des gloses, dès une époque ancienne puisque le palimpseste n'en est pas exempt. Toutefois il faut reconnaître que souvent les éditeurs modernes ont sarclé le texte avec un excès de rigueur.

1. La filiation des manuscrits peut être exprimée par le stemma que voici :

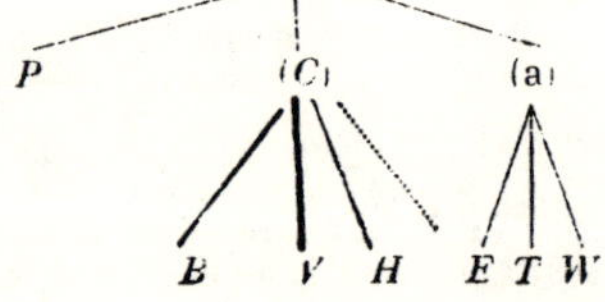

Bibliographie. Les plus récentes éditions critiques du *Pro Milone*, comprises dans des éditions collectives, sont celles de Clark, dans la *Scriptorum classicorum Bibliotheca Oxoniensis*, *M. Tulli Ciceronis orationes*, vol. VI, Oxford, 2e éd., 1920 ; P. Wessner, Bonn, 1911 (*Kleine Texte*, 71), avec le commentaire d'Asconius et les Scholia Bobiensia ; A. Klotz, dans la *Bibliotheca Teubneriana*, *M. Tulli Ciceronis scripta*..., vol. VIII, 2e éd., Leipzig, 1926 ; S. Colombo, Turin, Paravia, s. d. (1917).

Il existe un grand nombre d'éditions avec commentaire, destinées pour la plupart à l'usage scolaire. Les plus notables sont celles de A. Clark, Oxford, 1895 ; I. et A. Wagener et P. Thomas, 3e éd., Bruxelles, 1898 ; K. Halm et G. Laubmann, 10e éd., Leipzig, 1899 ; P. Monet, Paris, 1911 ; J. Martha, 4e éd., Paris, 1922 ; R. Beauchot, dans Cicéron, *Œuvres choisies*, Paris, 1917 ; J. Lechatellier, 13e éd., Paris, 1926 ; A. Guillemin, Paris, 1938 (Classiques Roma) ; E. Vanderborght, Bruxelles, 1943 (Coll. Lebègue).

La plus récente traduction est celle de E. Vanderborght (Ed. Labor), Bruxelles s. d.

ARGUMENT D'ASCONIUS [1]

1 Ce discours a été prononcé sous le troisième consulat de Pompée, le sixième jour avant les ides d'avril. Pendant les débats du procès, des troupes avaient été placées par Pompée dans le Forum et dans tous les temples situés autour du Forum, comme on l'apprend non seulement par le discours lui-même et les ouvrages historiques, mais encore par le livre de Cicéron intitulé *Du meilleur genre d'éloquence*. En voici le sujet : **2** T. Annius Milon, P. Plautius Hypseus et Q. Metellus Scipion, dans leur campagne électorale en vue du consulat, ne se contentèrent pas de prodiguer l'argent ouvertement, mais s'entourèrent de partisans en armes. Il y avait entre Milon et Clodius de violentes inimitiés. Milon en effet était grand ami de Cicéron et comme tribun de la plèbe avait pris une part très active au rappel de celui-ci ; de plus P. Clodius marquait encore à Cicéron, depuis son retour, une violente hostilité et, pour cette raison, appuyait de toutes ses forces Hypseus et Scipion contre Milon. Souvent il y avait eu bataille à Rome entre la faction de Milon et celle de Clodius. Ils étaient tous deux également audacieux, mais Milon tenait pour le meilleur parti. En outre Milon briguait le consulat et Clodius la préture pour la même année ; et Clodius voyait bien que son autorité serait fort affaiblie si Milon était consul. **3** Ensuite les comices consulaires avaient été longtemps retardés et ne pouvaient aboutir en raison des compétitions insensées des candidats ; c'est pourquoi, au mois de janvier, il n'y avait encore ni consuls ni préteurs et la date de l'élection était sans cesse renvoyée de la même façon

1. Rappelons que nous possédons de Q. Asconius Pedianus des commentaires sur les discours *Pro Milone*, *In Pisonem*, *Pro Scauro*, *Pro Cornelio de maiestate*, *In toga candida*. Ces commentaires, unique-

Q. ASCONI PEDIANI ARGVMENTVM[1]

PRAEFATIO

1 Hanc dixit Cn. Pompeio III cos. a. d. VI Id. April. *orationem.* Quod iudicium cum ageretur, exercitum in foro et in omnibus templis quae circum forum sunt, collocatum a Cn. Pompeio fuisse *non* tantum ex hac oratione et annalibus, sed etiam ex libro apparet qui Ciceronis nomine inscribitur de optimo genere oratorum. Argumentum hoc est :

2 *T.* Annius Milo et P. Plautius Hypsaeus et Q. Metellus Scipio consulatum petierunt non solum largitione palam profusa, sed etiam factionibus armatorum succincti. Miloni et Clodio summae erant inimicitiae, quod et Milo Ciceronis erat amicissimus in reducendoque eo enixe operam tr. pl. dederat, et P. Clodius restituto quoque Ciceroni erat infestissimus ideoque summe studebat Hypsaeo et Scipioni contra Milonem. Ac saepe inter se Milo et Clodius cum suis factionibus Romae depugnauerant, et erant uterque audacia pares, sed Milo pro melioribus partibus stabat. Praeterea in eundem annum consulatum Milo, Clodius praeturam petebat, quam debilem futuram consule Milone intellegebat.

3 Deinde cum diu tracta essent comitia consularia perficique ob eas ipsas perditas candidatorum contentiones non possent, et ob id mense Ianuario nulli dum neque consules neque praetores essent trahereturque

1 Nous reproduisons, à quelques détails près le texte donné par A. Klotz dans son édition du *Pro Milone*.

qu'auparavant. Milon, pour sa part, désirait que l'on tînt les comices au plus tôt et comptait sur l'appui des honnêtes gens, en raison même de son opposition à Clodius, et sur celui du peuple, à cause de ses générosités et des sommes immenses qu'il avait consacrées à des jeux scéniques et à des spectacles de gladiateurs — Cicéron indique qu'il y avait englouti trois patrimoines —. En revanche ses concurrents voulaient faire renvoyer les comices ; c'est pourquoi Pompée, qui était le gendre de Scipion et T. Munatius, tribun de la plèbe, s'étaient opposés à la proposition faite au Sénat de convoquer les patriciens pour désigner un interroi, alors que la désignation d'un interroi était chose régulière.

Sur ces entrefaites, le treizième jour avant les calendes de février, — mieux vaut en effet, à mon avis, suivre les « Actes » et le discours lui-même, qui est d'accord avec les « Actes » que le témoignage de Fenestella qui donne comme date le quatorzième jour — Milon, qui était de Lanuvium et y exerçait les fonctions de dictateur, partit pour ce municipe afin de présider à la désignation d'un flamine. **4** Il rencontra vers la neuvième heure, un peu au delà de Bovillae, Clodius qui revenait d'Aricie, près de l'endroit où se trouve une chapelle de la Bonne Déesse. Il était allé en effet haranguer les décurions d'Aricie. Clodius était à cheval. Il était suivi d'une trentaine d'esclaves légèrement équipés et armés d'une épée, comme c'était alors la coutume lorsqu'on voyageait. En outre Clodius avait avec lui trois de ses compagnons, un chevalier romain nommé C. Causinius Schola et deux plébeiens connus P. Pomponius et C. Clodius. Milon était en voiture avec sa femme Fausta, fille du dictateur L. Sylla et son ami M. Fufius. **5** Ils étaient suivis

ment historiques et fortement documentés, ont été composés vraisemblablement à Rome entre 54 et 57 après J.-C. Nous ne reproduisons ici que l'introduction et la conclusion du commentaire sur le *Pro Milone*.

dies eodem quo antea modo — dum Milo quam primum comitia confici uellet confideretque cum bonorum studiis quod obsistebat Clodio, tum etiam populo propter effusas largitiones impensasque ludorum scaenicorum ac gladiatorii muneris maximas, in quas tria patrimonia effudisse eum Cicero significat, competitores eius trahere uellent, ideoque Pompeius gener Scipionis et T. Munatius tribunus pl. referri ad senatum de patriciis conuocandis qui interregem proderent non essent passi, cum interregem prodere stata res esset, — a. d. XIII Kal. Febr. — acta etenim magis sequenda et ipsam orationem quae actis congruit puto, quam Fenestellam qui a. d. XIV Kal. Febr. tradit — Milo Lanuuium ex quo erat municipio et ubi tum dictator, profectus est ad flaminem prodendum postera die. **4** Occurrit ei circa horam nonam Clodius paulo ultra Bouillas, rediens ab Aricia, prope eum locum in quo Bonae Deae sacellum est. Erat autem allocutus decuriones Aricinorum. Vehebatur Clodius equo, serui XXX fere expediti, ut illo tempore mos erat iter facientibus, gladiis cincti sequebantur. Erant cum Clodio praeterea tres comites eius ex quibus eques Romanus unus C. Causinius Schola, duo de plebe noti homines P. Pomponius *et C. Clodius.* Milo rheda uehebatur cum uxore Fausta, filia L. Syllae dictatoris et M. Fufio familiare suo. **5** Sequebatur eos magnum seruorum

d'une longue colonne d'esclaves, parmi lesquels plusieurs gladiateurs, dont deux connus : Eudamus et Birria. Ceux-ci, qui s'étaient attardés en queue de la colonne, se prirent de querelle avec les esclaves de P. Clodius. Attiré par la bagarre, Clodius prit une attitude menaçante et Birria lui perça l'épaule d'un coup de lance. Puis une bataille s'engageant, des hommes de Milon accoururent en grand nombre. Clodius blessé fut transporté dans une auberge toute proche, sur le territoire de Bovillae.

6 Milon, apprenant que Clodius avait été blessé, comprit qu'il aurait bien plus à craindre de son ennemi si celui-ci survivait, mais que la mort de Clodius lui apporterait un grand soulagement, même au prix d'une condamnation. Il donna donc l'ordre de forcer l'auberge. C'est M. Saufeius qui mena ses esclaves au combat. Alors Clodius fut arraché de son refuge et percé de nombreuses blessures. Son cadavre fut abandonné sur la route parce que ses esclaves avaient été tués ou, grièvement blessés, se cachaient. Le sénateur Sex. Tedius, qui par hasard revenait en ville de sa campagne, le ramassa et le fit transporter à Rome dans sa litière. Quant à lui, il revint au lieu d'où il était parti. **7** Le corps de Clodius arriva à Rome avant la première heure de la nuit et une grande foule composée de gens du bas peuple et d'esclaves l'entoura avec de grands témoignages d'affliction dans l'atrium de sa maison où on l'avait déposé. Et, ce qui excitait encore davantage la réprobation contre ce meurtre, la femme de Clodius, Fulvia, qui se répandait en lamentations, montrait les blessures de son mari. Dès l'aube du lendemain accourut une foule du même genre, plus nombreuse encore et un très grand nombre d'hommes en vue furent étouffés, parmi lesquels le sénateur C. Vibienus. La maison de Clodius, achetée quelques mois auparavant à M. Scaurus, se trouvait sur le Palatin. T. Munatius Plancus, frère de l'orateur

agmen, inter quos gladiatores quoque erant ex quibus duo noti Eudamus et Birria. Ii in ultimo agmine tardius euntes cum seruis P. Clodii rixam commiserunt ad quem tumultum cum respexisset Clodius minitabundus, umerum eius Birria rumpia traiecit. Inde cum orta esset pugna, plures Miloniani accurrerunt. Clodius uulneratus in tabernam proximam *in* Bouillano delatus est **6** Milo ut cognouit uulneratum Clodium, cum sibi periculosius illud etiam uiuo eo futurum intellegeret, occiso autem magnum solacium esset habiturus, etiamsi subeunda esset poena, exturbari taberna iussit. Fuit antesignanus seruorum eius M. Saufeius atque ita Clodius latens extractus est multisque uulneribus confectus. Cadauer eius in uia relictum, quia serui Clodii aut occisi erant aut grauiter saucii latebant, Sex Tedius senator qui forte ex rure in urbem reuertebatur, sustulit et lectica sua Romam ferri iussit ; ipse rursus eodem, unde erat *d*egressu*s*, recepit. **7** Perlatum est corpus Clodii ante primam noctis horam, infimaeque plebis et seruorum maxima multitudo magno luctu corpus in atrio domus positum circumstetit. Augebat autem facti inuidiam uxor Clodii Fuluia, quae cum effusa lamentatione uulnera eius ostendebat. Maior postera die luce prima multitudo eiusdem generis confluxit compluresque noti homines elisi sunt, inter quos C. Vibienus senator. Erat domus Clodii ante paucos menses empta de M. Scauro in Palatio ; eodem *T*. Munatius Plancus frater L. Planci oratoris et Q. Pompeius

L. Plancus et Q. Pompeius Rufus, petit-fils par sa mère du dictateur Sylla, tribun de la plèbe, y coururent. Sur leurs exhortations la foule ignorante enleva le corps, nu et souillé de boue, tel qu'il avait été déposé sur la couche funèbre, pour que l'on pût voir les blessures, le transporta au Forum et le déposa sur les Rostres. **8** Là, devant l'assemblée, Plancus et Pompeius, qui soutenaient les concurrents de Milon, excitèrent la réprobation contre Milon. Entraîné par le greffier Sex. Clodius, le peuple transporta le corps de P. Clodius dans la curie et l'y brûla sur un bûcher fait avec des bancs, des estrades, des tables et des volumes des libraires ; le feu gagna la curie elle-même ; la basilique Porcia, qui était attenante, fut pareillement détruite par l'incendie. De même la foule des partisans de Clodius donna l'assaut aux maisons de l'interroi M. Lepidus — car, magistrat curule, il avait été nommé à cette fonction — et de Milon absent ; mais elle en fut repoussée à coups de flèches. Alors elle tira des faisceaux du bois sacré de Libitina et les apporta chez Scipion et Hypseus, ainsi que dans les jardins de Cn. Pompée, l'appelant à grands cris tantôt consul, tantôt dictateur.

9 L'incendie de la curie avait soulevé dans la cité bien plus d'indignation que le meurtre de Clodius. C'est pourquoi, alors qu'on croyait généralement que Milon s'était volontairement condamné à l'exil, celui-ci reprit courage en voyant la réprobation encourue par ses adversaires ; il revint à Rome la nuit même où fut brûlée la curie et n'en maintint pas moins sa candidature au consulat ; en outre il avait ouvertement dans chaque tribu distribué mille as par citoyen. Quelques jours après, le tribun de la plèbe, M. Caelius convoqua une assemblée du peuple pour que Milon y prît la parole et lui aussi défendit la cause de Milon devant le peuple. Ils soutenaient tous deux que Clodius avait prémédité une agression contre Milon.

Rufus Syllae dictatoris ex filia nepos tribuni pl. accurrerunt, eisque hortantibus uulgus imperitum corpus nudum ac c*ruen*tatum sicut in lecto erat positum, ut uulnera uideri possent, in forum detulit et in rostris posuit. **8** Ibi pro contione Plancus et Pompeius qui competitoribus Milonis studebant, inuidiam Miloni fecerunt. Populus, duce Sex. Clodio scriba, corpus P. Clodii in curiam intulit cremauitque subselliis et tribunalibus et mensis et codicibus librariorum. Quo igne et ipsa quoque curia flagrauit, et item Porcia basilica, quae erat ei iuncta, ambusta est. Domus quoque M. Lepidi interregis — is enim magistratus curulis erat creatus — et absentis Milonis eadem illa Clodiana multitudo oppugnauit sed inde sagittis repulsa est. Tum fasces ex luco Libitinae raptos attulit ad domum Scipionis et Hypsaei, deinde ad hortos Cn. Pompei clamitans eum modo consulem modo dictatorem.

9 Incendium curiae maiorem aliquanto indignationem ciuitatis mouerat quam interfectio Clodii. Itaque Milo quem opinio fuerat iuisse in uoluntarium exilium, inuidia aduersariorum recreatus nocte ea redierat Romam qua incensa erat curia, petebatque *n*ilo deterius consulatum ; aperte quoque tributim in singulos milia assuum dederat. Contionem ei post aliquot dies dedit M. Caelius tr. pl. a*tque* ipse etiam causam egit ad populum. Dicebant uterque Miloni a Clodio factas esse insidias.

10 Cependant les interrois se succédaient parce que les désordres excités par les candidats et les bandes armées continuaient à rendre impossible la tenue des comices consulaires. C'est pourquoi tout d'abord un sénatusconsulte chargea l'interroi, les tribuns de la plèbe et Cn. Pompée qui, en qualité de proconsul, était aux abords de la ville, de « veiller au salut de l'État » et Pompée de faire des levées dans toute l'Italie. Celui-ci réunit un corps de troupes avec une extrême rapidité. Il fut alors sollicité de faire appeler en témoignage la domesticité de Milon ainsi que celle de sa femme Fausta par deux jeunes gens nommés tous deux Appius Claudius, fils de C. Claudius qui avait été frère de Clodius ; pour cette raison ils demandaient satisfaction pour le meurtre de leur oncle, en tant que mandataires du frère de celui-ci. La même demande au sujet de la domesticité de Fausta et de Milon fut faite par les deux Valerius, Nepos et Leo et aussi par L. Herennius Balbus au sujet de la domesticité de P. Clodius et de ses compagnons, en même temps que par Célius, au sujet de la domesticité d'Hypseus et de celle de Q. Pompée.

11 Milon fut assisté par Q. Hortensius, M. Cicéron, M. Marcellus, M. Calidius, M. Caton, Faustus Sylla. Q. Hortensius, dans un bref discours, déclara que ceux dont on réclamait la comparution comme s'ils étaient des esclaves étaient en réalité des hommes libres, car après le meurtre qui venait d'avoir lieu, Milon les avait affranchis, donnant pour raison qu'ils avaient combattu pour protéger sa vie. Cela se passait pendant le mois intercalaire. **12** Trente jours environ après la mort de Clodius Q. Metellus Scipion, au Sénat, prit à partie M. Caton et déplora vivement ce meurtre ; il dit que c'était sur des faits inexacts que Milon appuyait ainsi sa défense... et que Clodius, qui s'était mis en route pour parler aux décurions d'Aricie, était parti avec vingt-six esclaves ;

10 Fiebant interea alii ex aliis interreges, quia comitia consularia propter eosdem candidatorum tumultus et easdem manus armatas haberi non poterant. Itaque primo factum erat S. C. ut interrex et tribuni pl. et Cn. Pompeius qui pro cos. ad urbem erat, uiderent ne quid detrimenti res publica caperet, dilectus autem Pompeius tota Italia haberet. Qui cum summa celeritate praesidium comparasset, postulauerunt apud eum familiam Milonis, item Faustae uxoris eius exhibendam duo adulescentuli qui Appii Claudii ambo appellabantur, qui *filii* erant C. Claudii qui frater fuerat Clodii, et ob id illi patrui sui mortem uelut auctore fratre persequebantur. Easdem Faustae et Milonis familias postulauerunt duo Valerii, Nepos et Leo ; et L. Herennius Balbus P. Clodii quoque familiam et comitum eius postulauit ; eodem tempore Caelius familiam Hypsaei et Q. Pompei postulauit.

11 Adfuerunt Miloni Q. Hortensius, M. Cicero, M. Marcellus, M. Calidius, M. Cato, Faustus Sylla. Verba pauca Q. Hortensius, dixitque liberos esse eos qui pro seruis postularentur ; nam post recentem caedem manu miserat eos Milo sub hoc titulo quod caput suum ulti essent. Haec agebantur mense intercalari. 12 Post diem tricesimum fere quam erat occisus Clodius, Q. Metellus Scipio in senatu contra M. Ca*t*onem conquestus est de caede P. Clodii ; falsum esse dixit quod Milo sic se defenderet...... et Clodium Aricinos decuriones alloquendi gratia abisse

que Milon, tout à coup, la séance du Sénat ayant été levée après la quatrième heure, s'était porté à sa rencontre avec plus de trois cents esclaves armés et l'avait attaqué à l'improviste, en chemin, au delà de Bovillae ; que Clodius, ayant reçu trois blessures, avait été transporté à Bovillae, que l'auberge où il s'était refugié avait été prise d'assaut par Milon ; que Clodius en avait été arraché à demi-mort et avait été tué sur la voie Appienne ; que son anneau lui avait été enlevé comme il expirait ; qu'ensuite Milon, qui savait qu'on élevait dans le domaine d'Albe un fils de Clodius encore tout enfant, s'était rendu à la villa et comme l'enfant avait déjà été emmené, lui et les siens avaient soumis à la question l'esclave Halicor jusqu'à le mettre en pièces ; qu'ils avaient égorgé l'intendant du domaine et en outre deux esclaves. Des esclaves de Clodius, onze avaient été tués en défendant leur maître ; parmi ceux de Milon, il n'y avait eu que deux blessés ; c'est pourquoi, le lendemain, Milon avait affranchi les douze esclaves qui avaient pris la plus grande part à l'action et avait fait distribuer au peuple, dans chaque tribu, mille as par tête, pour étouffer les bruits qui commençaient à courir sur son compte. **13** Milon, prétendait-on, avait fait dire à Cn. Pompée, qui soutenait activement la candidature d'Hypseus parce que celui-ci avait été son questeur, qu'il se désisterait de sa candidature au consulat si Pompée le désirait et Pompée aurait répondu qu'il ne conseillait à personne ni candidature ni désistement et qu'il n'entendait intervenir ni par ses conseils ni par ses avis contre les droits souverains du peuple romain. Ensuite, par l'intermédiaire de C. Lucilius, qui, en raison des liens qui l'unissaient à M. Cicéron, avait de l'amitié pour Milon, il avait agi aussi, disait-on, de manière à ne pas s'attirer d'impopularité en se mêlant de cette affaire.

14 Là-dessus, comme la voix publique, avec une

profectum cum sex ac XX seruis ; Milonem subito post horam quartam senatu misso cum seruis amplius CCC armatis obuiam ei contendisse et supra Bovillas inopinantem *in* itinere aggressum ; ibi P. Clodium tribus uulneribus acceptis Bouillas perlatum ; tabernam in quam perfugerat expugnatam a Milone ; semianimem Clodium extractum, in uia Appia occisum esse, anulumque eius [ei] morienti extractum ; deinde Milonem cum sciret in Albano paruolum filium Clodii, uenisse ad uillam et cum puer ante subtractus esset, ex seruo Halicore quaestionem ita habuisse ut eum articulatim consecarent ; uilicum et duos praeterea seruos iugulasse ; ex seruis Clodii qui dominum defenderint, undecim esse interfectos, Milonis duos solos saucios factos esse. Ob quae Milonem postero die XII seruos qui maxime operam nauassent manu mississe, populoque tributim singula milia aeris ad defendendos de se rumores dedisse. **13** Milo mississe ad Cn. Pompeium dicebatur, qui Hypsaeo summe studebat quod fuerat eius quaestor, desistere se petitione consulatus, si ita ei uideretur ; Pompeium respondisse nemini se neque petendi neque desistendi auctorem esse, neque populi Romani potestatem aut consili*o* aut sententi*a* interpellaturum. Deinde *per* C. Lucilium qui propter M. Ciceronis familiaritatem amicus erat Miloni, egisse quoque dicebatur, ne se de hac re consulendo inuidia oneraret.

14 Inter haec cum crebresceret rumor Cn. *Pom-*

insistance accrue, répétait qu'il fallait nommer Cn. Pompée dictateur, car c'était le seul remède aux maux dont souffrait l'État, les aristocrates jugèrent plus sûr de le nommer consul sans collègue. Le Sénat discuta de l'affaire et, aux termes d'un sénatusconsulte rendu sur la proposition de M. Bibulus, Pompée fut nommé consul par l'interroi Servius Sulpicius, le cinquième jour avant les calendes de mars, dans le mois intercalaire, et aussitôt il prit possession du consulat. **15** Trois jours après, il proposa des lois nouvelles et en promulgua deux par sénatusconsulte, l'une sur les actes de violence, qui mentionnait expressément le meurtre commis sur la voie Appienne, l'incendie de la curie et l'attaque contre la maison de l'interroi M. Lepidus ; l'autre sur la corruption électorale. Elles aggravaient la peine et abrégeaient la procédure judiciaire. Les deux lois prescrivaient en effet de procéder d'abord à l'audition des témoins, puis de limiter à une seule et même journée les discours de l'accusateur et de l'accusé, en accordant deux heures à l'accusateur et trois heures à l'accusé. **16** Le tribun de la plèbe M. Célius, ardent partisan de Milon, essaya de faire opposition à ces lois, qui, disait-il, étaient spécialement dirigées contre Milon et précipitaient l'action de la justice. L'acharnement avec lequel il critiquait les lois irrita si violemment Pompée qu'il déclara que, si on l'y obligeait, il emploierait la force armée pour la défense de l'État. Or Pompée craignait Milon ou feignait de le craindre. La plupart du temps il ne résidait pas dans sa maison mais dans ses jardins et encore dans la partie haute, qui était gardée jour et nuit par d'importantes forces militaires. **17** Une fois même, il leva brusquement la séance du Sénat, parce que, disait-il, il craignait l'arrivée de Milon. Ensuite, à la séance suivante, P. Cornificius avait dit que Milon portait sous sa tunique une arme attachée à sa cuisse. Il lui avait demandé de découvrir

peium creari dictatorem oportere, neque aliter mala ciuitatis sedari posse, uisum est optimatibus tutius esse eum consulem sine collega creari, et cum tractata ea res esset in senatu, facto in M. Bibuli sententiam S. C. Pompeius ab interrege Seruio Sulpicio V Kal. Mart. mense intercalario consul creatus est statimque consulatum iniit. **15** Deinde post diem tertium de legibus nouis ferendis rettulit ; duas ex S. C., promulgauit, alteram de ui qua nominatim caedem in Appia uia factam et incendium curiae et domum M. Lepidi interregis oppugnatam comprehendit, alteram de ambitu, poen*a* grauior*e* et form*a* iudiciorum breuior*e*. Vtraque enim lex prius testes da*ri*, deinde uno die atque eodem et ab accusatore et a reo perorari iubebat, ita ut duae horae accusatori, tres reo darentur. **16** His legibus obsistere M. Caelius tr. pl. studiosissimus Milonis conatus est, quod et priuilegium diceret in Milonem ferri et iudicia praecipitari et cum pertinacius leges Caelius uituperaret, eo processit irae Pompeius ut diceret, si coactus esset, se armis rem publicam defensurum. Timebat autem Pompeius Milonem seu timere se simulabat ; plerumque non domi suae, sed in hortis manebat, idque [ipse] ipsum in superioribus circa quos etiam magna m*an*us militum excubabat. **17** Senatum quoque semel repent*e dimi*serat Pompeius quod diceret timere se aduentum Milonis. Dein proximo senatu P. Cornificius ferrum Milonem intra tunicam habere ad femur alligatum dixerat ; postulauerat

sa cuisse et Milon, sans hésiter, avait soulevé sa tunique. Alors M. Cicéron s'était écrié que toutes les autres accusations portées contre Milon avaient la même valeur.

18 Puis le tribun de la plèbe T. Munatius Plancus avait présenté à l'assemblée du peuple M. Aemilius Philémon, personnage bien connu, affranchi de M. Lepidus. Il disait qu'en même temps que quatre autres personnes de condition libre qui passaient sur la route il avait assisté au meurtre de Clodius et que, parce qu'ils avaient protesté à grands cris, ils avaient été saisis et tenus enfermés pendant deux mois dans une villa de Milon. Vraie ou fausse, cette accusation avait fait le plus grand tort à Milon dans l'opinion publique. **19** Le même Munatius et Pompeius, tribuns de la plèbe, avaient fait comparaître aux Rostres un triumvir capitalis et lui avaient demandé s'il avait arrêté Galata, esclave de Milon, en flagrant délit de meurtre. Celui-ci avait répondu qu'on avait arrêté Galata comme esclave fugitif alors qu'il dormait dans une auberge et qu'on le lui avait amené. Ils avaient cependant signifié au triumvir de ne pas remettre l'esclave en liberté. Mais le lendemain le tribun de la plèbe Célius et Q. Manilius Cumanus son collègue avaient enlevé l'esclave de la maison du triumvir et l'avaient rendu à Milon. Bien que Cicéron ne fasse aucune mention de ces faits, j'ai cru devoir les rapporter puisque j'en ai eu connaissance.

20 Tout particulièrement Q. Pompeius, C. Sallustius et T. Munatius Plancus, tribuns de la plèbe, prononçaient des discours pleins d'animosité contre Milon et pleins de haine contre Cicéron lui-même, parce qu'il mettait tant de zèle à défendre Milon ; de même une très grande partie de la multitude se montrait hostile non seulement à Milon mais aussi à Cicéron, ne lui pardonnant pas de s'être chargé de cette défense. **21** Dans la suite on soupçonna Pompeius et Sallustius de s'être réconciliés

ut femur uideret, et ille sine mora tunicam leuarat. Tum M. Cicero exclamauerat omnia illi similia crimina esse quae in Milonem dicerentur alia.

18 Deinde *T*. Munatius Plancus tr. pl. produxerat in contionem M. Aemilium Philemonem, notum hominem, libertum M. Lepidi. *Is* se dicebat pariterque secum quattuor liberos homines iter facientes superuenisse, cum Clodius occideretur, et ob id cum proclamassent, abreptos et [perductos] per duos menses in uill*a* Milonis praeclusos fuisse ; eaque res seu uera seu falsa magnam inuidiam Miloni contraxerat. **19** Idemque Munatius et Pompeius tribuni pl. in rostra produxerant triumuirum capitalem eumque interrogauerant, an Galatam Milonis seruum caedes facientem deprehendisset. Ille dormientem in taberna pro fugitiuo prehensum et ad se perductum esse responderat. Denuntiauerant tamen triumuiro, ne seruum remitteret. Sed postera die Caelius tr. pl. et Q. Manilius Cumanus collega eius ereptum e domo triumuiri seruum Miloni reddiderant. Haec et *si* nullam de his criminibus mentionem fecit Cicero, tamen quia ita compereram, putaui exponenda.

20 Inter primos et Q. Pompeius et C. Sallustius et T. Munatius Plancus tr. pl. inimicissimas contiones de Milone habebant, inuidiosas etiam de Cicerone, quod Milonem tanto studio defenderet, *er*atque maxima pars multitudinis [populi] infensa non solum Miloni, sed etiam propter inuisum patrocinium Ciceroni. **21** Postea Pompeius et Sallustius in suspicione fuerunt redisse in gratiam cum Milone ac Cice-

avec Milon et Cicéron. Quant à Plancus il persista dans son hostilité et excita même la foule contre Cicéron, et il s'efforçait de rendre Milon suspect à Pompée, affirmant à grands cris qu'il préparait un attentat contre lui ; et Pompée, de son côté, se plaignait à maintes reprises qu'on tramât aussi un complot contre lui, et cela au grand jour, et il renforçait sa garde armée. **22** Plancus avait aussi annoncé ensuite qu'il citerait Cicéron en justice. Auparavant Q. Pompeius avait eu les mêmes intentions. Néanmoins Cicéron montra tant de fermeté et de loyauté que ni la désaffection du peuple, ni les soupçons de Pompée, ni la menace d'une accusation devant le peuple, ni la violence armée qu'on préparait ouvertement contre Milon ne purent le faire renoncer à sa défense, quand il aurait pu écarter de lui tous les dangers et tout le discrédit auprès d'une foule hostile et désarmer la rancune de Pompée en se relâchant quelque peu de son zèle de défenseur.

23 Ensuite fut votée la loi de Pompée qui prescrivait aussi l'élection par le peuple du président du tribunal, qui devait être choisi parmi les anciens consuls. Les comices furent tenus aussitôt et L. Domitius Ahenobarbus élu président du tribunal. La liste des juges destinés à connaître de cette affaire que dressa Pompée était telle qu'on reconnut que jamais liste n'avait été composée d'hommes plus illustres ni plus intègres. **24** Aussitôt après, en vertu de la nouvelle loi, Milon fut assigné par les deux jeunes Appius Claudius qui, peu de temps auparavant, avaient assigné sa domesticité. Pareillement il fut accusé de brigue par les mêmes Appius et en outre de violence par C. Cethegus et L. Cornificius, de participation à des associations illicites par P. Fulvius Neratus. On l'avait assigné aussi pour participation à des associations illicites et pour brigue parce qu'on était certain que le procès pour violence serait appelé le premier et

rone. Plancus autem infestissime perstitit atque in Ciceronem quoque multitudinem instigauit. Pompeio autem suspectum faciebat Milonem ad perniciem eius comparari u*i*m uociferatus, Pompeiusque ob ea saepius querebatur sibi quoque fieri insidias et id palam, ac maiore manu se armabat. **22** Dicturum quoque diem Ciceroni Plancus ostenderat postea, ante Q. Pompeius idem meditatus erat. Tanta tamen constantia ac fides fuit Ciceronis ut non populi a se alienatione, non Cn. Pompei suspicionibus, non periculo futurum ut si*bi* dies ad populum dicere*tur*, non armis quae palam in Milonem sumpta erant, deterreri potuerit a defensione eius, cum posset omne periculum suum et offensionem inimicae sibi multitudinis declinare, redimere autem Cn. Pompei animum si paulum ex studio defensionis remisisset.

23 Perlata deinde lege Pompei*a* in qua id quoque scriptum erat ut quaesitor suffragio populi ex iis qui consules fuerant crearetur, statim comitia habi*ta* creatusque erat L. Domitius Ahenobarbus quaesitor. Album quoque iudicum qui de ea re iudicarent, Pompeius tale proposuit ut numquam neque clariores uiros neque sanctiores propositos esse constaret. **24** Post quod statim noua lege Milo postulatus a duobus Appiis Claudiis adulescentibus isdem a quibus antea familia eius fuerat postulata, itemque de ambitu ab isdem Appiis et praeterea *de ui* a C. Cethego et L. Cornificio, de sodaliciis [et] a P. Fuluio Nerato. Postulatus autem erat et de sodaliciis et de ambitu ea spe *quod*

que, comme l'on comptait sur sa condamnation, on espérait qu'il ferait défaut pour les autres affaires.

25 Le débat préalable entre les accusateurs pour le procès de brigue eut lieu sous la présidence d'A. Torquatus et les deux présidents Torquatus et Domitius citèrent l'accusé à comparaître la veille des nones d'avril. Ce jour-là Milon comparut devant le tribunal de Domitius et chargea des amis de le représenter devant celui de Torquatus. Là, sur la demande de M. Marcellus, il obtint de ne pas avoir à répondre à l'accusation de brigue avant la fin du procès pour violence. D'autre part, devant le président Domitius, l'aîné des Appius somma Milon d'appeler en témoignage cinquante-quatre de ses esclaves, et comme celui-ci affirmait que ceux que l'on désignait n'étaient plus sous son autorité, Domitius, conformément à la décision des juges, prononça que l'accusateur serait autorisé à faire comparaître autant de ses esclaves qu'il voudrait.

26 Les témoins furent ensuite cités conformément à la loi, qui, comme nous l'avons déjà indiqué, ordonnait qu'avant les plaidories les témoins fussent entendus pendant trois jours, que le procès-verbal de leurs dépositions fût contresigné par les juges, que, pour le quatrième jour, tous fussent convoqués et qu'en présence de l'accusateur et de l'accusé, on mît dans l'urne un nombre de boules égal à celui des juges et portant leurs noms, puis que le lendemain eût lieu le tirage au sort de quatre-vingt-un jurés qui devaient siéger aussitôt après leur désignation par le sort. Pour son discours l'accusateur disposerait de deux heures et l'accusé de trois ; le jugement serait rendu le même jour et, avant que fussent exprimés les suffrages, l'accusateur pourrait récuser cinq jurés de chaque ordre et l'accusé un nombre égal ; ainsi il resterait cinquante et un juges pour exprimer leur suffrage.

27 Le premier jour C. Causinius Schola déposa contre Milon ; il dit s'être trouvé avec Clodius lorsqu'il fut assas-

primum iudicium de ui futurum apparebat, quo eum damnatum iri confidebant nec postea responsurum.

25 Diuinatio de ambitu accusatorum facta est quaes*i*tore A. Torquato, atque ambo quaes*i*tores Torquatus et Domitius prid. Non. April. reum adesse iusserunt. Quo die Milo ad Domiti tribunale uenit, ad Torquati amicos misit; ibi postulante pro eo M. Marcello obtinuit ne prius causam de ambitu diceret quam de ui iudicium erat perfectum. Apud Domitium autem quaesitorem maior Appius postulauit a Milone seruos exhiberi numero IIII et L, et cum ille negaret eos qui nominabantur in sua potestate esse, Domitius ex sententia iudicum pronuntiauit ut ex seruorum suorum numero accusator quot uellet ederet. 26 Citati deinde testes secundum legem quae, ut supra diximus, iubebat ut, priusquam causa ageretur, testes per triduum audirentur, dicta eorum iudices consignarent, quarta die adesse omnes [in diem posterum] iuberentur ac coram accusatore ac reo pilae in quibus nomina iudicum inscripta essent aequarentur ; dein rursus postera die sortitio iudicum fieret unius et LXXX ; qui numerus cum sorte obtigisset, ipsi protinus sessum irent ; tum ad dicendum accusator duas horas, reus tres haberet, resque eodem die illo iudicaretur, prius autem quam sententiae ferrentur, quinos ex singulis ordinibus accusator, totidem reus reiceret, ita ut numerus iudicum relinqueretur qui sententias ferrent quinquaginta et unus.

27 Primo die datus erat in Milonem testis C. Ca*u*siniius Schola, qui se cum P. Clodio fuisse cum is

siné et grossit autant qu'il le put l'horreur du crime. Comme M. Marcellus commençait à interroger... les manifestations tumultueuses des partisans de Clodius qui se trouvaient là en foule lui causèrent une telle épouvante que, pour le garantir des pires violences qu'il redoutait, Domitius lui donna le tribunal pour refuge. Pour cette raison, Marcellus et Milon lui-même implorèrent la protection de Domitius. A ce moment Cn. Pompée qui se trouvait près de l'aerarium fut vivement ému par ces cris. C'est pourquoi il promit à Domitius de descendre le lendemain au Forum avec des troupes de protection, et c'est ce qu'il fit. **28** Intimidés, les partisans de Clodius, pendant deux jours, laissèrent écouter en silence les dépositions des témoins. M. Cicéron, M. Marcellus et Milon lui-même leur posèrent des questions. Beaucoup d'entre eux, habitants de Bovillae, témoignèrent sur ce qui s'était passé en ce lieu : l'aubergiste avait été tué, l'auberge forcée et le corps de Clodius tiré au dehors. En outre des jeunes filles d'Albe dirent qu'une femme inconnue était venue chez elles, chargée par Milon de s'acquitter d'un vœu qu'avait exaucé le meurtre de Clodius. Les derniers témoignages furent ceux de Sempronia, fille de Tuditanus, bru de P. Clodius, et de la femme de celui-ci, Fulvia ; leurs larmes émurent profondément l'assistance. Quand l'audience fut levée, vers la dixième heure, T. Munatius harangua le peuple pour l'inviter à assister en grand nombre à la séance du lendemain, à ne pas souffrir que Milon se tirât d'affaire et à manifester son opinion et son ressentiment aux jurés qui iraient déposer leur suffrage. **29** Le lendemain, qui fut le jour capital du procès, le sixième jour avant les ides d'avril, on ferma les boutiques dans toute la ville et Pompée plaça des postes de garde au Forum et à tous les accès du Forum ; de sa personne il s'installa, comme la veille, devant l'aerarium, entouré de troupes d'élite. Au début de la journée on

occisus esset dixit, atrocitatemque rei factae quam maxime potuit auxit. Quem cum interrogare.... M. Marcellus coepisset, tanto tumultu Clodianae multitudinis circumstantis exterritus est ut uim ultimam timens in tribunale a Domitio reciperetur. Quam ob causam Marcellus et ipse Milo a Domitio praesidium implorauerunt. Sedebat eo tempore Cn. Pompeius ad aerarium perturbatusque erat eodem illo clamore. Itaque Domitio promisit se postero die cum praesidio descensurum, idque fecit. **28** Qua re territi Clodiani silentio uerba testium per biduum audiri passi sunt. Interrogauerunt eos M. Cicero et M. Marcellus *et* Milo ipse. Multi ex is qui Bouillis habitabant testimonium dixerunt de iis quae ibi facta erant, coponem occisum, tabernam expugnatam, corpus Clodii in publicum extractum esse. Virgines quoque Albanae dixerunt mulierem ignotam uenisse ad se quae Milonis mandato uotum solueret quod Clodius occisus esset. Vltimae testimonium dixerunt Sempronia Tuditani filia, socrus P. Clodii et uxor Fuluia, et fletu suo magnopere eos qui assistebant commouerunt. Dimisso circa horam decimam iudicio, T. Munatius pro contione populum adhortatus est ut postero die frequens adesset et elabi Milonem non pateretur, iudiciumque et dolorem suum ostenderet euntibus ad tabellam ferendam. **29** Postero die qui fuit iudicii summus a. d. VI Id. Aprilis, clausae fuerunt tota urbe tabernae, praesidia in foro et circa omnes fori *aditus* Pompeius disposuit, ipse pro aerario ut pridie consedit saeptus delecta manu militum. Sortitio

procéda au tirage au sort des jurés et ensuite le silence fut aussi grand dans le Forum qu'il peut l'être dans une place publique. Puis, à la seconde heure les accusateurs Appius l'aîné, M. Antonius et P. Valerius Nepos prirent la parole. Ils employèrent les deux heures que leur accordait la loi. **30** Seul Cicéron leur répliqua. Certains avaient été d'avis de défendre Milon en prétendant que le meurtre de Clodius avait été exigé par l'intérêt public — c'est le parti qu'adopta M. Brutus dans le plaidoyer pour Milon qu'il composa et publia comme s'il l'avait réellement prononcé —. Mais tel ne fut pas l'avis de Cicéron qui estimait que quiconque pouvait être condamné dans l'intérêt public pouvait aussi être mis à mort sans avoir été condamné. C'est pourquoi, les accusateurs ayant prétendu établir que Milon avait prémédité le meurtre de Clodius, alors que cela était faux, car la querelle avait éclaté par hasard, Cicéron conçut un autre plan et soutint que Clodius au contraire avait prémédité un attentat contre Milon et tout son plaidoyer fut orienté en ce sens. En fait, comme nous l'avons dit, il est établi que la bataille s'engagea sans avoir été prévue par aucun des adversaires, que la rencontre fut fortuite et que le meurtre fut la conséquence d'une querelle d'esclaves. Il était cependant de notoriété publique que chacun des adversaires avait souvent adressé à l'autre des menaces de mort et que, si l'on peut tenir pour une présomption défavorable à Milon le fait que son personnel avait été plus nombreux que celui de Clodius, le personnel de Clodius n'en était pas moins plus dégagé et mieux armé pour la bataille.

31 Lorsque Cicéron commença son plaidoyer, il fut accueilli par les cris hostiles des partisans de Clodius, incapables de se contenir, malgré la crainte que leur inspiraient les soldats qui les entouraient. C'est pourquoi il ne parla pas avec sa fermeté ordinaire. On a conservé

deinde iudicum a prima die facta est ; post tantum silentium toto foro fuit quantum esse in aliquo foro posset. Tum intra horam secundam accusatores coeperunt dicere Appius maior et M. Antonius et P. Valerius Nepos. Vsi sunt ex lege horis duabus. **30** Respondit his unus M. Cicero ; et cum quibusdam placuisset ita defendi crimen, interfici Clodium pro re publica fuisse — quam formam M. Brutus secutus est in ea oratione, quam pro Milone composuit et edidit quasi egisset —, Ciceroni id non placuit, *ut* quisquis bono publico damnari, idem etiam occidi indemna*tus* posset. Itaque cum insidias Milonem Clodio fecisse posuissent accusatores, quia falsum id erat — nam forte illa rixa commissa fuerat —, Cicero apprehendit et contra Clodium Miloni fecisse insidias disputauit, eoque tota oratio eius spectauit. Sed ita constitit ut diximus : nec utrius consilio pugnatum esse eo die, uerum et forte occurrisse et ex rixa seruorum ad [eandem] caedem peruentum. Notum tamen erat utrumque mortem alteri saepe minatum esse, et sicut suspectum Milonem maior quam Clodii familia faciebat, ita expeditior et paratior ad pugnam Clodianorum quam Milonis fuerat. **31** Cicero cum inciperet dicere, exceptus acclamatione Clodianorum qui se continere ne metu quidem circumstantium militum potuerunt. Itaque non ea qua solitus erat constantia dixit. Manet autem illa quoque excepta eius oratio.

aussi le discours qu'il prononça alors et qui fut recueilli <par des sténographes>. Mais celui que nous lisons fut rédigé avec tant d'art qu'à bon droit on peut le considérer comme le premier.

Après le commentaire

L'accusateur et le défenseur, après avoir achevé leurs discours, récusèrent chacun cinq sénateurs et un pareil nombre de chevaliers et de tribuns du trésor, si bien qu'il y eut cinquante et un suffrages exprimés. Douze sénateurs votèrent pour la condamnation, six pour l'acquittement ; treize chevaliers pour la condamnation, quatre pour l'acquittement ; treize tribuns du trésor pour la condamnation, trois pour l'acquittement. Il semble bien que les juges n'aient pas ignoré que c'est à l'insu de Milon que Clodius, au début, avait été blessé, mais ils tenaient pour certain qu'après sa blessure il avait été achevé sur l'ordre de Milon. Il y eut des gens pour croire que M. Caton avait voté l'acquittement, car il n'avait pas caché qu'à son avis on avait rendu service à l'État en tuant Clodius, il avait soutenu la candidature de Milon au consulat et l'avait assisté lorsqu'il fut accusé. De plus Cicéron l'avait interpellé alors qu'il siégeait au tribunal et avait affirmé que, trois jours avant le meurtre, Caton avait entendu dire à M. Favonius que Clodius avait déclaré que Milon serait mort dans les trois jours. Mais aussi l'audace de Milon était bien connue de tous et l'on jugea expédient d'en débarrasser l'État. Cependant nul ne put jamais savoir en quel sens il avait voté. On déclara que la condamnation était avant tout l'œuvre d'Appius Claudius.

Milon, le lendemain, eut à répondre en vertu de la nouvelle loi, à une accusation de brigue devant Manlius Torquatus. Il fut condamné par défaut. A ce titre l'accusation fut soutenue par le même Appius Claudius. Comme on lui attribuait une prime conformément à la loi, il refusa

Scripsit uero hanc quam legimus, ita perfecte ut iure prima haberi possit.

Post commentarium

Peracta utrimque causa singuli quinos accusator et reus senatores, totidem equites *et* tribunos aerarios reiecerunt, ita ut unus et L sententias tulerint. Senatores condemnauerunt XII, absoluerunt VI, equites condemnauerunt XIII, absoluerunt IIII, tr. aerarii condemnauerunt XIII, absoluerunt III. Videbantur non ignorasse iudices inscio Milone initio uulneratum esse Clodium, sed compererant postquam uulneratus esset iussu Milonis occisum. Fuerunt qui crederent M. Catonis sententia eum esse absolutum ; nam et bene cum re publica actum esse morte P. Clodii non dissimulauerat et studebat in petitione consulatus Miloni et reo adfuerat ; nominauerat quoque eum Cicero praesentem et testatus erat audisse [eum] a M. Favonio ante diem tertium quam caedes facta erat, Clodium dixisse periturum esse eo triduo Milonem. *** sed Milonis quoque notam audaciam *remo*ueri a re publica utile uisum est. Scire t*amen* ne*mo* umquam potuit, utram sententiam *tulisset.* Damnatum autem opera maxime Appi *Claudi* pronuntiatum est. Milo postero die *noua lege* factus reus ambitus apud Manlium Torquatum absens damnatus est. Illa quoque lege accusator fuit eius Appius Claudius, et cum ei praemium lege daretur, negauit se eo uti. Subscripserunt ei ambitus iudicio P. Valerius

d'en profiter. Les coaccusateurs dans l'affaire de brigue furent P. Valérius Leo et Cn. Domitius, fils de Cnaeus.

Quelques jours plus tard, Milon fut accusé de participation à des associations illicites devant un tribunal présidé par M. Favonius et condamné. L'accusateur était P. Fulvius Nératus, à qui une prime fut accordée conformément à la loi. Ensuite un tribunal présidé par L. Fabius le condamna par défaut une seconde fois pour violence. Les accusateurs étaient L. Cornificius et Q. Patulcius. Milon, très peu de temps après, partit en exil pour Marseille. Ses biens, mis en vente en raison de l'énormité de ses dettes, furent vendus à très bas prix.

Après Milon, le premier citoyen accusé en vertu de cette même loi de Pompée fut M. Saufeius, fils de Marcus, qui avait dirigé l'assaut contre l'auberge de Bovillae et le meurtre de Clodius. Il eut pour accusateurs L. Cassius, L. Fulcinius, fils de Caius, et C. Valerius. Les défenseurs furent M. Cicéron et M. Célius qui le firent acquitter à une voix de majorité. Opinèrent pour la condamnation dix sénateurs, pour l'acquittement, huit ; pour la condamnation, neuf chevaliers romains, pour l'acquittement, huit. Parmi les tribuns du trésor, il y en eut dix pour l'acquittement, et six pour la condamnation et la haine déclarée contre Clodius valut à Saufeius son acquittement, bien que sa cause fût plus mauvaise encore que celle de Milon, puisque c'était lui qui manifestement avait conduit l'assaut contre l'auberge. Quelques jours après il fut de nouveau appelé en justice devant le tribunal présidé par C. Considius en vertu de la loi Plautia sur la violence, sous le chef d'accusation d'avoir occupé une position dominante et d'avoir été armé. Il était en effet le chef des hommes de main de Milon. Les accusateurs étaient C. Fidius, Cn. Apponius fils de Cnaeus, M. Seius,... fils de Sextus ; ses défenseurs, M. Cicéron et Terentius Varron Gibba. Il fut acquitté par un plus grand nombre de suf-

Leo et Cn. Domitius Cn. f. Post paucos dies quoque Milo apud M. Favonium quaes*i*torem de sodaliciis damnatus est accusante P. Fuluio Nerato [reo], cui e lege praemium datum est. Deinde apud L. Fabium quaes*i*torem iterum absens damnatus est de ui. Accusauit L. Cornificius et Q. Patulcius. Milo in exilium Massiliam intra paucissimos dies profectus est. Bona eius propter alieni aeris magnitudinem semuncia uenierunt.

Post Milonem eadem lege Pompeia primus est accusatus M. Sauf*e*ius M. f. qui dux fuerat in expugnanda taberna Bouillis et Clodio occidendo. Accusauerunt eum L. Cassius, L. Fulcinius C. f., C. Valerius; defenderunt M. Cicero M. Caelius obtinueruntque ut una sententia absolueretur. Condemnauerunt senatores X, absoluerunt VIII ; condemnauerunt equites Romani VIIII, absoluerunt VIII ; sed ex tr. aerariis X absoluerunt, VI damnauerunt, manifestumque odium Clodii saluti Saufeio fuit, cum eius uel peior causa quam Milonis fuisset, quod aperte dux fuerat expugnandae tabernae. Repetitus deinde post paucos dies apud *C.* Considium quaes*i*torem est lege Plautia de ui subscriptione ea quod loca *edita* occupasset et cum telo fuisset ; nam *dux fuerat* operarum Milonis. Accusauerunt C. Fidius, Cn. Apponius Cn. f., M., Seius .... Sex. *f* ; defenderunt M. Cicero, M. Terentius Varro Gibba. Absolutus autem *est* sen*tentiis* plenius quam prius ; graues habuit XVIIII, absolutorias duas et XXX, sed e contrario hoc ac

frages que dans la cause précédente. Il y eut en effet dix-neuf suffrages pour la condamnation et trente-deux pour l'acquittement. Mais, à l'inverse du premier jugement, les chevaliers et les sénateurs opinèrent pour l'acquittement et les tribuns du trésor pour la condamnation.

Quant à Sex. Clodius qui avait pris l'initiative de faire transporter le corps de Clodius dans la curie, accusé par C. Caesenius Philon et M. Alfidius, défendu par T. Flacconius, il fut condamné à une forte majorité par quarante-six suffrages ; il y eut en tout cinq suffrages pour l'acquittement, deux de sénateurs et trois de chevaliers. En outre un grand nombre d'accusés, les uns présents, les autres faisant défaut, furent condamnés, en grande majorité des partisans de Clodius.

priore iudicio accidit ; equites enim ac senatores eum absoluerunt, tr. aerarii damnauerunt.

Sex. autem Clodius quo auctore corpus Clodii in curiam illatum fuit, accusantibus C. Caesennio Philone, M. Alfidio, defendente T. Flacconio, magno consensu damnatus est sententiis sex et XL ; absolutorias quinque omnino habuit, duas senatorum, tres equitum. Multi praeterea et praesentes et cum citati non respondissent, damnati sunt, ex quibus maxima pars fuit Clodianorum.

ANALYSE DU DISCOURS

Exorde (1-6)

Conditions exceptionnelles du procès ; aspect insolite du Forum occupé par des forces militaires. Ces mesures d'ordre doivent rassurer le défenseur de Milon puisqu'elles garantissent la liberté de la parole (1-3). Cicéron sait bien du reste que toute la partie saine de la plèbe est favorable à Milon. Il fait appel à la conscience des juges et prend position : il s'attachera à prouver que Clodius a été l'agresseur (4-6).

Réfutation préliminaire (7-23)

Il est faux que tout accusé qui se reconnaît auteur d'un meurtre doive nécessairement être condamné. La tradition, la légende, la législation romaine établissent qu'il est des cas où le meurtre est légitime (7-11). Il n'y a pas, dans le Sénat, de préjugé défavorable à Milon (12-14). De même les lois de Pompée ne sont pas dirigées contre Milon. Dans le passé, pour connaître du meurtre d'hommes illustres, il n'a pas été institué de tribunaux exceptionnels (15-16). Or il s'agit de Clodius dont le Sénat ne peut déplorer la mort. Le choix des juges et du président, dans les circonstances présentes, suffit à garantir au défenseur que le tribunal se prononcera en toute impartialité (17-22). Résumé de la discussion : il s'agit uniquement pour le tribunal de décider de quel côté a été la préméditation (23).

Narration (24-31)

Récit de la campagne électorale de Clodius ; ses projets de meurtre (24-26). Récit de la bagarre de la Voie Appienne, d'où il résulte que toute idée de préméditation était bien étrangère à Milon (27-30). Le défenseur affirme une fois encore que le rôle du tribunal doit se borner à déterminer qui a été l'agresseur (31).

CONFIRMATION (32-92)

I) *Confirmatio de causa.* Examen des vraisemblances. C'est à Clodius que le meurtre devait profiter davantage (32-33). Milon ne détestait en Clodius que l'ennemi de la patrie (34-35). Clodius a toujours eu recours à la violence, tandis que Milon a laissé volontairement passer mainte occasion où il aurait pu impunément se débarrasser de son ennemi (36-41). Or jamais les circonstances n'ont été plus défavorables à Milon que lors du meurtre de la Voie Appienne. Il risquait en effet de compromettre irrémédiablement ses chances d'élection au consulat (42-43). Tout, au contraire, contribue à prouver que c'est bien Clodius et non pas Milon qui avait monté un guet-apens : le temps de la rencontre et les intentions clairement exprimées par Clodius (44-52) ; le lieu, l'équipage des deux adversaires (53-56). Milon a affranchi les esclaves qui ont combattu pour lui afin de les récompenser de leur fidélité. D'ailleurs le témoignage d'esclaves soumis à la question ne peut avoir de valeur (57-60). L'innocence de Milon est pareillement établie par son attitude après le meurtre. On l'a odieusement calomnié en lui prêtant des projets insensés contre l'État et contre Pompée lui-même. On craint encore Milon à cause des soupçons de Pompée à son égard. Cependant les mesures d'ordre prises par Pompée lui ont été imposées par ses devoirs de chef de l'État. Elles ne sont pas dirigées contre Milon, mais destinées à assurer la pleine liberté du tribunal (61-71).

II) *Compensatio extra causam* (72-91). Même si Milon avait été l'agresseur, il mériterait d'être absous pour avoir délivré la patrie d'un fléau tel que Clodius (73-78). Il est même digne des plus hautes récompenses, celles que les Grecs attribuaient aux tyrannicides. Si la patrie devait être ingrate pour lui, il aurait du moins pour consolation le témoignage de sa conscience (78-82). Mais Milon a été l'instrument de la Providence divine qu'il faut remercier de ce bienfait (83-86). Le défenseur énumère une fois de plus les crimes de Clodius auxquels les dieux ont voulu mettre un terme en lui inspirant cet acte de folie qu'a été son agression contre Milon (87-91).

Péroraison (92-105)

C'est le défenseur qui sollicite la compassion des juges puisque Milon, dans sa fierté, ne veut pas les implorer (92). Cicéron imagine les adieux qu'adresserait Milon à ses concitoyens s'il était contraint à l'exil. Il se plaindrait, sans s'indigner, d'être abandonné par ceux qu'il a sauvés : le Sénat, les chevaliers, le peuple, Cicéron lui-même (93-94). Il escompte, pour seule consolation, la gloire que lui vaudront les services éclatants qu'il a rendus à l'État (95-98). Cicéron dit la profonde douleur que lui infligerait la condamnation de Milon. En fondant en larmes il exprime sa confiance dans la sagesse des juges et l'équité de Pompée (99-105).

SIGLA

P = Palimpsestus Taurinensis, saec. IV/V.

C = codex Cluniacensis, nunc deperditus, restituitur ex his codicibus :

B excerptis Bartholomaei de Monte Politiano in codice Laurentiano plut. LIV, 5.

V notis in codice S. Victoris, nunc Paris. 14749 adscriptis, saec. XV.

H = codex Harleianus 2682 (olim Coloniensis), saec. XI.

E = codex Erfurtensis (nunc Berolinensis 252), saec. XII.

T = codex Tegernseensis (nunc Monacensis lat. 18787), saec. XI.

W = codex Werdensis nunc deperditus.

dett. = singuli uel complures codices recentiores.

Schol. B = Scholiasta Bobiensis.

PLAIDOYER POUR T. ANNIUS MILON

Exorde. I 1 Certes j'appréhende, juges, qu'il ne soit ridicule d'éprouver de la crainte en prenant la parole pour défendre un homme de grand courage, et tout à fait malséant, quand pour sa part T. Annius est plus inquiet du salut de l'État que du sien propre, de ne pouvoir apporter à sa défense une force d'âme égale à la sienne ; et pourtant cet appareil insolite d'un tribunal d'exception épouvante les regards qui, partout où ils se portent, cherchent en vain l'antique coutume du barreau et les usages judiciaires d'autrefois. **2** On ne voit plus en effet de cercle d'auditeurs entourer comme à l'ordinaire le tribunal où vous siégez ; nous ne sommes pas pressés par l'affluence habituelle. Non ! ces détachements militaires que vous voyez là-bas sur les degrés de tous les temples, bien qu'ils aient été postés pour prévenir la violence, ne laissent pas d'inspirer quelque effroi à l'orateur ; ainsi, en plein forum, en plein tribunal, la force publique a beau nous entourer d'une protection nécessaire, notre sentiment de sécurité ne peut être complètement exempt de crainte. Si je pensais que toutes ces mesures sont prises contre Milon, je céderais à la nécessité du moment, juges, et je ne penserais pas qu'au milieu d'un tel déploiement de force armée, il y ait place pour un orateur. Mais ce qui me rassure et raffermit mon courage ce sont les intentions d'un homme aussi sage et aussi juste que Cn. Pompée, qui assurément aurait cru indigne de son équité, après avoir remis un accusé à la décision d'un tribunal, de le livrer aux armes des soldats, et indigne de sa sagesse d'armer de l'autorité publique l'aveugle violence d'une foule ameutée. **3** Donc ces armes, ces centurions, ces cohortes n'annoncent pas pour nous un péril, mais une protection ; tout cela nous

PRO T. ANNIO MILONE ORATIO

1 Etsi uereor iudices ne turpe sit pro fortissimo uiro dicere incipientem timere, minimeque deceat, cum T. Annius ipse magis de rei publicae salute quam de sua perturbetur, me ad eius causam parem animi magnitudinem adferre non posse, tamen haec noui iudici noua forma terret oculos, qui quocumque inciderunt, ueterem consuetudinem fori et pristinum morem iudiciorum requirunt. **2** Non enim corona consessus uester cinctus est ut solebat, non usitata frequentia stipati sumus, non illa praesidia quae pro templis omnibus cernitis, etsi contra uim collocata sunt, non adferunt tamen oratori terroris aliquid, ut in foro et in iudicio quamquam praesidiis salutaribus et necessariis saepti sumus, tamen ne non timere quidem sine aliquo timore possimus. Quae si opposita Miloni putarem, cederem tempori, iudices, nec enim inter tantam uim armorum existimarem esse orationi locum. Sed me recreat et reficit Cn. Pompei sapientissimi et iustissimi uiri consilium, qui profecto nec iustitiae suae putaret esse quem reum sententiis iudicum tradidisset, eundem telis militum dedere, nec sapientiae temeritatem concitatae multitudinis auctoritate publica armare. **3** Quamobrem illa arma, centuriones, cohortes non periculum nobis, sed prae-

1 ueterem *om.* *ET*, *QVINT.* 11, 3, 50.
2 collocata : collata *T* || terroris *CH* : -res *E* *om.* *T* || tempore : ibus *TW* || et iustissimi *CH* : et illustrissimi *E* illustrissimique *T*.

invite non seulement à la quiétude mais à la résolution et promet à mon office de défenseur à la fois la sûreté et le silence. Quant au reste de la foule, j'entends les citoyens, elle nous est entièrement acquise. Et il n'est personne, parmi ceux que vous voyez diriger vers nous leurs regards, de tous les lieux d'où l'on peut apercevoir quelque partie du forum, et attendre l'issue du procès, personne qui, en accordant sa sympathie à la vaillance de Milon, ne pense que son propre sort, que ses enfants, sa patrie, ses biens sont en jeu dans le débat qui s'engage aujourd'hui. II Une seule catégorie nous est contraire et hostile, ceux que la folie furieuse de Clodius a repus de pillages, d'incendies, de désastres publics de toutes sortes, qu'hier encore, dans l'assemblée du peuple, on a excités à vous dicter par leurs cris le jugement que vous devez prononcer. Ces clameurs, si par hasard elles retentissent ici, devront vous avertir de conserver parmi vous un citoyen qui toujours a tenu pour rien, au prix de votre salut, les hommes de cette sorte et leurs clameurs furieuses. **4** Donc, gardez votre sang-froid, juges, et si vous éprouvez de la crainte, bannissez-la. Si jamais a été remis entre vos mains le pouvoir de décider du sort de gens de bien, d'hommes de cœur, de bons serviteurs de la patrie, si jamais enfin l'occasion a été donnée à l'élite des ordres les plus considérables[1] de manifester en actes par leurs votes la sympathie qu'ils éprouvent pour les hommes de cœur et les bons citoyens et qu'ils ont souvent exprimée par leur physionomie et leurs paroles, c'est aujourd'hui sans conteste que vous avez ce pouvoir dans sa plénitude pour décider si, après avoir toujours été tout dévoués à votre autorité, nous devons être toujours dans le malheur et l'affliction, ou si, longtemps persé-

1. Les trois ordres supérieurs de la cité : sénateurs, chevaliers, plébéiens notables (*tribuni aerarii*), qui, en vertu de la *lex Aurelia*, étaient appelés à composer les tribunaux.

sidium denuntiant, neque solum ut quieto, sed etiam ut magno animo simus hortantur, nec auxilium modo defensioni meae, uerum etiam silentium pollicentur. Reliqua uero multitudo, quae quidem est ciuium, tota nostra est, nec eorum quisquam quos undique intuentis unde aliqua fori pars adspici potest, et huius exitum iudici expectantis uidetis, non cum uirtuti Milonis fauet, tum de se, de liberis suis, de patria, de fortunis hodierno die decertari putat. II Vnum genus est aduersum infestumque nobis, eorum quos P. Clodi furor rapinis et incendiis et omnibus exitiis publicis pauit ; qui hesterna etiam contione incitati sunt ut uobis uoce praeirent quid iudicaretis. Quorum clamor si qui forte fuerit, admonere uos debebit ut eum ciuem retineatis qui semper genus illud hominum clamoresque maximos prae uestra salute neglexit. **4** Quamobrem adeste animis, iudices, et timorem si quem habetis deponite. Nam si umquam de bonis et fortibus uiris, si umquam de bene meritis ciuibus potestas uobis iudicandi fuit, si denique umquam locus amplissimorum ordinum delectis uiris datus est, ut sua studia erga fortis et bonos ciuis, quae uoltu et uerbis saepe significassent, re et sententiis declararent, hoc profecto tempore eam potestatem omnem uos habetis, ut statuatis utrum nos, qui semper uestrae auctoritati dediti fuimus,

3 nec (*ante* auxilium) *CH* : neque E^1T nec quae E^2 || uerum etiam : sed etiam *T* || nec (*ante* eorum) *CH* : neque *ET* || intuentis : confluentis (-tes *V*) *C* || decertari : -re *T* || ut (*ante* eum ciuem) *om.* *H* || genus illud : illud genus *I* || prae : pro *T*.
4 si... uiris *om.* *CH*.

cutés par les citoyens les plus tarés, nous allons une bonne fois, grâce à vous, à votre droiture, à votre force d'âme et à votre sagesse, être rendus à la vie. **5** Est-il possible en effet, juges, de nommer ou d'imaginer créature plus éprouvée que nous deux, plus inquiétée, plus tourmentée ? Engagés à servir l'État par l'espoir des hautes récompenses nous ne pouvons échapper à la crainte des plus cruels supplices. Quant à moi j'ai toujours pensé que Milon aurait à subir toutes les autres tempêtes, tous les orages — j'entends uniquement les flots des assemblées populaires — parce qu'il avait toujours été du parti des honnêtes gens[1] contre les méchants, mais ici dans une action judiciaire et devant ce tribunal où siègent les représentants les plus distingués de tous les ordres, je n'ai jamais jugé que les ennemis de Milon pussent concevoir l'espérance de se servir d'hommes tels que vous, je ne dis pas pour consommer sa perte, mais même pour porter atteinte à sa gloire. **6** Au reste, juges, dans cette affaire, pour repousser cette accusation, je ne ferai pas un usage excessif du tribunat [2] de T. Annius ni de tout ce qu'il a fait pour le salut de l'État. Tant que vous n'aurez pas vu de vos yeux que c'est Clodius qui a préparé un attentat contre Milon, nous renoncerons à vous prier d'oublier l'accusation dont on le charge en considération de tant de services éclatants rendus à l'État, à vous demander, parce que la mort de P. Clodius a assuré votre salut, d'en faire honneur à la vaillance de Milon plutôt qu'à l'heureuse fortune du peuple romain. Mais quand la préméditation de Clodius vous aura paru plus claire que le jour, alors seulement je vous supplierai, je vous conjurerai, juges, si nous avons perdu tout le reste, de nous

1. Le parti de Cicéron, coalition des modérés.
2. Lors de son tribunat, en août 57, Milon avait fait voter le rappel d'exil de Cicéron ; ce que celui-ci considère comme un service éminent rendu à la patrie.

semper miseri lugeamus, an diu uexati a perditissimis ciuibus, aliquando per uos ac per uestram fidem uirtutem sapientiamque recreemur. 5 Quid enim nobis duobus, iudices, laboriosius, quid magis sollicitum, magis exercitum dici aut fingi potest, qui spe amplissimorum praemiorum ad rem publicam adducti, metu crudelissimorum suppliciorum carere non possumus ? Equidem ceteras tempestates et procellas in illis dumtaxat fluctibus contionum semper putaui Miloni esse subeundas, quia semper pro bonis contra improbos senserat, in iudicio uero et in eo consilio in quo ex cunctis ordinibus amplissimi uiri iudicarent, numquam existimaui spem ullam esse habituros Milonis inimicos ad eius non modo salutem extinguendam, sed etiam gloriam per tales uiros infringendam. 6 Quamquam in hac causa, iudices, T. Anni tribunatu rebusque omnibus pro salute rei publicae gestis ad huius criminis defensionem non abutemur ; nisi oculis uideritis, insidias Miloni a Clodio factas, nec deprecaturi sumus ut crimen hoc nobis propter multa praeclara in rem publicam merita condonetis, nec postulaturi ut si mors P. Clodi salus uestra fuerit, idcirco eam uirtuti Milonis potius quam populi Romani felicitati adsignetis. Sin illius insidiae clariores hac luce fuerint, tum denique obsecrabo obtestaborque uos, iudices, si cetera amisimus, hoc

5 duobus *om.* *T* || exercitum : exercitatum *E* || equidem : et quidem *H* || cunctis *ET* : conunriis *H* conontiis *V*.

6 rebusque *HBE* : rebus *T* || factas *TB* : esse factas *HE* || si mors *ET* : quia mors *HV* || sin *HEV* : sed si *TW*.

laisser du moins le moyen de défendre impunément notre vie contre l'audace et les armes de nos ennemis.

Réfutation préliminaire. III 7 Mais avant d'en venir à la partie de ma défense qui relève particulièrement de votre juridiction, je crois devoir réfuter ce qu'ont maintes fois répété au Sénat des ennemis personnels, à l'assemblée du peuple de mauvais citoyens et un peu auparavant les accusateurs ; ainsi débarrassés de toute cause d'erreur, vous pourrez voir aisément en quoi consiste la question soumise à votre tribunal. Ils refusent au meurtrier qui avoue son crime le droit de contempler la lumière du jour. Mais enfin dans quelle ville y a-t-il des hommes assez stupides pour soutenir cela ? Eh bien, c'est dans la ville qui a vu comme premier procès capital celui d'Horace [1], cet homme au grand cœur qui, bien qu'on ne fût pas encore sous le régime républicain, n'en fut pas moins absous par les comices du peuple romain, alors qu'il confessait avoir tué sa sœur de sa propre main. 8 Qui ne sait que dans toute affaire de meurtre la coutume est de nier absolument le fait ou de déclarer pour sa défense qu'on a agi conformément à la morale et au droit ? A moins qu'on ne juge insensée la conduite de Publius l'Africain. Comme le tribun C. Carbon, en vrai démagogue, lui demandait dans l'assemblée du peuple ce qu'il pensait de la mort de Tib. Gracchus, il répondit que ce meurtre était, à son avis, légitime [2]. Il serait impossible de ne pas tenir pour abominables le fameux Servilius Ahala, ou P. Nasica, ou L. Opimius ou C. Marius, ou le Sénat au temps de mon consulat si c'était une abomination que de mettre à mort des citoyens criminels.

1. Du moins, selon la tradition enregistrée par Tite Live, 1, 26, premier exemple de procès capital avec *prouocatio ad populum*. Horace, meurtrier de sa sœur, fut condamné par les duumvirs et acquitté par l'assemblée du peuple.

2. D'après Velleius Paterculus, 2, 4, 4, Scipion aurait répondu : « *Si is occupandae rei publicae animum habuisset, iure caesum.* »

nobis saltem ut relinquatur uitam ab inimicorum audacia telisque ut impune liceat defendere.

III 7 Sed antequam ad eam orationem uenio quae est propria uestrae quaestionis, uidentur ea mihi esse refutanda quae et in senatu ab inimicis saepe iactata sunt, et in contione ab improbis, et paulo ante ab accusatoribus, ut omni errore sublato rem plane quae ueniat in iudicium uidere possitis. Negant intueri lucem esse fas ei qui a se hominem occisum esse fateatur. In qua tandem urbe hoc homines stultissimi disputant ? Nempe in ea quae primum iudicium de capite uidit M. Horati, fortissimi uiri, qui nondum libera ciuitate tamen populi Romani comitiis liberatus est, cum sua manu sororem esse interfectam fateretur. **8** An est quisquam qui hoc ignoret, cum de homine occiso quaeratur, aut negari solere omnino esse factum, aut recte et iure factum esse defendi ? Nisi uero existimatis dementem P. Africanum fuisse, qui cum a C. Carbone tribuno pl. seditiose in contione interrogaretur quid de Ti. Gracchi morte sentiret, responderit iure caesum uideri. Neque enim posset aut Ahala ille Servilius aut P. Nasica aut L. Opimius aut C. Marius aut me consule senatus non nefarius haberi, si sceleratos ciuis interfici

6 nobis saltem *HTV* : saltem nobis *E* || uitam *post* telisque *habet T*.
7 orationem : rationem *T* || mihi *om. ET Schol B* || et in senatu *HE*: in senatu *T* || saepe *ante* ab improbis *habet E* || errore *HV*: terrore *ET* || esse fas : fas esse *T* || occisum esse *ET QVINT*. 5, 11, 12 esse occisum *H* occisum *dett.*, *QVINT*., 4, 2, 25
8 seditiose in contione : in contione seditiose *T* || aut C : *om. HV* aut C. Marius *om. QVINT*. 5, 11, 16 || non (*ante* nefarius) *om. H* || ciuis *om. QVINT. Ibid.*

C'est pourquoi, juges, c'est à bon escient que, même dans des récits imaginaires, des hommes de grand talent ont perpétué le souvenir de ce personnage qui, devenu meurtrier de sa mère pour venger son père, vit se partager les suffrages des juges humains et fut renvoyé absous grâce à un suffrage divin, celui même de la plus sage des déesses [1]. **9** Si les Douze Tables ont permis de tuer impunément un voleur, la nuit en toute occasion [2] et le jour s'il se défendait à main armée, comment peut-on penser que, quelles que soient les circonstances d'un meurtre, l'auteur doit être châtié, quand on voit que parfois l'arme du meurtre nous est présentée par les lois elles-mêmes ? IV Or s'il y a des cas où l'on a le droit de tuer — et ils sont nombreux —, c'est non seulement justice mais nécessité de se protéger de la force par la force. Comme il voulait attenter à la pudeur d'un soldat, un tribun militaire de l'armée de C. Marius et son proche parent, fut tué par celui à qui il essayait de faire violence. Ce jeune homme vertueux aima mieux mettre sa vie en péril que de subir l'infamie et ce chef éminent le reconnut innocent et l'exempta du châtiment. **10** Mais un auteur de guet-apens, un brigand peut-il jamais être tué injustement ? Que signifient donc nos escortes ? Que signifient nos épées ? Certes on ne les autoriserait pas si aucune circonstance n'en autorisait l'usage. Ce n'est donc pas, juges, une loi écrite mais une loi naturelle que nous ne devons ni à l'enseignement, ni à la tradition, ni à la lecture mais uniquement à la nature. C'est de là que nous l'avons tirée, que nous l'avons puisée, que nous l'avons extraite, cette loi non pas apprise mais innée, à laquelle nous n'avons

1. Allusion à la légende d'Oreste, traitée par Eschyle dans les *Euménides* et par plusieurs tragiques romains. Le fils meurtrier de Clytemnestre fut acquitté par l'Aréopage, grâce à la voix prépondérante d'Athéna qui présidait le tribunal.

2. Le texte de cette disposition des XII Tables a été conservé : « si nox furtum faxit, si im occisit, iure caesus esto. »

nefas esset. Itaque hoc, iudices, non sine causa etiam fictis fabulis doctissimi homines memoriae prodiderunt eum qui patris ulciscendi causa matrem necauisset, uariatis hominum sententiis, non solum diuina, sed etiam sapientissimae deae sententia liberatum.

9 Quodsi duodecim tabulae nocturnum furem quoquo modo, diurnum autem si se telo defenderet, interfici impune uoluerunt, quis est qui quoquo modo quis interfectus sit, poeniendum putet, cum uideat aliquando gladium nobis ad hominem occidendum ab ipsis porrigi legibus ? IV Atqui si tempus est ullum iure hominis necandi — quae multa sunt —, certe illud est non modo iustum, uerum etiam necessarium cum ui uis illata defenditur. Pudicitiam cum eriperet militi tribunus militaris in exercitu C. Mari, propinquus eius imperatoris, interfectus ab eo est cui uim adferebat. Facere enim probus adulescens periculose quam perpeti turpiter maluit. Atque hunc ille summus uir scelere solutum periculo liberauit. **10** Insidiatori uero et latroni quae potest inferri iniusta nex ? Quid comitatus nostri, quid gladii uolunt ? quos habere certe non liceret, si uti illis nullo pacto liceret. Est igitur haec, iudices, non scripta sed nata lex, quam non didicimus, accepimus, legimus, uerum ex natura ipsa adripuimus, hausimus, expressimus, ad quam non docti sed facti, non instituti sed imbuti

8 diuina *H*, *QVINT.* 5, 11, 18 *codd. plerique* : -nae *ETW*, *QVINT. cod. A* || etiam *om QVINT.*
9 defenderet *ET* : -rit *CH* || poeniendum *W*, *QVINT. cod. A* : puncett. || gladium nobis *ET* : nobis gladium *CH.* || scelere *ET* : sceleris *CH.*
10 nex : lex *EB* || uerum : uerum etiam *T* || hausimus *om. T.*

pas été formés, mais dont nous sommes pénétrés. Ainsi, dans un danger que font courir à notre vie les embûches, la violence, les armes de brigands ou d'ennemis, tout moyen est honnête pour assurer notre salut. **11** Car, au milieu des armes, les lois se taisent et n'ordonnent pas d'attendre leur secours, quand celui qui consentirait à l'attendre risquerait de subir un dommage injuste avant d'avoir obtenu une juste satisfaction. Pourtant la loi elle-même accorde en toute sagesse et pour ainsi dire implicitement le droit de légitime défense, car ce qu'elle interdit ce n'est pas de tuer mais bien de porter une arme avec l'intention de tuer ; ainsi, l'enquête portant sur le motif et non sur l'arme du meurtre, on ne jugerait pas que celui qui s'était servi d'une arme pour se défendre s'était armé dans l'intention de tuer. Ce point, juges, doit rester acquis ; je ne doute pas en effet de vous faire approuver mon système de défense, si vous vous souvenez de ce principe que vous ne pouvez oublier : on peut être en droit de tuer celui qui prémédite un attentat.

V **12** Voici maintenant une affirmation maintes fois répétée par les ennemis de Milon : le meurtre dont Clodius a été victime est, au jugement du Sénat, un attentat contre l'ordre public. Or ce meurtre, le Sénat l'a approuvé, tant par ses votes que par ses témoignages de sympathie à l'égard de Milon. Chaque fois en effet que nous avons traité de cette affaire devant le Sénat, quelles marques d'approbation de l'ordre tout entier, sans mystère ni obscurité ! Alors que l'assemblée était au grand complet, s'est-il trouvé quatre ou cinq voix tout au plus qui n'aient pas été favorables à Milon ? J'en veux pour preuve les harangues avortées de ce tribun de la plèbe à demi roussi, qui chaque jour s'en prenait haineusement à mon pouvoir tyrannique, prétendant que par ses décisions le Sénat exprimait non pas son opinion mais ma volonté. S'il faut parler à ce sujet de pouvoir tyrannique plutôt que

sumus, ut si uita nostra in aliquas insidias, si in uim et in tela aut latronum aut inimicorum incidisset, omnis honesta ratio esset expediendae salutis. **11** Silent enim leges inter arma nec se expectari iubent, cum ei qui expectare uelit ante iniusta poena luenda sit quam iusta repetenda. Etsi persapienter et quodam modo tacite dat ipsa lex potestatem defendendi quae non hominem occidi, sed esse cum telo hominis occidendi causa uetat, ut cum causa, non telum quaereretur, qui sui defendendi causa telo esset usus, non hominis occidendi causa habuisse telum iudicaretur. Quapropter hoc maneat in causa, iudices; non enim dubito quin probaturus sim uobis defensionem meam, si id memineritis quod obliuisci non potestis, insidiatorem interfici iure posse.

V **12** Sequitur illud quod a Milonis inimicis saepissime dicitur, caedem in qua P. Clodius occisus est senatum iudicasse contra rem publicam esse factam. Illam uero senatus non sententiis suis solum, sed etiam studiis comprobauit. Quotiens enim est illa causa a nobis acta in senatu, quibus adsensionibus uniuersi ordinis, quam nec tacitis nec occultis ! Quando enim frequentissimo senatu quattuor aut summum quinque sunt inuenti qui Milonis causam non probarent ? Declarant huius ambusti tribuni pl. illae intermortuae contiones, quibus cotidie meam potentiam inuidiose criminabatur cum diceret senatum non quod sentiret, sed quod ego uellem decernere.

11 iubent : uolunt *CH* || non hominem : non modo hominem *ET* || dubito : iudico *T* || interfici iure: iure interfici *T*.

12 occisus est : occisus esset *H* || aut : ad *T* || quod : quae *H*.

d'une modeste autorité dans les bonnes causes, acquise par d'importants services rendus à l'État ou d'un faible crédit auprès des gens de bien, que m'a valu mon obligeante activité, qu'on use de cette appellation, j'y consens, pourvu que je puisse employer ce pouvoir en faveur du salut des gens de bien et contre la démence des citoyens tarés. **13** Quant au tribunal que voici, encore qu'il ne soit pas illégal, le Sénat du moins n'a jamais songé à le constituer, car il y avait des lois,[1] il y avait des tribunaux qui concernent tant le meurtre que la violence à main armée. Et la mort de Clodius ne causait pas au Sénat assez de chagrin et d'affliction pour qu'il constituât un tribunal extraordinaire. Quand on a enlevé au Sénat le pouvoir de décider du tribunal qui connaîtrait de l'adultère sacrilège de Clodius [2], est-il croyable que ce même Sénat ait songé à constituer, pour connaître de sa mort, un tribunal extraordinaire ? Pourquoi donc le Sénat a-t-il décidé que l'incendie de la curie, l'attaque de la maison de M. Lépidus et ce meurtre même étaient des attentats contre l'ordre public ? C'est parce que, dans un gouvernement démocratique, il n'est pas d'acte de violence entre citoyens qui ne soit un attentat contre l'ordre public, **14** — car si la résistance à la violence n'est jamais souhaitable, elle est parfois nécessaire —, à moins qu'on ne prétende que la journée où Tibérius Gracchus a été mis à mort, ou celle où fut frappé Gaïus Gracchus, ou celle où fut écrasée la rébellion armée de Saturninus, bien que l'intérêt de l'État l'exigeât, n'ont pas porté d'atteinte à l'État ! VI C'est pourquoi moi-même, j'ai émis cet avis, puisqu'il était établi qu'un meurtre avait été commis sur la voie Appienne, que celui qui s'était défendu n'avait pas porté atteinte à l'ordre public ; mais comme il y avait dans cette affaire à la fois violence

1. La *lex Cornelia de sicariis* et la *lex Plotia de ui.*
2. En 62, Clodius, pour rejoindre Pompeia, femme de César, s'était

Quae quidem si potentia est appellanda potius quam aut propter magna in rem publicam merita mediocris in bonis causis auctoritas, aut propter hos officiosos labores meos nonnulla apud bonos gratia, appelletur ita sane, dummodo ea nos utamur pro salute bonorum contra amentiam perditorum. **13** Hanc uero quaestionem, etsi non est iniqua, numquam tamen senatus constituendam putauit. Erant enim leges, erant quaestiones uel de caede uel de ui, nec tantum maerorem ac luctum senatui mors P. Clodi adferebat, ut noua quaestio constitueretur. Cuius enim de illo incesto stupro iudicium decernendi senatui potestas esset erepta, de eius interitu quis potest credere senatum iudicium nouum constituendum putasse ? Cur igitur incendium curiae, obpugnationem aedium M. Lepidi, caedem hanc ipsam contra rem publicam senatus factam esse decreuit ? Quia nulla uis umquam est in libera ciuitate suscepta inter ciuis non contra rem publicam **14** — non enim est ulla defensio contra uim umquam optanda, sed nonnumquam est necessaria —, nisi uero aut ille dies quo Ti. Gracchus est caesus, aut ille quo Gaius, aut arma Saturnini non, etiamsi e re publica oppressa sunt, rem publicam tamen non uolnerarunt. VI Itaque ego ipse decreui cum caedem in Appia factam esse constaret, non eum qui se defendisset, contra rem publicam fecisse.

12 aut (*ante* propter) *om.* H || in rem p. *H* : in r. p. *T* in re p. *EV*·
13 incesto : -tu *Schol. B* || senatus : senatusconsultum *E*.
14 ulla *HV* : illa *ET* || dies quo : dies in quo *ET* || aut arma *HV* : aut quo arma *ET* || e re publica : re publica *H* || non (*ante* uolnerarunt) *del. Madvig* || Appia *ET* : uia Appia *HV*.

et préméditation, j'ai réservé la connaissance de la culpabilité au tribunal tout en flétrissant l'acte lui-même. Si ce tribun fou furieux avait permis au Sénat d'accomplir sa volonté tout entière, nous n'aurions pas aujourd'hui de tribunal extraordinaire. Il voulait en effet ordonner que l'affaire fût instruite conformément aux anciennes lois, mais toutefois hors rang. Mais il y eut division du vote, sur la demande de je ne sais qui — car il n'est pas nécessaire que je dénonce la conduite scandaleuse de tous —. Ainsi, grâce à une opposition vénale, le reste de la proposition du Sénat a été supprimé. **15** Mais en fait, me dit-on, Cn. Pompée, par son projet de loi, s'est prononcé à la fois sur le fait et sur son interprétation juridique, car sa proposition vise le meurtre commis sur la voie Appienne et dont P. Clodius a été victime. Qu'a-t-il donc proposé ? — Qu'on informât. Et sur quoi ? Sur le fait ? Mais il est établi. Sur l'auteur ? Mais il est bien connu. Pompée a donc vu que, tout en reconnaissant le fait, on peut néanmoins pour sa défense alléguer le droit. S'il n'avait pas vu qu'on peut être acquitté quand on avoue, voyant que nous reconnaissions le fait, il n'aurait jamais ordonné d'informer et n'aurait pas remis entre vos mains aussi bien le bulletin qui absout que celui qui condamne. En réalité, Pompée, à mon avis, n'a pas exprimé un préjugé trop défavorable à Milon, mais bien plutôt déterminé le but que vous deviez vous proposer dans cette affaire. Car celui qui a prévu pour l'aveu non pas une condamnation mais des moyens de défense a pensé qu'on devait informer sur le mobile du meurtre et non sur le meurtre lui-même. **16** Sans nul doute il va bientôt nous dire lui-même si dans son initiative

introduit sous un déguisement féminin dans la maison de celui-ci où l'on célébrait les mystères de la Bonne Déesse.

Surpris et reconnu, il fut, malgré les efforts du Sénat pour le traduire devant un tribunal d'exception, jugé par un tribunal ordinaire qui l'acquitta.

sed cum inesset in re uis et insidiae, crimen iudicio reseruaui, rem notaui. Quodsi per furiosum illum tribunum pl. senatui quod sentiebat perficere licuisset, nouam quaestionem nullam haberemus. Decernebat enim ut ueteribus legibus, tantummodo extra ordinem, quaereretur. Diuisa sententia est postulante nescio quo ; nihil enim necesse est omnium me flagitia proferre. Sic reliqua auctoritas senatus empta intercessione sublata est.

15 At enim Cn. Pompeius rogatione sua et de re et de causa iudicauit. Tulit enim de caede quae in Appia uia facta esset, in qua P. Clodius occisus esset. Quid ergo tulit ? Nempe ut quaereretur. Quid porro quaerendum ? Factumne sit ? At constat. A quo ? At paret. Vidit igitur etiam in confessione facti iuris tamen defensionem suscipi posse. Quod nisi uidisset posse absolui eum qui fateretur, cum uideret nos fateri, neque quaeri umquam iussisset, nec uobis tam hanc salutarem in iudicando litteram quam illam tristem dedisset. Mihi uero Cn. Pompeius non modo nihil grauius contra Milonem iudicasse, sed etiam statuisse uidetur quid uos in iudicando spectare oporteret. Nam qui non poenam confessioni, sed defensionem dedit, is causam interitus quaerendam, non interitum putauit. **16** Iam illud ipse dicet profecto, quod sua sponte fecit, Publione Clodio

14 inesset *H* : inessent *EB* esset *T* || pl. *H*, *ASCONIVS* : *om. cett.*

15 at paret *dett. Schol. B.* apparet *HTV* at apparet *E* || tam hanc *ET* : hanc tam *HV* || in iudicando : iudicando *TW*.

16 ipse dicet : dicet ipse *T*

il a eu égard à P. Clodius ou aux circonstances. VII Dans sa propre maison, un homme des plus illustres, défenseur du Sénat et, du moins à cette époque, presque son protecteur, oncle d'un de nos juges, du vaillant M. Caton, le tribun de la plèbe M. Drusus a été assassiné. Or au sujet de sa mort le peuple ne fut saisi d'aucun projet de loi, aucun tribunal ne fut institué par le Sénat. Quelle consternation régna dans notre ville, nos pères nous l'ont appris, lorsque Publius l'Africain, reposant dans sa maison, fut victime d'un attentat nocturne ! Qui ne s'est alors lamenté ? Qui n'a pas été consumé de douleur, en apprenant qu'on n'avait même pas attendu la mort naturelle d'un homme à qui tous, si cela avait été possible, auraient souhaité l'immortalité ? Eh bien ! à propos de la mort de Publius l'Africain, a-t-on proposé d'instituer un tribunal ? Nullement. **17** Pourquoi donc ? Parce que le crime n'est pas différent selon que la victime est un homme illustre ou un homme obscur. Admettons qu'il y ait durant la vie une différence de rang entre les grands personnages et les hommes du commun ; en tout cas leur mort, si elle est l'effet d'un crime, doit être soumise aux mêmes châtiments et aux mêmes lois. A moins que le parricide ne soit un plus grand crime pour le fils d'un consulaire que pour celui d'un homme de rien ou que la mort de P. Clodius ne soit plus horrible parce qu'il a été tué sur un monument de ses ancêtres. Voilà en effet ce que répètent nos adversaires, comme si le fameux Appius Caecus avait amenagé cette route non pour l'usage du public mais pour que ses descendants pussent y exercer impunément le brigandage. **18** C'est pourquoi, lorsque, sur cette même voie Appienne, P. Clodius tua M. Papirius, chevalier romain des plus distingués [1],

1. En 58, M. Papirius avait été tué sur la Voie Appienne au cours d'une bagarre entre Clodius et des Pompéiens qui avaient tenté de reprendre Tigrane, fils du roi d'Arménie, enlevé par Clodius.

tribuendum putarit an tempori. VII Domi suae nobilissimus uir, senatus propugnator atque illis quidem temporibus paene patronus, auunculus huius iudicis nostri, fortissimi uiri M. Catonis, tribunus pl. M. Drusus occisus est. Nihil de eius morte populus consultus, nulla quaestio decreta a senatu est. Quantum luctum fuisse in hac urbe a nostris patribus accepimus, cum P. Africano domi suae quiescenti illa nocturna uis esset illata ! Quis tum non ingemuit, quis non arsit dolore, quem immortalem, si fieri posset, omnes esse cuperent, eius ne necessariam quidem expectatam esse mortem ? Num igitur ulla quaestio de Africani morte lata est ? certe nulla. **17** Quid ita ? Quia non alio facinore clari homines, alio obscuri necantur. Intersit inter uitae dignitatem summorum atque infimorum : mors quidem inlata per scelus isdem et poenis teneatur et legibus. Nisi forte magis erit parricida, si qui consularem patrem quam si quis humilem necarit, aut eo mors atrocior erit P. Clodi quod is in monumentis maiorum suorum sit interfectus — hoc enim ab istis saepe dicitur — ; proinde quasi Appius ille Caecus uiam munierit non qua populus uteretur, sed ubi inpune sui posteri latrocinarentur ! **18** Itaque in eadem ista Appia cum ornatissimum equitem Romanum P. Clodius M. Papirium occidisset, non fuit illud facinus poeni-

16 domi : domui *TW* || consultus *ET* : consultus est *CH* || fuisse in hac urbe : in hac urbe fuisse *ET* || quiescenti : conqu- *Schol. B* || ingemuit (*HW*) : gemuit *ET* || si fieri : fieri *H* || ne *om. HT*.

17 et poenis : poenis *T* || quis *ET* : qui *HV* || P. *om. HV* || munierit *HV* : muniuerit *ET* inuenerit *Schol. B*.

18 Appia *H* : Appia uia *cett.*

il fallut bien laisser ce crime impuni, car c'était un homme de la noblesse qui, sur un monument de ses ancêtres, avait tué un chevalier romain. Mais aujourd'hui, quelles clameurs pathétiques suscite le nom de cette même voie Appienne ! Quand elle avait été ensanglantée par le meurtre d'un honnête homme, d'un innocent, on n'en parlait pas ; on la mentionne constamment, aujourd'hui qu'elle a été imprégnée du sang d'un brigand, d'un assassin. Mais à quoi bon rappeler ces faits ? On a arrêté dans le temple de Castor un esclave de P. Clodius que celui-ci y avait aposté pour tuer Cn. Pompée. Quand le poignard lui a été arraché des mains, il a tout avoué. Après cela Pompée s'est abstenu de paraître au forum, au Sénat, en public. C'est aux portes et aux murs de sa maison et non pas à l'autorité légitime des lois et des tribunaux qu'il a demandé protection. **19** A-t-on proposé une loi ? A-t-on institué un tribunal extraordinaire ? Et pourtant si jamais le fait, la personnalité en cause, les circonstances l'ont justifié, certes toutes ces conditions se trouvaient réunies dans cette affaire de la façon la plus complète. L'assassin avait été aposté dans le forum ; mieux, dans le vestibule même du Sénat ; on méditait la mort du citoyen à la vie duquel était attaché le salut de la patrie ; et cela, dans des circonstances politiques telles que la perte de ce seul citoyen aurait entraîné non seulement la ruine de la cité mais celle de toutes les nations. A moins qu'on ne dise que, parce qu'il n'y avait pas eu exécution, il n'y avait pas lieu de punir. Comme si c'était l'accomplissement et non l'intention que punissent les lois ! Il y avait moins lieu de se lamenter, puisque le projet n'a pas été exécuté, mais il n'y avait pas moins lieu de sévir. **20** Combien de fois moi-même, juges, n'ai-je pas échappé aux armes de P. Clodius et à ses mains ensanglantées ? Si ma fortune ou celle de l'État ne m'en avait

endum — homo enim nobilis in suis monumentis equitem Romanum occiderat —; nunc eiusdem Appiae nomen quantas tragoedias excitat ! quae cruentata antea caede honesti atque innocentis uiri silebatur, eadem nunc crebro usurpatur, postea quam latronis et parricidae sanguine imbuta est. Sed quid ego illa commemoro? Comprehensus est in templo Castoris seruus P. Clodi quem ille ad Cn. Pompeium interficiundum conlocarat ; extorta est ei confitenti sica de manibus. Caruit foro postea Pompeius, caruit senatu, caruit publico ; ianua se ac parietibus, non iure legum iudiciorumque texit. **19** Num quae rogatio lata, num quae noua quaestio decreta est ? Atqui si res, si uir, si tempus ullum dignum fuit, certe haec in illa causa summa omnia fuerunt. Insidiator erat in foro collocatus atque in uestibulo ipso senatus, ei uiro autem mors parabatur, cuius in uita nitebatur salus ciuitatis, eo porro rei publicae tempore, quo si unus ille cecidisset, non haec solum ciuitas, sed gentes omnes concidissent. Nisi uero quia perfecta res non est, non fuit poenienda ; proinde quasi exitus rerum, non hominum consilia legibus uindicentur. Minus dolendum fuit re non perfecta, sed poeniendum certe nihilominus. **20** Quotiens ego ipse, iudices, ex P. Clodi telis et ex cruentis eius manibus effugi ! Ex quibus si me non uel mea uel rei publicae fortuna

18 Appiae : Appiae uiae *H* || interficiundum *Schol. B* : -endum *codd.* || extorta : exorta *T*.

19 ipso : illo *T* || eo : ei *T* || cecidisset : occid- *T* || poenienda *Lambin* poenitenda *T* punienda *cett.* || poeniendum *E* : pun- *cett.*

20 ego : ergo *T* || uel mea : mea *T*

pas sauvé, aurait-on donc, pour venger ma mort, proposé de créer un tribunal ? VIII Mais quelle absurdité de notre part d'oser comparer Drusus, l'Africain, Pompée et notre propre personne à P. Clodius ! On pouvait supporter de pareils attentats ; quant à la mort de P. Clodius on ne saurait s'y résigner. Le Sénat gémit, l'ordre équestre se lamente, toute la cité est accablée de chagrin, les municipes sont dans le deuil, les colonies dans l'affliction ; enfin les campagnes elles-mêmes déplorent la perte d'un citoyen si bienfaisant, si secourable, d'humeur si douce. **21** Non, juges, tel n'a pas été à coup sûr le motif qui a déterminé Pompée à proposer la création d'un tribunal ; mais avec sa sagesse, avec sa haute et prophétique intelligence il a discerné bien des choses. Il a vu que l'autre était son ennemi et Milon son intime ami. Il a craint, en s'associant lui-même à l'allégresse universelle, de rendre suspecte la sincérité de la réconciliation. Il a vu bien d'autres choses encore, mais spécialement que, malgré la rigueur de la loi qu'il avait proposée, vous seriez des juges courageux. Aussi a-t-il choisi parmi les ordres les plus brillants de l'État ceux qui en sont les lumières ; et il n'est pas vrai que, comme certains le répètent, dans la désignation des juges il ait exclu mes amis. Non, telle n'a pas été son intention, car il est trop équitable et, dès lors qu'il choisissait des hommes de bien, il n'aurait pu parvenir à un tel résultat, même s'il l'avait voulu. Car la faveur dont je jouis ne se limite pas au cercle de mes intimes qui ne peut être très étendu, puisqu'on ne peut vivre dans l'intimité d'un grand nombre de personnes ; mais si j'ai quelque influence, je la dois aux liens que la politique m'a fait nouer avec les honnêtes gens. Si c'est parmi eux que Pompée a fait choix des meilleurs, s'il a pensé que la loyauté l'obligeait tout particulièrement à agir ainsi, il n'a pu choisir que des hommes qui avaient de l'affection pour moi. **22** Dans

seruasset, quis tandem de interitu meo quaestionem tulisset ? VIII Sed stulti sumus qui Drusum, qui Africanum, Pompeium, nosmet ipsos cum P. Clodio conferre audeamus. Tolerabilia fuerunt illa : P. Clodi mortem aequo animo ferre nemo potest. Luget senatus, maeret equester ordo, tota ciuitas confecta senio est, squalent municipia, adflictantur coloniae, agri denique ipsi tam beneficum, tam salutarem, tam mansuetum ciuem desiderant. **21** Non fuit ea causa, iudices, profecto, non fuit cur sibi censeret Pompeius quaestionem ferendam, sed homo sapiens atque alta et diuina quadam mente praeditus multa uidit : fuisse illum sibi inimicum, familiarem Milonem ; in communi omnium laetitia si etiam ipse gauderet, timuit ne uideretur infirmior fides reconciliatae gratiae. Multa etiam alia uidit, sed illud maxime, quamuis atrociter ipse tulisset, uos tamen fortiter iudicaturos. Itaque delegit ex florentissimis ordinibus ipsa lumina, neque uero, quod nonnulli dictitant, secreuit in iudicibus legendis amicos meos. Neque enim hoc cogitauit uir iustissimus neque in bonis uiris legendis id adsequi potuisset, etiamsi cupisset. Non enim mea gratia familiaritatibus continetur, quae late patere non possunt, propterea quod consuetudines uictus non possunt esse cum multis ; sed si quid possumus, ex eo possumus quod res publica nos coniunxit cum bonis. Ex quibus ille cum optimos uiros legeret, idque maxime ad fidem suam pertinere arbitraretur, non potuit legere non studiosos mei.

21 legendis ... uiris *om. T.*

le choix qu'il a fait de toi spécialement L. Domitius, pour présider ce tribunal, il n'a eu égard qu'à la justice, à la dignité, à la culture, à la loyauté. S'il a voulu que ce fût obligatoirement un consulaire, c'est, je crois, parce qu'il pensait que c'est le rôle des premiers de l'État de s'opposer à la légèreté de la foule et aux impulsions aveugles des hommes tarés. Parmi les consulaires c'est toi qu'il a préféré, car, dès ta jeunesse, tu avais donné des preuves éclatantes de ton mépris pour les fureurs populaires.

IX **23** Ainsi, juges, pour en arriver enfin à l'inculpation qui fait l'objet de ce procès, si, en général l'aveu du crime n'est pas chose insolite, et si, en particulier, notre affaire n'a été en rien préjugée par le Sénat autrement que nous le voudrions, si l'auteur de la loi lui-même, voyant qu'il n'y avait pas contestation quant au fait, a voulu néanmoins que la question du droit fût discutée, si l'on a choisi pour le tribunal des juges et un président capables de prononcer avec autant d'équité que de clairvoyance, désormais, juges, il vous reste uniquement à rechercher à qui incombe la préméditation. Pour pouvoir le discerner plus aisément par l'examen des preuves, veuillez m'accorder, tandis que je vous expose brièvement les faits, une extrême attention.

Narration. **24** Clodius était décidé à tourmenter l'État durant sa préture par tous les crimes possibles ; mais il voyait que les comices de l'année précédente avaient été si longtemps retardés qu'il ne lui resterait que quelques mois pour exercer la préture. Cependant, visant moins à atteindre un degré dans la série des dignités, ce qui est l'ambition de tous les autres, qu'à éviter d'avoir pour collègue un homme de haute valeur morale, L. Paulus, et cherchant à disposer d'une année entière pour mettre en pièces la république, il se désista tout à coup cette

22 Quod uero te, L. Domiti, huic quaestioni praeesse maxime uoluit, nihil quaesiuit aliud nisi iustitiam, grauitatem, humanitatem, fidem. Tulit ut consularem necesse esset, credo, quod principum munus esse ducebat resistere et leuitati multitudinis et perditorum temeritati. Ex consularibus te creauit potissimum ; dederas enim quam contemneres populares insanias, iam ab adulescentia documenta maxima.

IX **23** Quam ob rem, iudices, ut aliquando ad causam crimenque ueniamus, si neque omnis confessio facti est inusitata, neque de causa nostra quicquam aliter ac nos uellemus, a senatu iudicatum est, et lator ipse legis, cum esset controuersia nulla facti, iuris tamen disceptationem esse uoluit, et *ei* lecti iudices isque praepositus quaestioni, qui haec iuste sapienterque disceptet, reliquum est, iudices, ut nihil iam quaerere aliud debeatis, nisi uter utri insidias fecerit. Quod quo facilius argumentis perspicere possitis, rem gestam uobis dum breuiter expono, quaeso, diligenter attendite.

24 P. Clodius cum statuisset omni scelere in praetura uexare rem publicam, uideretque ita trac*ta* esse comitia anno superiore, ut non multos menses praeturam gerere posset, qui non honoris gradum spectaret ut ceteri, sed et L. Paulum collegam effugere uellet, singulari uirtute ciuem, et annum integrum

22 aliud *om. T* || iam ab *ET ASCONIVS* : iam inde ab *Schol. B* ab *DIOMEDES, G. L. I*, 471, 19.
23 ei lecti *Garatoni* : electi *codd.* || est *post* praepositus *add. Orelli*.
24 tracta *ed. Aldina* : tractata *codd.*

année-là qui était la sienne et se réserva pour l'année suivante, non pas, comme il arrive, en raison de quelque scrupule religieux, mais afin de disposer, à ce qu'il disait lui-même, pour exercer la préture, c'est-à-dire pour bouleverser l'État, d'une année entière et complète. **25** Il était clair pour lui que sa préture serait infirme et paralysée avec un consul tel que Milon ; d'autre part il voyait que l'accord unanime du peuple romain était en train de porter Milon au consulat. Il se rangea aux côtés des concurrents de Milon, mais en s'attribuant à lui seul toute la direction de la campagne électorale, fût-ce contre leur gré, et en soutenant sur ses épaules, comme il aimait à le dire, toute la charge des comices. Il convoquait les tribus, s'entremettait, recrutait une autre tribu Colline[1] en enrôlant les plus vils des citoyens. Plus il fomentait de désordres, plus, de jour en jour, s'affermissait la situation de Milon. Quand cet individu déterminé à tous les crimes vit un homme intrépide, son pire ennemi, pleinement assuré du consulat, quand il se rendit compte que les propos et même les suffrages du peuple romain l'avaient maintes fois annoncé clairement, il prit le parti d'agir au grand jour et déclara ouvertement qu'il fallait tuer Milon. **26** Il avait fait descendre de l'Apennin des esclaves sauvages et barbares qu'il avait employés à dévaster les forêts du domaine public et à ravager l'Étrurie. Vous les avez vus. La chose n'était rien moins qu'obscure. En effet, il répétait en public qu'on ne pouvait arracher le consulat à Milon, mais qu'on pouvait lui arracher la vie. Il le laissa entendre plusieurs fois au Sénat ; il le dit clairement dans l'assemblée du peuple. Bien plus, M. Favonius, cet homme de cœur, lui demandant ce qu'il pouvait attendre de ses fureurs du vivant de Milon, il répondit que dans trois jours, quatre au plus,

1. Tribu urbaine où étaient groupés les affranchis et les citoyens de la plus basse condition.

ad dilacerandam rem publicam quaereret, subito reliquit annum suum, seseque in proximum transtulit, non, ut fit, religione aliqua sed ut haberet quod ipse dicebat, ad praeturam gerendam, hoc est ad euertendam rem publicam, plenum annum atque integrum **25** Occurrebat ei mancam ac debilem praeturam futuram suam consule Milone ; eum porro summo consensu populi Romani consulem fieri uidebat. Contulit se ad eius competitores, sed ita totam ut petitionem ipse solus etiam inuitis illis gubernaret, tota ut comitia suis, ut dictitabat, umeris sustineret. Conuocabat tribus, se interponebat, Collinam nouam dilectu perditissimorum ciuium conscribebat. Quanto ille plura miscebat, tanto hic magis in dies conualescebat. Vbi uidit homo ad omne facinus paratissimus fortissimum uirum inimicissimum suum certissimum consulem, idque intellexit non solum sermonibus, sed etiam suffragiis populi Romani saepe esse declaratum, palam agere coepit et aperte dicere occidendum Milonem. **26** Seruos agrestes et barbaros, quibus siluas publicas depopulatus erat Etruriamque uexarat, ex Appennino deduxerat, quos uidebatis. Res erat minime obscura, etenim dictitabat palam consulatum eripi Miloni non posse, uitam posse. Significauit hoc saepe in senatu, dixit in contione ; quin etiam *M.* Fauonio fortissimo uiro quaerenti ex eo qua spe fureret Milone uiuo, respondit triduo

24 proximum *A. Eberhard* : annum proximum *T* proximum annum *E*.

26 dictitabat palam : palam dictitabat *T* || eripi Miloni : Miloni eripi *T* || M. *unus oxoniensis* : *om. cett.*

Milon serait mort. Ces paroles, Favonius les rapporta à M. Caton ici présent. X **27** Cependant Clodius savait — et il n'était pas difficile de le savoir — que Milon avait à faire à date fixe un voyage officiel et obligatoire, le treizième jour avant les calendes de février : il devait se rendre à Lanuvium [1] pour la désignation d'un flamine [2], car Milon était dictateur à Lanuvium. La veille, lui-même quitta Rome à l'improviste pour organiser, devant un de ses domaines, un attentat contre Milon, comme l'événement l'a fait comprendre. Il partit même si brusquement qu'il manqua une assemblée tumultueuse où l'on regretta ses fureurs et qui se tint précisement ce jour-là. Il n'y aurait jamais manqué s'il n'avait voulu s'assurer pour son crime du lieu et du moment. **28** Quant à Milon, il se rendit au Sénat le même jour et y resta jusqu'à la fin de la séance, puis il rentra chez lui, changea de chaussures et de vêtements, et, tandis que sa femme, selon l'usage, était à sa toilette, il patienta quelque temps. Enfin il se mit en route à une heure de la journée où Clodius, s'il avait eu véritablement l'intention de revenir à Rome ce jour-là, aurait pu être déjà de retour. Clodius arrive à sa rencontre : il est sans rien qui le gêne, à cheval, sans voiture, sans bagages encombrants, n'ayant avec lui ni les esclaves grecs qui étaient ses compagnons ordinaires, ni sa femme, qu'il ne quittait guère, tandis que Milon, l'agresseur, qui n'avait organisé ce voyage que pour commettre un assassinat, était en voiture, avec sa femme, enveloppé d'une pèlerine, avec une suite longue et encombrante, un cortège féminin et charmant de servantes et de jeunes esclaves. **29** La rencontre avec Clodius eut lieu devant un domaine de celui-ci, à la onzième heure, ou peu s'en faut. Aussitôt

1. A 30 kilomètres au sud-ouest de Rome.
2. Sans doute prêtre de Junon Sospita, divinité principale de Lanuvium.

illum aut summum quadriduo esse periturum ; quam uocem eius ad hunc **M.** Catonem statim Fauonius detulit. X **27** Interim cum sciret Clodius — neque enim erat difficile scire — [a Lanuuinis] iter sollemne, legitimum, necessarium ante diem tertium decimum Kalendas Februarias Miloni esse Lanuuium ad flaminem prodendum, quod erat dictator Lanuui Milo, Rom*a* subito ipse profectus pridie est, ut ante suum fundum, quod re intellectum est, Miloni insidias collocaret. Atque ita profectus est ut contionem turbulentam in qua eius furor desideratus est, quae illo ipso die habita est, relinqueret, quam nisi obire facinoris locum tempusque uoluisset, numquam reliquisset. **28** Milo autem cum in senatu fuisset eo die quoad senatus est dimissus, domum uenit, calceos et uestimenta mutauit, paulisper dum se uxor, ut fit, comparat, commoratus est, dein profectus id temporis, cum iam Clodius, si quidem eo die Romam uenturus erat, redire potuisset. Obuiam fit ei Clodius expeditus, in equo, nulla raeda, nullis inpedimentis, nullis Graecis comitibus ut solebat, sine uxore quod numquam fere, cum hic insidiator qui iter illud ad caedem faciendam apparasset, cum uxore ueheretur in raeda, paenulatus, magno et impedito et muliebri ac delicato ancillarum puerorumque comitatu. **29** Fit obuiam Clodio ante fundum eius hora fere undecima aut non multo secus, statim complures cum

26 aut *E* : ad *T* || difficile *dett.* :id difficile *T* difficile id *E*.
27 a Lanuuinis *ETW* || Roma *dett.* : Romam *ET* || quod... Milo *del. Bake* || in qua eius : in quae uis *E*.
28 senatus : -tu *E* || numquam fere *om. T*.

une troupe nombreuse de gens armés, d'un lieu dominant, se précipitent sur Milon[1] et, attaquant de face, tuent le cocher. Milon rejette sa pèlerine en arrière, saute de la voiture et se défend avec ardeur ; les gens de Clodius s'élancent l'épée au clair ; les uns reviennent en courant à la voiture pour prendre Milon de dos, les autres, croyant qu'il a déjà été tué, tombent sur les esclaves qui étaient en arrière. Parmi ceux-ci, qui firent preuve de fidélité à l'égard de leur maître et de résolution, plusieurs furent tués ; d'autres, voyant qu'on se battait autour de la voiture, empêchés de porter secours à leur maître, entendant dire à Clodius lui-même que Milon avait été tué, et croyant que c'était vrai, se conduisirent alors, ces esclaves de Milon, — je le dirai en toute franchise, non pour éluder l'accusation, mais parce que c'est ainsi que la chose s'est passée — sans que leur maître leur donnât d'ordres, sans qu'il le sût et hors de sa présence, comme chacun aurait voulu que ses esclaves se conduisissent en pareille circonstance.

XI **30** Les choses se sont passées exactement comme je l'ai exposé, juges. L'agresseur a eu le dessous ; la violence a été vaincue par la violence, ou plutôt le courage a écrasé l'audace. Je ne dis rien de l'avantage qui en résulte pour l'État, non plus que pour vous-mêmes, non plus que pour tous les gens de bien. J'admets que cela ne serve en rien la cause de Milon, dont le destin est de n'avoir pu assurer son propre salut sans assurer en même temps le salut de l'État et le vôtre. S'il n'a pas eu le droit d'agir ainsi, je n'ai rien à dire pour sa défense. S'il est vrai au contraire que la raison a prescrit aux hommes civilisés, la nécessité aux barbares, les conventions sociales aux peuples organisés et l'instinct aux bêtes

1. Trois faits qui, selon Cicéron, établissent la préméditation : la proximité du domaine de Clodius, la soudaineté de l'attaque, l'avantage de la position.

telis in hunc faciunt de loco superiore impetum aduersi, raedarium occidunt. Cum autem hic de raeda reiecta paenula desiluisset seque acri animo defenderet, illi qui erant cum Clodio, gladiis eductis partim recurrere ad raedam, ut a tergo adorirentur Milonem, partim quod hunc iam interfectum putarent, caedere incipiunt eius seruos qui post erant. Ex quibus qui animo fideli in dominum et praesenti fuerunt, partim occisi sunt, partim cum ad raedam pugnari uiderent, domino succurrere prohiberentur, Milonem occisum et ex ipso Clodio audirent et re uera putarent, fecerunt id serui Milonis — dicam enim aperte, non deriuandi criminis causa, sed ut factum est — nec imperante domino nec sciente nec praesente, quod suos quisque seruos in tali re facere uoluisset.

XI **30** Haec si ut exposui, ita gesta sunt, iudices, insidiator superatus est, ui uicta uis uel potius oppressa uirtute audacia est. Nihil dico quid res publica consecuta sit, nihil quid uos, nihil quid omnes boni ; nihil sane id prosit Miloni, qui hoc fato natus est ut ne se quidem seruare potuerit quin una rem publicam uosque seruaret. Si id iure fieri non potuit, nihil habeo quod defendam. Sin hoc et ratio doctis et necessitas barbaris et mos gentibus et feris natura

29 adorirentur Milonem *Schol. B* : Milonem adorirentur *ET* || et praesenti *E* : erant et praesenti *T* erant et praesentes *dett.* || domino : et domino *P* || aperte *P* : *om. cett.*

30 si ut *Schol. B*, *QVINTIL.*, 4, 4, 2, *VICTOR*, *R. L.* 416, 35 : sicut *P* sicuti *ET* || nihil dico *post* consecuta sit *hab. T* || id prosit : quod prosit *P* || fato : facto *T* || quin : qui *T* || iure fieri non potuit *P* : fieri iure non posset *ET* iure non posset *dett.* || quod : quid *P* || sin hoc et : sin hoc *P* || feris : feris etiam beluis *P*.

sauvages de repousser dans tous les cas, par tous les moyens, la violence qui menace leur corps, leur tête, leur vie, vous ne pouvez juger condamnable l'action de Milon sans décider en même temps que tous ceux qui rencontrent des brigands doivent périr sous leurs coups ou par votre sentence. **31** Si telle avait été l'opinion de Milon, mieux aurait valu pour lui, certes, tendre sa gorge à P. Clodius, qui, plusieurs fois avant ce jour, avait tenté d'y porter le fer, que d'être égorgé par vous pour ne pas s'être laissé égorger par lui. Mais si personne parmi vous n'est de cet avis, le point à juger désormais n'est pas de savoir si Clodius a été tué, puisque nous l'avouons, mais s'il l'a été légitimement ou non, question qui a été débattue souvent dans nombre de procès. Il est établi qu'il y a eu préméditation et c'est cela que le Sénat a jugé comme un attentat contre la sûreté publique ; mais quel a été l'agresseur, voilà ce qui est incertain. C'est pour qu'on informât sur ce point qu'une loi a été portée. Ainsi le Sénat a condamné l'acte et non pas la personne et c'est pour juger sur le droit et non sur le fait que Pompée a constitué un tribunal. XII L'action judiciaire a-t-elle donc un autre objet que d'établir qui des deux a été l'agresseur ? Évidemment non ! Si c'est mon client, qu'il ne reste pas impuni ; si c'est l'autre, qu'on nous absolve.

Confirmation. **32** Mais par quel moyen peut-on prouver que c'est Clodius qui a prémédité l'agression contre Milon ? Il suffit, s'agissant d'un monstre si audacieux, si criminel, de démontrer qu'il avait un motif puissant, qu'il fondait une grande espérance sur la mort de Milon, qu'il y avait un grand avantage. Ainsi appliquons le fameux adage de Cassius : « A qui l'action a-t-elle profité ? » à nos deux personnages, quoique nul intérêt ne puisse déterminer les gens de bien à une action coupable, tandis qu'un médiocre intérêt suffit souvent

ipsa praescripsit, ut omnem semper uim quacumque ope possent a corpore, a capite, a uita sua propulsarent, non potestis hoc facinus improbum iudicare quin simul iudicetis omnibus qui in latrones inciderint, aut illorum telis aut uestris sententiis esse pereundum.
31 Quodsi ita putasset, certe optabilius Miloni fuit dare iugulum P. Clodio, non semel ab illo neque tum primum petitum, quam iugulari a uobis, quia se non iugulandum illi tradidisset. Sin hoc nemo uestrum ita sentit, non illud iam in iudicium uenit, occisusne sit, quod fatemur, sed iure an iniuria, quod multis in causis saepe quaesitum est. Insidias factas esse constat, et id est quod senatus contra rem publicam factum iudicauit ; ab utro factae sint incertum est. De hoc igitur latum est ut quaereretur, ita et senatus rem, non hominem notauit, et Pompeius de iure, non de facto quaestionem tulit. XII Numquid igitur aliud in iudicium uenit, nisi uter utri insidias fecerit ? Profecto nihil ; si hic illi, ut ne sit impune ; si ille huic, tum nos scelere soluamur.

32 Quonam igitur pacto probari potest insidias Miloni fecisse Clodium ? Satis est in illa quidem tam audaci, tam nefaria belua docere, magnam ei causam, magnam spem in Milonis morte propositam, magnas utilitates fuisse. Itaque illud Cassianum « cui bono fuerit » in his personis ualeat, etsi boni nullo emolumento impelluntur in fraudem, improbi

31 sin *ET* : si *P* || non *ante* illud *hab. P* : *post* uenit *ET* || saepe *PE* : saepe iam *T* iam *dett.* || tum nos *ET* : ut *P*.
32 cui bono fuerit : iudicium *ASCONIVS* || nullo : ne magno quidem *VICTORINVS* (*R. L.* 246, 9).

à faire agir les méchants. Or voici ce que Clodius gagnait à la mort de Milon : non seulement de ne pas être préteur sous un consul qui lui interdirait toute action criminelle, mais encore d'être préteur sous des consuls dont il espérait obtenir sinon l'appui, du moins la connivence pour donner libre cours aux violences furieuses qu'il méditait. Ceux-ci n'auraient pas le désir — du moins il s'en flattait — de s'opposer à ses entreprises, s'ils en étaient capables, puisqu'ils lui seraient redevables d'un si grand service, et que, même s'il voulaient le faire, ils auraient peut-être grand peine à briser chez un tel criminel une audace fortifiée par une longue pratique.
33 En vérité, juges, seriez-vous seuls à ignorer la chose ? Vivez-vous comme des étrangers dans notre ville ? Vos oreilles sont-elles en voyage ? Ne se trouvent-elles pas à portée de ces propos si répandus dans toute la ville ? Ne connaissez-vous pas ces lois — s'il faut les appeler lois plutôt que torches incendiaires pour la ville et fléaux pour l'État —, ces lois dont il devait à tous nous imposer le fardeau et la marque ? Montre-nous, montre-nous, de grâce, Sextus Clodius, la cassette renfermant le recueil de vos lois que tu as, dit-on, emportée de chez lui et enlevée comme un Palladium au milieu des armes et du tumulte, en pleine nuit, pour pouvoir évidemment le remettre, comme un présent magnifique, un précieux instrument pour l'exercice du tribunat, à l'homme — si tu en trouvais un — qui consentirait à exercer sa magistrature selon ton bon plaisir. Il vient de me jeter un de ces coups d'œil qui jadis lui étaient ordinaires lorsqu'il nous menaçait de tous les maux. En vérité il m'émeut, ce flambeau de la curie[1] ! XIII Eh quoi ! Sextus, me crois-tu fâché contre toi, quand tu as fait subir à mon pire ennemi un châtiment bien plus cruel que mes sen-

1. Jeu de mots qui fait allusion à l'incendie de la curie par les partisans de Clodius sous la conduite de Sextus Clodius.

saepe paruo. Atqui Milone interfecto Clodius haec adsequebatur, non modo ut praetor esset non eo consule, quo sceleris facere nil posset, sed etiam ut iis consulibus praetor esset, quibus si non adiuuantibus, at coniuentibus certe speraret se posse eludere in illis suis cogitatis furoribus ; cuius illi conatus, ut ipse ratiocinabatur, nec cuperent reprimere si possent, cum tantum beneficium ei se debere arbitrarentur, et, si uellent, fortasse uix possent frangere hominis sceleratissimi corroboratam iam uetustate audaciam. **33** An uero, iudices, uos soli ignoratis, uos hospites in hac urbe uersamini, uestrae peregrinantur aures neque in hoc peruagato ciuitatis sermone uersantur, quas ille leges — si leges nominandae sunt ac non faces urbis, pestes rei publicae — fuerit impositurus nobis omnibus atque inusturus ? Exhibe, quaeso, Sexte Clodi, exhibe librarium illud legum uestrarum, quod te aiunt eripuisse e domo et ex mediis armis turbaque nocturna tamquam Palladium sustulisse, ut praeclarum uidelicet munus atque instrumentum tribunatus ad aliquem si nactus esses, qui tuo arbitrio tribunatum gereret, deferre posses. Et adspexit me illis quidem oculis quibus tum solebat cum omnibus omnia minabatur. Mouet me quippe lumen curiae. XIII Quid ? tu me tibi iratum Sexte putas cuius inimicissimum multo

32 facere nihil *E* : nihil facere *T* || iis *dett.* : his *ET* || at *T* : aut *E* || se posse : posse se *T* || cuperent reprimere si possent *Madvig* : si cuperent reprimere possent *codd.*

33 quas ille : quasi illae *E* || exhibe : exhibe exhibe *E alterum* exhibe *post* Clodi *hab.* *T* || sustulisse *T* : extulisse *E* || illis quidem *E* : quidem illis *T* || cuius : cuius tu *E*.

timents d'humanité ne me permettaient de le réclamer ? Car c'est toi qui as traîné le cadavre sanglant de P. Clodius hors de sa maison, qui l'as jeté sur la voie publique et là, sans images d'ancêtres, sans convoi, sans pompe, sans éloge funèbre, à demi-brulé au moyen de quelques misérables planches, tu l'as abandonné en proie aux chiens de la nuit. C'est pourquoi, malgré l'horreur de ta conduite, puisque c'est sur mon ennemi que ta cruauté s'est exercée, si je ne puis t'en féliciter, du moins ne dois-je pas m'en fâcher.

lacune de quelques lignes

34 Vous avez entendu, juges, quel intérêt avait Clodius à la mort de Milon. Tournez maintenant votre attention vers Milon. Quel intérêt avait Milon à la mort de Clodius ? Quelles raisons avait Milon, je ne dirai pas de commettre ce crime, mais même de le souhaiter ? « Clodius était un obstacle aux ambitions consulaires de Milon. » Mais, malgré un tel opposant, Milon aurait été élu ; ou plutôt ses chances n'en étaient que plus grandes et Clodius était pour lui un meilleur agent électoral que moi. Pour le recommander auprès de vous, juges, Milon avait les services rendus à l'État et à moi-même ; il avait nos larmes et nos prières qui, alors, je m'en suis aperçu, vous touchaient vivement ; mais bien plus que tout le reste, il y avait la crainte des dangers qui nous menaçaient. Était-il un seul citoyen qui pût se représenter la préture de Clodius s'exerçant en toute liberté sans crainte de violents troubles révolutionnaires ? Or il était évident pour vous que cette préture serait exercée en toute liberté s'il ne se trouvait un consul qui eût le courage et la force de lui mettre un frein. Puisque seul Milon en était capable, selon le sentiment unanime du peuple romain, qui donc eût hésité, en lui donnant son suffrage, à se libérer de la crainte et à délivrer le peuple romain du danger ? Mais aujourd'hui que Clodius est supprimé, Milon doit

crudelius etiam poenitus es, quam erat humanitatis meae postulare ? Tu P. Clodi cruentum cadauer eiecisti domo, tu in publicum abiecisti, tu spoliatum imaginibus, exequiis, pompa, laudatione, infelicissimis lignis semiustilatum nocturnis canibus dilaniandum reliquisti. Quare etsi nefarie fecisti, tamen quoniam in meo inimico crudelitatem exprompsisti tuam, laudare non possum, irasci certe non debeo. ***

34 *Audistis, iudices, quantum Clodi inter*fuerit occidi Milonem ; conuertite animos nunc uicissim ad Milonem. Quid Milonis intererat interfici Clodium ? Quid erat cur Milo non dicam admitteret, sed optaret ? « Obstabat in spe consulatus Miloni Clodius. » At eo repugnante fiebat, immo uero eo fiebat magis, nec me suffragatore meliore utebatur quam Clodio. Valebat apud uos, iudices, Milonis erga me remque publicam meritorum memoria, ualebant preces et lacrimae nostrae quibus ego tum uos mirifice moueri sentiebam, sed plus multo ualebat periculorum impendentium timor. Quis enim erat ciuium qui sibi solutam P. Clodi praeturam sine maximo rerum nouarum metu proponeret ? Solutam autem fore uidebatis, nisi esset is consul qui eam auderet possetque constringere. Eum Milonem unum esse cum sentiret uniuersus populus Romanus, quis dubitaret suffragio suo se metu, periculo rem publicam liberare ? At nunc Clodio remoto usitatis iam rebus enitendum est Miloni, ut tueatur dignitatem suam ; singularis illa et huic uni

33 poenitus *Q. INT.*, 9, 3, 6 : penitus *T* punitus *E*.
34 Audistis... inter *supp. Peyron* || eo : adeo *P* || proponeret : praeproneret (*sic*) *T* || autem *om. T* || eum *PE*: cum *T* || et (*ante* huic) *om. ET*.

s'appuyer sur des moyens ordinaires pour maintenir sa situation politique. La gloire exceptionnelle et réservée à lui seul, que chaque jour il accroissait en brisant les furieuses violences de Clodius, voilà qu'elle s'est effondrée avec la mort de Clodius. Vous, vous y avez gagné de n'avoir plus aucun citoyen à redouter ; lui, il a perdu l'occasion d'exercer son courage, un titre sûr pour le consulat, une source inépuisable de gloire. Ainsi son consulat, si solidement assuré du vivant de Clodius, est remis en question maintenant que celui-ci est mort. La mort de Clodius bien loin de servir Milon, lui est donc au contraire préjudiciable. **35** « Mais » dit-on « la haine l'a emporté ; il a agi par colère ; il a agi par inimitié ; il a vengé une injure personnelle ; il a donné satisfaction à son ressentiment. » Eh bien, s'il est vrai que ces sentiments ont été, je ne dis pas plus forts chez Clodius que chez Milon, mais portés à l'extrême chez le premier et inexistants chez l'autre, que demandez-vous de plus ? Car quelle raison Milon aurait-il eue de haïr Clodius, source et aliment de sa gloire, à part cette haine patriotique que nous éprouvons contre tous les méchants. L'autre, en revanche, avait bien lieu de haïr en Milon d'abord le champion de mon rappel, ensuite le persécuteur de ses violences furieuses, le vainqueur de ses armes, enfin et surtout son accusateur, car Clodius fut l'accusé de Milon, en vertu de la loi Plotia aussi longtemps qu'il vécut. Avec quels sentiments, à votre avis, un pareil tyran a-t-il pu supporter tout cela ? Quelle haine chez lui, et combien juste chez un homme aussi injuste !

XIV **36** Il reste maintenant que <selon nos adversaires> son caractère et sa conduite ordinaire justifient Clodius et que de la même manière s'établit la culpabilité de mon client. « Jamais de violence chez Clodius ; rien que de la violence chez Milon. » Eh bien, juges, moi-même, quand, au milieu de votre affliction je quittai

concessa gloria quae cotidie augebatur frangendis furoribus Clodianis, iam Clodi morte cecidit. Vos adepti estis ne quem ciuem metueretis ; hic exercitationem uirtutis, suffragationem consulatus, fontem perennem gloriae suae perdidit. Itaque Milonis consulatus qui uiuo Clodio labefactari non poterat, mortuo denique temptari coeptus est. Non modo igitur nihil prodest, sed obest etiam Clodi mors Miloni. **35** « At ualuit odium, fecit iratus, fecit inimicus, fuit ultor iniuriae, poenitor doloris sui. » Quid ? si haec non dico maiora fuerunt in Clodio quam in Milone, sed in illo maxima, nulla in hoc, quid uoltis amplius ? Quid enim odisset Clodium Milo, segetem ac materiam suae gloriae, praeter hoc ciuile odium quo omnes improbos odimus ? Ille erat ut odisset primum defensorem salutis meae, deinde uexatorem furoris, domitorem armorum, postremo etiam accusatorem suum ; reus enim Milonis lege Plotia fuit Clodius quoad uixit. Quo tandem animo hoc tyrannum illum tulisse creditis ? quantum odium illius et in homine iniusto quam etiam iustum fuisse ?

XIV **36** Reliquum est ut iam illum natura ipsius consuetudoque defendat, hunc autem haec eadem coarguant. « Nihil per uim umquam Clodius, omnia per uim Milo ». Quid ? ego, iudices, cum maerentibus uobis urbe cessi, iudiciumne timui, non seruos, non arma, non uim ? Quae fuisset igitur iusta causa

35 poenitor (pae- *E*) *ET* : poenitur *P* || materiam *P QVINT.*, 8, 6, 7 *cod. A* : -riem *ET ceteri QVINT. codd.* || defensorem salutis meae : salutis meae defensorem *E* || postremo *ET* : -mum *P*.
36 reliquum : -cum *P* || illum *om. ET*.

Rome, qu'ai-je eu à redouter ? les tribunaux, ou bien plutôt les esclaves, les armes, la violence ? Y aurait-il eu un juste motif à mon rappel si celui de mon bannissement n'avait été injuste ? Clodius, j'imagine, m'avait légalement cité à comparaître, il avait réclamé ma condamnation à une amende ; il m'avait intenté une action de haute trahison ! Évidemment avec une cause aussi mauvaise ou qui n'intéressait que moi — car il ne s'agissait pas d'une cause magnifique et qui vous concernait tous —, c'est l'action judiciaire que j'ai eue à redouter ! <En réalité> je n'ai pas voulu exposer à ma place aux armes d'une bande d'esclaves, de gueux et de criminels mes concitoyens que j'avais sauvés par mes sages résolutions, au péril de ma vie. **37** J'ai vu, oui, j'ai vu Q. Hortensius lui-même, présent ici, gloire et ornement de la patrie, près de périr sous les coups d'une troupe d'esclaves, alors qu'il me prêtait assistance. Dans cette bagarre, le sénateur C. Vibienus, grand homme de bien, qui l'accompagnait fut si maltraité qu'il en perdit la vie. Quand donc, depuis ce temps, le poignard que Clodius avait reçu de Catilina est-il resté inactif ? C'est ce poignard qui a été levé contre nous ; c'est à ce poignard que je n'ai pas consenti que vous fussiez exposés à cause de moi ; c'est lui qui a servi à l'attentat contre Pompée, c'est lui qui a ensanglanté cette voie Appienne, monument de la race de Clodius, par le meurtre de Papirius ; c'est lui qui, longtemps après, a été de nouveau tourné contre moi : tout récemment, vous le savez, il a failli me donner la mort près de la *regia*. **38** Quoi de pareil chez Milon ? S'il a jamais employé la violence, c'est pour empêcher Clodius, qu'il ne pouvait traîner devant le tribunal, de tyranniser Rome par sa violence. S'il avait voulu le tuer, que d'occasions excellentes et glorieuses n'a-t-il pas eues ? N'aurait-il pu, quand il défendait sa maison et ses pénates contre les attaques de Clodius, en tirer une

restituendi mei, nisi fuisset iniusta eiciendi ? Diem mihi, credo, dixerat, multam irrogarat, actionem perduellionis intenderat, et mihi uidelicet in causa aut mala aut mea, non et praeclarissima et uestra, iudicium timendum fuit. Seruorum et egentium ciuium et facinorosorum armis meos ciues meis consiliis periculisque seruatos pro me obici nolui. **37** Vidi enim, uidi hunc ipsum Q. Hortensium, lumen et ornamentum rei publicae, paene interfici seruorum manu, cum mihi adesset; qua in turba C. Vibienus senator, uir optimus cum hoc cum esset una, ita est mulcatus ut uitam amiserit. Itaque quando illius postea sica illa quam a Catilina acceperat conquieuit ? Haec intenta nobis est, huic ego uos obici pro me non sum passus, haec insidiata Pompeio est, haec istam Appiam monumentum sui nominis nece Papiri cruentauit, haec eadem longo interuallo conuersa rursus est in me; nuper quidem, ut scitis, me ad regiam paene confecit. **38** Quid simile Milonis ? cuius uis omnis haec semper fuit, ne P. Clodius, cum in iudicium detrahi non posset, ui oppressam ciuitatem teneret. Quem si interficere uoluisset, quantae quotiens occasiones, quam praeclarae fuerunt ! Potuitne cum domum ac deos penatis suos illo oppugnante defenderet, iure se ulcisci, potuitne ciui egregio et uiro fortissimo P. Sestio collega suo uolnerato, potuitne Q. Fabricio,

36 eiciendi *E Schol. B* : eiciendi ei *T* || perduellionis : -nes *E* non et *Fabricius ex W* : non ei *ET*.

37 ipsum : ipsumque *T* || mulcatus *H* : multatus *ET* || intenta *HV ASCONIVS* : intentata *ET* || istam Appiam *ET* : ista uiam Appiam *H* || haec : haec, haec *E* || est *om. E* || me (*post* scitis) *om. ASCONIVS*

juste vengeance ? Ne l'aurait-il pu lorsque fut blessé son collègue P. Sestius, citoyen des plus distingués et homme de cœur ? Ne l'aurait-il pu quand l'honorable Q. Fabricius proposant une loi relative à mon retour fut expulsé, après un horrible massacre au forum ? Ne l'aurait-il pu quand L. Caecilius, qui montra dans sa préture tant d'équité et de courage, vit donner l'assaut à sa maison ? Ne l'aurait-il pu le jour où fut portée la loi qui me concernait, alors que toute l'Italie, que le souci de mon retour avait fait affluer à Rome, aurait de grand cœur reconnu pour sienne la gloire d'une telle action ? Oui, si Milon l'avait accomplie, l'ensemble des citoyens en aurait revendiqué l'honneur. XV **39** Mais quelles étaient alors les circonstances ? Un consul de haute distinction et de grand courage, ennemi de Clodius, [P. Lentulus] vengeur de son crime, champion du Sénat, défenseur de votre volonté, protecteur du vœu unanime du peuple, restaurateur de ma situation civile ; sept préteurs, huit tribuns de la plèbe adversaires de Clodius et mes défenseurs ; Cn. Pompée, promoteur et organisateur de mon retour, ennemi de Clodius et dont la proposition relative à la restitution de mes droits, conçue dans les termes les plus énergiques et les plus honorables, fut suivie par le Sénat tout entier, Pompée qui adressa des exhortations au peuple romain lorsqu'il rendit à Capoue un décret en ma faveur et, répondant au désir de toute l'Italie qui implorait pour moi son patronage, lui donna lui-même le signal de se rassembler à Rome pour me rétablir dans mes droits. Alors le regret qu'on avait de mon absence allumait contre Clodius la haine des citoyens ; si à ce moment quelqu'un l'avait tué, on aurait songé non pas à lui assurer l'impunité mais à lui décerner des récompenses. **40** Alors Milon s'est contenu, il a cité deux fois Clodius devant les tribunaux mais ne l'a jamais provoqué au combat. Et lorsque, n'étant plus

uiro optimo, cum de reditu meo legem ferret, pulso, crudelissima in foro caede facta, potuitne L. Caecili iustissimi fortissimique praetoris oppugnata domo, potuitne illo die quo est lata lex de me, cum totius Italiae concursus quem mea salus concitarat, facti illius gloriam lubens agnouisset, ut etiamsi id Milo fecisset, cuncta ciuitas eam laudem pro sua uindicaret ? XV **39** At quod erat tempus ? Clarissimus et fortissimus consul inimicus Clodio, [P. Lentulus] ultor sceleris illius, propugnator senatus, defensor uestrae uoluntatis, patronus publici consensus, restitutor salutis meae, septem praetores, octo tribuni plebei, illius aduersarii defensores mei, Cn. Pompeius auctor et dux mei reditus, illius hostis, cuius sententiam senatus omnis de salute mea grauissimam et ornatissimam secutus est, qui populum Romanum est cohortatus, qui cum decretum de me Capuae fecisset, ipse cunctae Italiae cupienti et eius fidem imploranti signum dedit, ut ad me restituendum Romam concurreret ; omnium denique in illum odia ciuium ardebant desiderio mei, quem qui tum interemisset, non de impunitate eius, sed de praemiis cogitaretur. **40** Tum se Milo continuit et P. Clodium in iudicium bis, ad uim numquam uocauit. Quid ?

38 quo est *HV* : cum est *ET* || agnouisset : adcognouisset *E om. T*.
39 fortissimus : fortissimus uir *H* || P. Lentulus *del. Bake* || illius : illius Clodii *E* || omnis *om. E del. Bake* || est cohortatus : cohortatus est *V* || decretum de me : de me decretum *T* || fecisset : fecit *E* || concurreret *HV* : -rent *E* concurrerent *T* || omnium *Heumann* : omnia tum *codd.* || de praemiis : praemiis *T*.
40 tum : tamen *dett.*

magistrat, Milon fut accusé devant le peuple par P. Clodius, et que Cn. Pompée, qui parlait en faveur de Milon, fut l'objet de violences, quelle occasion, ou plutôt quel juste motif n'a-t-on pas eu de le faire périr ? Naguère, lorsque Marc Antoine fit briller aux yeux de tous les gens de bien un immense espoir de salut, lorsque ce jeune homme d'illustre famille assumant avec tant de courage un devoir politique si important tenait déjà dans les rets cette bête sauvage qui cherchait à se dégager des filets de la justice, combien le lieu, combien le moment furent alors favorables, dieux immortels ! Quand ce scélérat prit la fuite et se cacha dans l'ombre d'un escalier, la belle affaire pour Milon d'achever ce monstre, sans encourir la moindre réprobation et pour la plus grande gloire de Marc Antoine[1] !
41 Et lors des comices du Champ de Mars, combien de fois a-t-il pu le faire, notamment quand Clodius, après avoir forcé les enclos de vote, fait tirer les épées et jeter des pierres, fut épouvanté soudain par le visage de Milon et s'enfuit vers le Tibre, tandis qu'avec tous les gens de bien vous faisiez des vœux pour qu'il plût à Milon d'user de son courage. XVI Ainsi donc cet homme qu'il n'a pas voulu mettre à mort avec l'approbation de tous, il a voulu le tuer en s'exposant aux plaintes de quelques-uns ? Il n'a pas osé le tuer quand il avait pour lui le droit, le lieu, l'occasion, l'impunité ; et il n'a pas hésité à le faire au mépris du droit, dans un lieu désavantageux, une circonstance défavorable, au péril de sa vie, **42** et surtout, juges, au moment même de disputer la magistrature suprême, à la veille des comices ? Or dans une telle circonstance — je sais en fait quelle timidité on apporte à la recherche des honneurs, de quelle inquiétude s'accompagne l'ambition du consulat — nous craignons

1. Il est question de cette bagarre dans la deuxième *Philippique*, § 21 et 49. — En 52, Antoine, quoique accusateur de Milon, était encore en bons termes avec Cicéron.

priuato Milone et reo ad populum accusante P. Clodio, cum in Cn. Pompeium pro Milone dicentem impetus factus est, quae tum non modo occasio, sed etiam causa illius opprimendi fuit ! Nuper uero cum M. Antonius summam spem salutis bonis omnibus attulisset, grauissimamque adulescens nobilissimus rei publicae partem fortissime suscepisset, atque illam beluam iudicii laqueos declinantem iam inretitam teneret, qui locus, quod tempus illud, di immortales, fuit ! Cum se ille fugiens in scalarum tenebras abdidisset, magnum Miloni fuit conficere illam pestem nulla sua inuidia, M. uero Antoni maxima gloria ! **41** Quid ? comitiis in campo quotiens potestas fuit, cum ille in saepta inrupisset, gladios destringendos, lapides iaciendos curasset, dein subito uoltu Milonis perterritus fugeret ad Tiberim, uos et omnes boni uota faceretis ut Miloni uti uirtute sua liberet !

XVI Quem igitur cum omnium gratia noluit, hunc uoluit cum aliquorum querella, quem iure, quem loco, quem tempore, quem impune non est ausus, hunc iniuria, iniquo loco, alieno tempore, periculo capitis non dubitauit occidere ? **42** Praesertim, iudices, cum honoris amplissimi contentio et dies comitiorum subesset, quo quidem tempore — scio enim quam timida sit ambitio quantaque et quam

40 P. Clodio : Clodio *H* || M. Antonius : Antonius *H* || tenebras : -bris *T* || M. Antoni *V* : Marci Antoni *H* Antoni *cett.*

41 inrupisset *CH* : ruisset *ET* irruisset *dett.* || destringendos : dist- *T* || curasset *CH* : curauisset *cett.* || iniquo : in quo *T* || periculo : cum periculo *QVINT.* 5, 4, 13, *CASSIODORVS* (*R. L.* 499, 29), *ISIDORVS* (*R. L.* 512, 10).

42 quam (*ante* timida) *om. H.* || sit *om. dett.*

non seulement les critiques qu'on peut nous adresser en public, mais même les réflexions qu'on peut faire en secret ; un bruit vague, une histoire de pure fantaisie nous font frissonner. Nous scrutons tous les visages, tous les regards. Rien de plus inconsistant, de plus léger, de plus fragile, ou du moins de plus instable que les dispositions et les sentiments des citoyens à notre égard : non seulement ils s'irritent de l'immoralité des candidats mais souvent ils n'ont que dédain pour leurs actes méritoires. **43** Ainsi Milon, ayant en perspective cette journée du Champ de Mars, objet de ses espérances et aussi de ses désirs, allait se présenter aux augustes auspices des centuries[1] avec des mains ensanglantées, étalant et avouant un crime et un forfait ? Comme c'est peu croyable de sa part, mais comme c'est vraisemblable de la part de Clodius, qui se flattait de régner en maître dès que Milon aurait eté tué ! Et ceci encore, qui est le point capital : qui ne sait que le plus grand attrait du crime c'est l'espoir de l'impunité ? Or lequel des deux a eu cet espoir ? Milon qui, aujourd'hui même, est accusé pour une action glorieuse ou du moins nécessaire ? ou Clodius qui avait un tel mépris pour les tribunaux et les sanctions judiciaires qu'il ne trouvait aucun plaisir à ce qui est permis par la nature ou autorisé par les lois ?

44 Mais à quoi bon raisonner, à quoi bon discuter davantage ? C'est à toi, Q. Pétilius, que je m'adresse, comme à un citoyen vertueux, à un homme de cœur ; c'est toi, M. Caton que j'appelle en témoignage, vous qu'une providence divine m'a donnés pour juges[2]. Vous avez entendu de la bouche de Favonius que Clodius lui avait

1. La prise des auspices au début de la réunion des comices centuriates donnait aux élections le caractère d'un acte religieux.

2. Cicéron attache une importance particulière à ce témoignage de Caton, déjà mentionné au § 26.

sollicita sit cupiditas consulatus — omnia non modo quae reprendi palam, sed etiam obscure quae cogitari possunt timemus, rumorem leuem, fictam fabulam perhorrescimus, ora omnium atque oculos intuemur. Nihil est enim tam molle, tam tenerum, tam aut fragile aut flexibile, quam uoluntas erga nos sensusque ciuium qui non modo improbitati irascuntur candidatorum, sed etiam in recte factis saepe fastidiunt.
43 Hunc igitur diem campi speratum atque exoptatum sibi proponens Milo cruentis manibus scelus et facinus prae se ferens et confitens ad illa augusta centuriarum auspicia ueniebat ? Quam hoc non credibile in hoc, quam idem in Clodio non dubitandum, *cum* se ille interfecto Milone regnaturum putaret ! Quid ? quod caput est audaciae, iudices, quis ignorat, maximam illecebram esse peccandi impunitatis spem ? In utro igitur haec fuit ? In Milone qui etiam nunc reus est facti aut praeclari aut certe necessarii, an in Clodio qui ita iudicia poenamque contempserat, ut eum nihil delectaret, quod aut per naturam fas esset aut per leges liceret ?

44 Sed quid ego argumentor, quid plura disputo ? Te, Q. Petili, appello optimum et fortissimum ciuem, te M. Cato, testor, quos mihi diuina quaedam sors dedit iudices. Vos ex M. Fauonio audistis Clodium

42 obscure quae *TW* : quae obscure *cett.* || rumorem leuem, fictam fabulam *Clark* : rumorem fabulam falsam fictam (fictam falsam *T*) leuem *CET* rumoren fictam leuem *H* || est enim : enim est *T*.
43 igitur diem : diem igitur *T* || credibile : credibile est *H* || cum *Halm* : quin (*ex* qui *T*) *TWE* qui *HV* || audaciae *hoc loco habent HVE*, *ante* est *T*.
44 Petili *om. H*.

dit — et c'est du vivant de Clodius que vous l'avez appris — que dans trois jours Milon serait mort, et trois jours après eut lieu l'affaire dont il avait parlé. Puisqu'il n'hésitait pas, lui, à révéler ce qu'il projetait, vous est-il possible à vous de douter de ce qu'il a fait ?
XVII **45** Comment donc ne s'est-il pas trompé sur la date ? Je viens de vous le dire. Être informé des cérémonies religieuses à jour fixe du dictateur de Lanuvium n'était pas difficile. Il vit que Milon était obligé de se rendre à Lanuvium précisément le jour où il partit. C'est pourquoi il prit les devants. Et quel jour ? Celui, comme je l'ai déjà dit, où une assemblée démente fut excitée par un tribun de la plèbe à ses gages[1] ; un tel jour, une telle assemblée, un tel tumulte, jamais il ne les aurait manqués s'il n'avait été pressé d'accomplir le crime qu'il méditait. Donc pour lui, pas la moindre raison de partir et bien plutôt des raisons de rester. Pour Milon, nul moyen de rester, mais pour se mettre en route non seulement une bonne raison mais une obligation. Que dire s'il est établi que Clodius a su que Milon serait en route ce jour-là et que Milon, quant à lui, n'a même pas pu soupçonner qu'il en était de même de Clodius ? **46** D'abord qu'on me dise comment il aurait pu le savoir. La même question vous ne pouvez la poser au sujet de Clodius. Car n'eût-il interrogé que T. Patina, son intime ami, il a pu savoir que ce jour même[2], à Lanuvium, Milon, comme dictateur, était tenu de faire élire un flamine. Bien d'autres auraient pu le lui apprendre [c'est-à-dire tous les habitants de Lanuvium]. Mais Milon, auprès de qui a-t-il pu s'informer du retour de Clodius ? Admettons qu'il s'en soit informé — voyez quelle concession je vous fais —, et même

1. D'après Asconius, il s'agirait d'un certain Pompeius Rufus. On peut penser aussi à T. Munatius Plancus, mentionné aux § 12 et 14, comme partisan dévoué de Clodius.

2. Le lendemain selon Asconius.

sibi dixisse, et audistis uiuo Clodio, periturum Milonem triduo ; post diem tertium gesta res est quam dixerat. Cum ille non dubitarit aperire quid cogitaret, uos potestis dubitare quid fecerit ? XVII **45** Quem ad modum igitur eum dies non fefellit ? Dixi equidem modo. Dictatoris Lanuuini stata sacrificia nosse negoti nihil erat. Vidit necesse esse Miloni proficisci Lanuuium illo ipso quo est profectus die, itaque anteuertit. At quo die ? quo ut ante dixi fuit insanissima contio ab ipsius mercennario tribuno pl. concitata ; quem diem ille, quam contionem, quos clamores, nisi ad cogitatum facinus adproperaret, numquam reliquisset. Ergo illi ne causa quidem itineris, etiam causa manendi, Miloni manendi nulla facultas, exeundi non causa solum, sed etiam necessitas fuit. Quid, si, ut ille sciuit, Milonem fore eo die in uia, sic Clodium Milo ne suspicari quidem potuit ? **46** Primum quaero qui scire potuerit quod uos idem in Clodio quaerere non potestis. Vt enim neminem alium nisi T. Patinam, familiarissimum suum, rogasset, scire potuit illo ipso die Lanuui a dictatore Milone prodi flaminem necesse esse. Sed erant permulti alii ex quibus id facillime scire posset [omnes scilicet Lanuuini]. Milo de Clodi reditu unde quaesiuit ?

44 dubitarit *SEVERVS* (*R. L.* 362,4) : dubitauerit *MART. CAPELLA* (*R. L.* 468,2) *CASSIODORVS* (*MIGNE*, LXX, p. 119). dubitaret *HET* || cogitaret *H* -arit *ET MART. CAPELLA* -auerit *CASSIODORVS*, *ISIDORVS*, *Orig*, 2, 30, 9. || dubitare : cogitare *H*.
45 Anteuertit : anteuenit *E* || manendi (*post* Miloni) *om.* *T* || causa solum *ET* : solum causa *HV* || quidem *om.* *H*.
46 qui *HV* : quid *ET* || scire *om.* *H* || Lanuui : lanui *E* || omnes (homines *HV*) scilicet Lanuuini (Lanuuini *om.* *H*) *codd.*, *del Lambin.*

qu'il ait corrompu un esclave, comme l'a dit mon ami Q. Arrius. Lisez les dépositions de vos témoins. D'après C. Causinius Schola d'Interamne, intime ami de Clodius et qui l'accompagnait, le même qui jadis témoigna que Clodius s'était trouvé à la même heure à Interamne et à Rome[1], P. Clodius avait l'intention de rester ce jour-là dans sa villa d'Albe, mais on lui annonca soudain la mort de l'architecte Cyrus[2] et aussitôt il décida de partir pour Rome. Le même témoignage est donné par C. Clodius qui l'accompagnait lui-aussi. XVIII **47** Voyez, juges, les importantes conséquences de ces témoignages. D'abord, à coup sûr, Milon est disculpé d'avoir quitté Rome dans le dessein de tendre un guet-apens à Clodius sur la route, évidemment, puisqu'il ne devait absolument pas se rencontrer avec lui. Ensuite — car je ne vois pas pourquoi je ne défendrais pas aussi ma propre cause — vous savez, juges, qu'il s'est trouvé quelqu'un pour dire, parlant en faveur de la proposition de loi, que le meurtre avait bien été commis par Milon, mais à l'instigation d'un personnage plus important. C'est moi évidemment que des hommes abjects et tarés représentaient comme un brigand et un assassin à gages. Les voilà abattus par leurs propres témoins qui affirment que Clodius ne serait pas revenu à Rome ce jour-là s'il n'avait appris la mort de Cyrus. J'ai poussé un soupir de soulagement ; je ne crains pas de passer pour avoir projeté ce dont il ne m'était pas même possible d'avoir une idée. **48** Mais je poursuis, car on me fait cette autre objection : « Clodius lui non plus n'a pas prémédité une agression puisqu'il devait rester dans sa villa d'Albe. » D'accord si son intention n'était pas

1. Dans l'affaire des mystères de la Bonne Déesse, Clodius avait prétendu établir un alibi sur le témoignage de Causinius.

2. Sur ce Cyrus dont Cicéron et son frère Quintus utilisèrent les services, V. *ad Att.*, 2, 3, 2 et *ad Quint.*, 2, 2, 2.

Quaesierit sane — uidete quid uobis largiar —, seruum etiam, ut Q. Arrius meus amicus dixit, corruperit. Legite testimonia testium uestrorum. Dixit C. Causinius Schola Interamnanus, familiarissimus et idem comes Clodi, cuius iam pridem testimonio Clodius eadem hora Interamnae fuerat et Romae, P. Clodium illo die in Albano mansurum fuisse, sed subito ei esse nuntiatum Cyrum architectum esse mortuum, itaque repente Romam constituisse proficisci. Dixit hoc comes item P. Clodi, C. Clodius. XVIII **47** Videte, iudices, quantae res his testimoniis sint confectae. Primum certe liberatur Milo non eo consilio profectus esse ut insidiaretur in uia Clodio, quippe si ille obuius ei futurus omnino non erat. Deinde — non enim uideo cur non meum quoque agam negotium — scitis, iudices, fuisse qui in hac rogatione suadenda diceret Milonis manu caedem esse factam, consilio uero maioris alicuius. Me uidelicet latronem ac sicarium abiecti homines et perditi describebant. Iacent suis testibus [hi] qui Clodium negant eo die Romam, nisi de Cyro audisset, fuisse rediturum. Respiraui, liberatus sum ; non uereor ne quod ne suspicari quidem potuerim, uidear id cogitasse. **48** Nunc persequar cetera, nam occurrit illud : « Igitur ne Clodius quidem de insidiis cogitauit, quoniam fuit in Albano

46 sane *om. H* || ut Q. *ET* : ut *HV* || meus amicus : amicus meus *H* || Schola : cognomine Schola *T* || interamnanus *uolgo* : interamnenus *HE* piter amnanus *T* intermanianus *V* || cuius... Romae *om. H* || Interamnae :-mna *ET* || ei esse : esse ei *E* || comes item : item comes *HV*.
47 quoque *om. T* || diceret *HV ASCONIVS Schol. B* : dicerent *ET* || hi *del. Garatoni* || hi qui... rediturum *del. Clark.* || ne suspicari : suspicari *H*.

d'en sortir pour commettre l'assassinat. Je vois bien en effet que ce courrier qui, dit-on, annonça la mort de Cyrus n'apporta pas en réalité cette nouvelle mais celle de l'approche de Milon. Car à quoi bon des nouvelles de Cyrus, que Clodius, en quittant Rome, avait laissé mourant ? J'étais avec lui ; j'ai, en même temps que lui, apposé mon sceau au testament de Cyrus[1]. Or celui-ci avait fait son testament publiquement et institué comme héritier Clodius et moi-même. La veille, à la troisième heure, il avait quitté cet homme en train de rendre le dernier soupir et ce n'est que le lendemain, à la dixième heure[2], qu'on venait enfin lui annoncer sa mort[3] ?

XIX **49** Soit, admettons que les choses se soient passées ainsi. Mais pourquoi regagner Rome en si grande hâte et se jeter ainsi en pleine nuit ? Pourquoi tant d'empressement ? En sa qualité d'héritier ? D'abord il n'avait aucune raison de se hâter ainsi ; ensuite, une raison eût-elle existé, qu'avait-il à gagner à revenir cette nuit même, ou qu'avait-il à perdre en ne rentrant à Rome que le lendemain matin ? De plus, s'il devait éviter plutôt que souhaiter un retour à Rome en pleine nuit, Milon, de son côté, puisque c'est lui l'agresseur, sachant que son adversaire rentrerait à Rome pendant la nuit, aurait dû se mettre en embuscade et l'attendre. Il n'avait qu'à le tuer de nuit ; quand il aurait nié, personne n'aurait refusé de le croire ; à le tuer, dans un lieu propre à l'embuscade et infesté de brigands. **50** Quand il aurait nié, personne n'aurait refusé de le croire, puisque tous veulent qu'il soit absous, même alors qu'il avoue. La responsabilité du crime aurait incombé à ce lieu même, cachette et repaire

1. En qualité de témoin. Rappelons que les testaments, rédigés sur des tablettes de bois enduites de cire, étaient liés par un fil sur lequel les témoins apposaient leur sceau.

2. A la 3e heure = vers 9 h ; à la 10e heure = vers 16 h.

3. Argument inconsistant. Le moribond a fort bien pu survivre un jour entier.

mansurus. » Si quidem exiturus ad caedem e uilla non fuisset. Video enim illum qui dicatur de Cyri morte nuntiasse, non id nuntiasse, sed Milonem appropinquare. Nam quid de Cyro nuntiaret quem Clodius Roma proficiscens reliquerat morientem ? Vna fui, testamentum Cyri simul obsignaui [cum Clodio] ; testamentum autem palam fecerat et illum heredem et me scripserat, quem pridie hora tertia animam efflantem reliquisset, eum mortuum postridie hora decima denique ei nuntiabatur ? XIX **49** Age sit ita factum ; quae causa fuit cur Romam properaret, cur in noctem se coniceret ? Quid adferebat festinationis ? Quod heres erat ? Primum nihil erat cur properato opus esset ; deinde si quid esset, quid tandem erat quod ea nocte consequi posset, amitteret autem si postridie mane Romam uenisset ? Atque ut illi nocturnus ad urbem aduentus uitandus potius quam expetendus fuit, sic Miloni cum insidiator esset, si illum ad urbem noctu accessurum sciebat subsidendum atque exspectandum fuit. Noctu occidisset. Nemo ei neganti non credidisset. Insidioso et pleno latronum loco occidisset. **50** Nemo ei neganti non credidisset, quem esse omnes saluum

48 appropinquare :-quasse *T* || Roma : Romam *T*, *om. Schol. B* || cum Claudio *del Richter* : *ante* una fui *transposuit A. Klotz* || Cyri *om. T.* || postridie : post tridie *ET* post pridie *HV*.

49 fuit *HV* : *om. ET* || in noctem *H* : innocentem *ET* || festinationis : causa festinationis *H* || nihil erat *CH Schol. B* : erat nihil *ET* || mane Romam *H* : Romam mane *ET* || noctu (*post* urbem) *HV*, *ASCONIVS* : nocte *ETW* || noctu... occidisset *HV* : *om. cett.* Noctu insidiose et pleno latronum in loco occidisset. Nemo ei neganti non credidisset *A. Klotz*.

de brigands ; et puis la solitude muette n'aurait pas dénoncé Milon et la nuit aveugle ne l'aurait pas désigné. Ensuite une foule de gens maltraités, dépouillés par Clodius, chassés de leurs propriétés, une foule d'autres qui redoutaient le même traitement auraient été soupçonnés, bref l'Étrurie tout entière aurait été citée en justice[1].

51 De plus il est certain que ce jour-là, en revenant d'Aricie, Clodius s'est arrêté dans sa villa d'Albe. Admettons que Milon ait su que Clodius se trouvait à Aricie ; il devait bien se douter que celui-ci, même avec le désir de rentrer à Rome ce jour-là, s'arrêterait dans sa villa qui est en bordure de la route. Pourquoi ne s'est-il pas auparavant porté à sa rencontre de peur que Clodius ne séjournât dans sa villa et pourquoi ne s'est-il pas posté dans un lieu où l'autre devait passer de nuit ?

52 Je constate que jusqu'ici, juges, tout se tient parfaitement[2] : l'intérêt même de Milon était que Clodius vécût et Clodius, pour l'accomplissement de ses désirs, ne devait rien souhaiter autant que la mort de Milon. Le premier avait contre l'autre la haine la plus violente et celui-ci n'en avait pas pour celui-là. L'un a eu constamment recours à la violence, l'autre s'est toujours contenté de se défendre ; l'un, en public, avait menacé l'autre de mort et ouvertement manifesté ses intentions, jamais on n'a rien entendu de la bouche de Milon. Le jour du départ de celui-ci était bien connu de l'autre, alors que Milon ne savait rien du retour de Clodius ; le voyage de Milon était indispensable, celui de Clodius était même plutôt contraire à son intérêt. Le premier avait annoncé qu'il quitterait Rome ce jour-là ; l'autre avait dissimulé son intention de revenir le même jour. L'un n'a rien

1. L'Étrurie avait été le théâtre principal des malversations et des violences de Clodius. Cf. § 26 ; 55 ; 74 ; 87.

2. En réalité cet accord n'a pu être acquis qu'au prix d'un certain nombre d'entorses à la vérité.

etiam confitentem uolunt. Sustinuisset crimen primum ipse ille latronum occultator locus, tum neque muta solitudo indicasset, neque caeca nox ostendisset Milonem. Deinde multi ab illo uiolati, spoliati, bonis expulsi, multi haec etiam timentes in suspicionem caderent, tota denique rea citaretur Etruria.

51 Atque illo die certe Aricia rediens deuortit Clodius ad se in Albanum. Quod ut sciret Milo, illum Ariciae fuisse, suspicari tamen debuit eum, etiamsi Romam illo die reuerti uellet, ad uillam suam quae uiam tangeret, deuersurum. Cur nec ante occurrit ne ille in uilla resideret, neque eo in loco subsedit quo ille noctu uenturus esset ?

52 Video adhuc constare, iudices, omnia : Miloni etiam utile fuisse Clodium uiuere, ille ad ea quae concupierat, optatissimum interitum Milonis ; odium fuisse illius in hunc acerbissimum, nullum huius in illum ; consuetudinem illius perpetuam in ui inferenda, huius tantum in repellenda ; mortem ab illo denuntiatam Miloni et praedicatam palam, nihil umquam auditum ex Milone ; profectionis huius diem illi notum, reditus illius huic ignotum fuisse ; huius iter necessarium, illius etiam potius alienum ; hunc prae se tulisse se illo die Rom*a* exiturum, illum eo

50 crimen *H* : hoc crimen *cett.* || locus *om.* *H* || tum : dum *uel* denique *dett.* || deinde *HV* : deinde ibi *E* deinde ubi *T* || spoliati bonis : spoliationibus *E*.

51 se in *H.* : *om.* *ET* || nec : neque *ET* || neque : nec *ET*.

52 adhuc constare : constare adhuc *E* || concupierat : cupierat *T* || inferenda *T* : ferenda *HV* || denuntiatam Miloni : Miloni denuntiatam *HV* || reditus : -tum *H* || se illo *H* : illo *ET* || Roma *dett.* : Romam *HET*, *del. Clark*.

modifié à ses projets, l'autre a imaginé un prétexte pour modifier les siens. Milon, s'il voulait dresser une embuscade, devait attendre la nuit aux abords de la ville, l'autre, même s'il ne craignait pas Milon, devait appréhender pourtant de s'approcher de la ville pendant la nuit.

XX **53** Considérons maintenant le point capital : auquel des deux adversaires en fin de compte le terrain même où ils en sont venus aux mains était-il le plus favorable ? Mais ce point, juges, est-il encore douteux et demande-t-il de plus longues réflexions ? Est-ce devant un domaine de Clodius, où pour les soubassements extravagants qu'il y faisait établir, se trouvaient bien un millier d'hommes vigoureux, où l'adversaire occupait un lieu dominant et élevé [1], que Milon pouvait se flatter d'avoir l'avantage ? Et est-ce pour cette raison qu'il avait choisi spécialement ce terrain pour le combat ? Ou bien n'y a-t-il pas été plutôt attendu par Clodius qui, se fiant à l'avantage de la position, avait prémédité de l'attaquer ? Les faits parlent d'eux-mêmes, juges, et rien ne peut jamais avoir plus de force convaincante. **54** Si, au lieu d'entendre le récit des faits, vous les aviez sous les yeux, représentés par la peinture, on verrait avec autant d'évidence lequel des deux a été l'agresseur et lequel n'a pas eu d'intentions coupables ; car l'un était en voiture, enveloppé d'une pèlerine, assis à côté de sa femme. Est-il plus grande cause d'embarras : vêtement, voiture, compagnie ? Est-il plus mauvaise condition pour un combat que d'être empêtré dans une pèlerine, enfermé dans une voiture et comme enchaîné par sa femme ? A présent, voyez l'autre : d'abord il quitte sa villa en toute hâte ; (pourquoi ?) le soir ; (quelle nécessité ?) Il s'attarde ; (était-ce indiqué, surtout en cette saison ?) Il

1. La position dominante donnait un grand avantage à l'assaillant en favorisant la course et le jet du javelot. Cicéron en tire donc une preuve de la préméditation.

die se dissimulasse rediturum ; hunc nullius rei mutasse consilium, illum causam mutandi consilii finxisse ; huic si insidiaretur, noctem prope urbem expectandam, illi etiamsi hunc non timeret, tamen accessum ad urbem nocturnum fuisse metuendum.

XX **53** Videamus nunc id quod caput est, locus ad insidias ille ipse ubi congressi sunt, utri tandem fuerit aptior. Id uero, iudices, etiam dubitandum et diutius cogitandum est ? Ante fundum Clodi, quo in fundo propter insanas illas substructiones facile hominum mille uersabatur ualentium, edito aduersari atque excelso loco superiorem se fore putarat Milo et ob eam rem eum locum ad pugnam potissimum elegerat, an in eo loco est potius expectatus ab eo qui ipsius loci spe facere impetum cogitarat ? Res loquitur ipsa, iudices, quae semper ualet plurimum. **54** Si haec non gesta audiretis, sed picta uideretis, tamen appareret uter esset insidiator, uter nihil cogitaret mali, cum alter ueheretur in raeda, paenulatus, una sederet uxor; quid horum non impeditissimum, uestitus an uehiculum an comes ? Quid minus promptum ad pugnam, cum paenula inretitus, raeda inpeditus, uxore paene constrictus esset ? Videte nunc illum primum egredientem e uilla subito — cur ? — uesperi — quid necesse est ? — tarde — qui conuenit, praesertim id temporis ? — Deuertit in

53 uersabatur *GELLIVS*, 1, 16, 5 *MACROBIVS*, *Sat.*, 1, 5, 5 : -bantur *codd.* || putarat : -bat *H* || pugnam : pugnandum *E* || elegerat : legerat *TW* || expectatis : expectandus *T*.

54 non gesta : gesta non *T* || cogitaret mali : mali cogitauit *HV* || uesperi : -re *HV*.

fait un crochet par la villa de Pompée ; était-ce pour voir Pompée ? Il savait que celui-ci se trouvait dans son domaine d'Alsium. Pour visiter la villa ? Il y était allé mille fois. Qu'était-ce donc ? Retard et lenteur calculés : il n'a pas voulu abandonner la place avant l'arrivée de Milon.

XXI **55** Eh bien à présent comparez le léger équipage du bandit avec tout l'encombrant attirail qui accompagnait Milon. Jusque-là Clodius avait toujours sa femme avec lui ; il était sans elle ce jour-là. Jamais il ne voyageait qu'en voiture. Ce jour-là il était à cheval. Une escorte de Grécaillons l'accompagnait, où qu'il allât, même quand il courait à son camp d'Étrurie. Ce jour-là, rien de frivole dans son escorte. Milon, par extraordinaire, emmenait avec lui ce jour-là de jeunes esclaves musiciens appartenant à sa femme et des troupes de servantes. L'autre, qui ne manquait jamais de se faire suivre par des courtisanes, des mignons, des prostituées, n'avait personne avec lui, que des hommes qu'on aurait dits choisis, par recrutement individuel [1]. Pourquoi donc a-t-il été vaincu? C'est que le voyageur n'est pas toujours tué par le brigand ; parfois même c'est le brigand qui est tué par le voyageur. C'est qu'en attaquant, bien préparé, des gens pris au dépourvu, il n'en était pas moins une femme qui se heurtait à des hommes. **56** D'ailleurs jamais Milon ne se gardait si peu contre son ennemi qu'il ne fût paré à peu près suffisamment. Sans cesse il pensait à l'intérêt qu'avait Clodius à sa mort, à la violence de la haine qu'il lui portait, à l'étendue de son audace. C'est pourquoi, sachant que sa tête avait été mise à prix et pour ainsi dire adjugée très cher, il ne s'exposait jamais sans escorte et sans garde. Ajoutez à cela les hasards, ajoutez l'issue incertaine des

1. Usage samnite pour la constitution d'une troupe d'élite : dix hommes désignés par le chef en choisissaient chacun un autre, et ainsi de suite jusqu'à concurrence du nombre fixé.

uillam Pompei — Pompeium ut uideret? sciebat in Alsiensi esse. Villam ut perspiceret? — miliens in ea fuerat. Quid ergo erat ? mora et tergiuersatio ; dum hic ueniret, locum relinquere noluit.

XXI **55** Age nunc iter expediti latronis cum Milonis impedimentis comparate. Semper ille antea cum uxore, tum sine ea ; numquam nisi in raeda, tum in equo ; comites Graeculi quocumque ibat, etiam cum in castra Etrusca properabat, tum nugarum in comitatu nihil. Milo qui numquam, tum casu pueros symphoniacos uxoris ducebat et ancillarum greges. Ille qui semper secum scorta, semper exoletos, semper lupas duceret, tum neminem nisi ut uirum a uiro lectum esse diceres. Cur igitur uictus est ? Quiá non semper uiator a latrone, nonnumquam etiam latro a uiatore occiditur ; quia quamquam paratus in imparatos [Clodius], tamen mulier inciderat in uiros. **56** Nec uero sic erat umquam non paratus Milo contra illum ut non satis fere esset paratus. Semper [ille] et quantum interesset P. Clodi se perire, et quanto illi odio esset, et quantum ille auderet cogitabat. Quam ob rem uitam suam quam maximis praemiis propositam et paene addictam sciebat, numquam in periculum sine praesidio et sine custodia proiciebat. Adde casus, adde incertos exitus pugnarum

54 erat *om. E* || mora et tergiuersatio : morae et tergiuersationis *ET*.

55 cum in castra *HE ASCONIVS* : tum in castra *T* || nugarum in comitatu : in comitatu nugarum *E* || Clodius *del. Richter* : Clodius ipse Clodius *H* (*glossema ut uidetur*).

56 illum *ET* : ipsum *HV* || ille *del. Garatoni* || perire *ET* : interire *HV* || proiciebat : se proiciebat *H*.

combats, l'impartialité de Mars, qui souvent, quand un guerrier dépouille le vaincu et exulte de joie, le fait tomber sous les coups de son adversaire terrassé ; ajoutez l'incapacité d'un chef gorgé de nourriture et de boisson, engourdi de sommeil, qui, après avoir coupé son ennemi de la queue de son escorte, ne songe plus aux derniers rangs et, tombant sur des hommes exaspérés et qui croyaient leur maître perdu, fut comme pris dans les filets du châtiment par ces fidèles esclaves qui lui firent expier la mort de leur maître. **57** Pourquoi donc Milon les a-t-il affranchis ? Il craignait évidemment qu'ils ne le dénonçassent, qu'incapables de supporter la douleur, ils ne fussent contraints par la torture d'avouer que Clodius avait été tué sur la voie Appienne par les esclaves de Milon. Qu'est-il besoin du bourreau ? Que voulez-vous savoir ? Si Milon a tué Clodius ? Il l'a tué. S'il en avait ou non le droit ? Cela ne concerne pas le bourreau. La question de fait relève du chevalet de torture ; la question de droit des tribunaux. XXII C'est donc à ce qui fait l'objet véritable de ce procès que nous devons nous attacher ici. Ce que tu veux découvrir par la torture, nous l'avouons. Si, au lieu de demander pourquoi Milon a affranchi ses esclaves, tu ne demandes pas plutôt pourquoi il ne les a pas plus généreusement récompensés, tu t'entends bien mal à dénoncer la culpabilité de ton ennemi. **58** Nous avons entendu dire en effet à M. Caton que voici, avec sa fermeté et son courage ordinaires, — et il parlait dans une assemblée tumultueuse que pourtant son ascendant réussit à calmer — que des esclaves qui avaient défendu la vie de leur maître méritaient bien non seulement la liberté mais toute espèce de récompense. Quelle récompense en effet peut assez payer le dévouement, la bravoure, la fidélité d'esclaves auxquels on doit la vie ? Et encore ce service a moins de prix que celui qu'ils lui ont rendu, en lui épargnant de rassasier de son sang et

Martemque communem, qui saepe spoliantem iam et exultantem euertit et perculit ab abiecto, adde inscitiam pransi, poti, oscitantis ducis, qui cum a tergo hostem interclusum reliquisset, nihil de eius extremis comitibus cogitauit, in quos incensos ira uitamque domini desperantis cum incidisset, haesit in iis poenis quas ab eo serui fideles pro domini uita expetiuerunt. **57** Cur igitur eos manu misit ? Metuebat scilicet ne indicaretur, ne dolorem perferre non possent, ne tormentis cogerentur occisum esse a seruis Milonis in Appia uia P. Clodium confiteri. Quid opus est tortore ? Quid quaeris ? Occideritne ? occidit ; iure an iniuria ? nihil ad tortorem ; facti enim in eculeo quaestio est, iuris in iudicio. XXII Quod igitur in causa quaerendum est, id agamus hic ; quod tormentis inueniri uis, id fatemur. Manu uero cur miserit, si id potius quaeris, quam cur parum amplis adfecerit praemiis, nescis inimici factum reprehendere. **58** Dixit enim hic idem qui omnia semper constanter et fortiter, M.Cato, et dixit in turbulenta contione quae tamen huius auctoritate placata est, non libertate solum, sed etiam omnibus praemiis dignissimos fuisse qui domini caput defendissent. Quod enim praemium satis magnum est tam beniuolis, tam bonis, tam fidelibus seruis, propter quos uiuit ? Etsi id quidem non tanti est quam quod propter eosdem non sanguine et uolne-

56 iis : his *HET*.
57 tortore : terrore *H* || occideritne *om. H* || occidit *om. E* || inueniri *HV* : -re *ET* || nescis : -cit *H*.
58 omnia semper : semper omnia *H* || M. *om. H* || et *om. H*.

de ses blessures la haine et les yeux de son plus cruel ennemi. S'il ne les avait pas affranchis, il aurait même fallu livrer à la torture ces sauveurs de leur maître, ces vengeurs du crime, ces défenseurs contre le meurtre. Dans son malheur il n'est rien que Milon regrette moins que de s'être acquitté, quoi qu'il doive lui arriver, de sa dette de reconnaissance envers eux. **59** Mais, dit-on, des dépositions naguère obtenues par la torture dans l'Atrium de la Liberté sont accablantes pour Milon. De quels esclaves s'agit-il donc ? Tu le demandes ? D'esclaves de Clodius. Qui a réclamé leur témoignage ? Appius. Qui les a produits ? Appius. D'où venaient-ils ? De chez Appius. Dieux bons ! Peut-on montrer plus de rigueur ? [Il n'est pas de loi qui permette de soumettre les esclaves à la question pour informer contre leur maître, sauf en cas d'inceste, comme il a été procédé contre Clodius.] Voilà Clodius tout proche des dieux, bien plus proche que le jour où il a pénétré jusque dans leur sanctuaire, puisqu'on informe au sujet de sa mort comme s'il s'agissait d'une profanation de mystères [1] ! Mais cependant, si nos ancêtres ont interdit de provoquer les aveux des esclaves contre leurs maîtres, ce n'est pas parce qu'on ne pouvait ainsi découvrir la vérité, mais parce que ce moyen leur paraissait indigne et plus atroce pour les maîtres que la mort elle-même. Mais provoquer contre un accusé le témoignage d'un esclave de l'accusateur, est-ce un moyen de découvrir la vérité ? **60** Voyons donc ce que fut cet interrogatoire et quelle en fut la forme. « Dis donc toi, Rufion — par exemple — prends garde, s'il te plaît, de ne pas mentir ! Clodius a-t-il tendu une embuscade à Milon ? — « Oui .» C'est le gibet assuré. — « Non. » C'est la liberté en espérance. Est-il rien de plus assuré

1. La mise à la question des esclaves pour en obtenir un témoignage contre leur maître n'était autorisée que si celui-ci était inculpé de « violation des mystères ».

ribus suis crudelissimi inimici mentem oculosque satiauit. Quos nisi manu misisset, tormentis etiam dedendi fuerunt conseruatores domini, ultores sceleris, defensores necis. Hic uero nihil habet in his malis quod minus moleste ferat, quam etiamsi quid ipsi accidat, esse tamen illis meritum praemium persolutum. **59** Sed quaestiones urgent Milonem quae sunt habitae nunc in atrio Libertatis. Quibusnam de seruis ? Rogas ? de P. Clodi. Quis eos postulauit ? Appius. Quis produxit ? Appius. Vnde ? ab Appio. Di boni ! quid potest agi seuerius ? [de seruis nulla lege quaestio est in dominum ; nisi de incestu ut fuit in Clodium.] Proxime deos accessit Clodius, propius quam tum cum ad ipsos penetrarat, cuius de morte tamquam de caerimoniis uiolatis quaeritur. Sed tamen maiores nostri in dominum quaeri noluerunt, non quia non posset uerum inueniri, sed quia uidebatur indignum et domini morte ipsa tristius : in reum de seruo accusatoris cum quaeritur, uerum inueniri potest ? **60** Age uero quae erat aut qualis quaestio ? « Heus tu, Rufio » uerbi causa « caue sis mentiare. Clodius insidias fecit Miloni ?» — « Fecit. » Certa crux. — « Nullas fecit. » Sperata libertas. Quid hac quaestione certius ? Subito adrepti in quaestionem tamen separantur a ceteris et in arcas coni-

58 ipsi *HE* : illi *T*.

59 quis (*ante* produxit) : qui *H* || de seruis... Clodium *del. Heumann* || deos : in deos *E* || accessit Clodius *T* : Clodius accessit *cett.* || quaeri : de seruo quaeri *T* || non quia non *H* non quin non *ET* || indignum *HV* : indignum esse *ET* || domini : -nis *HV*.

60 mentiare *HV* : mentiaris *cett.* || adrepti *HT* : abrepti *E* || tamen separantur : separantur tamen *T*.

que le résultat de cet interrogatoire ? On saisit sans retard les esclaves qu'on veut soumettre à la question et de plus on les met au secret, on les jette en cellule pour que personne ne puisse communiquer avec eux. Or ceux-ci sont restés cent jours chez l'accusateur et c'est l'accusateur lui-même qui les a produits. Peut-on imaginer rien de plus impartial et de plus irréprochable que cet interrogatoire ?

XXIII **61** Si vous ne voyez pas encore avec assez d'évidence, alors que les faits eux-mêmes s'éclairent de tant de preuves et d'indices, que Milon est revenu à Rome avec une conscience pure et sans tache, sans être souillé par aucun crime, troublé par aucune crainte, tourmenté par aucun remords, rappelez-vous, au nom des dieux immortels, la rapidité de son retour, son entrée au Forum, pendant que la curie était en flammes, sa grandeur d'âme, son attitude, son langage. Ce n'est pas seulement au peuple, mais au Sénat qu'il s'est remis ; ce n'est pas seulement au Sénat mais aux gardes et aux troupes armées par l'État, bien plus, à l'autorité de celui à qui le Sénat avait remis l'État tout entier, toute la jeunesse de l'Italie, toutes les forces militaires du peuple romain. Or il est évident que jamais il ne se serait livré à lui s'il n'avait pas été sûr de sa cause, alors surtout que celui-ci était attentif à tout, avait de grandes appréhensions, était rempli de soupçons et ajoutait foi à certains rapports. C'est une grande force que la conscience, juges, grande dans son double effet : l'innocent est sans crainte et le coupable a sans cesse sous les yeux l'image du châtiment. **62** Ce n'est donc pas sans raison assurée que la cause de Milon a toujours eu l'approbation du Sénat. Ils voyaient bien, ces hommes de haute sagesse, les motifs de son acte, son sang-froid, la fermeté de sa défense. Avez-vous oublié, juges, ce que furent, au premier bruit du meurtre de Clodius, les propos et les opinions non seulement des

ciuntur, ne quis cum iis colloqui possit. Hi centum dies penes accusatorem cum fuissent, ab eo ipso [accusatore] producti sunt. Quid hac quaestione dici potest integrius, quid incorruptius ? XXIII **61** Quodsi nondum satis cernitis, cum res ipsa tot tam claris argumentis signisque luceat, pura mente atque integra Milonem nullo scelere imbutum, nullo metu perterritum, nulla conscientia exanimatum Romam reuertisse, recordamini per deos immortales, quae fuerit celeritas reditus eius, qui ingressus in forum ardente curia, quae magnitudo animi, qui uoltus, quae oratio. Neque uero se populo solum, sed etiam senatui commisit, neque senatui modo, sed etiam publicis praesidiis et armis, neque his tantum, uerum etiam eius potestati cui senatus totam rem publicam, omnem Italiae pubem, cuncta populi Romani arma commiserat ; cui numquam se hic profecto tradidisset, nisi causae suae confideret, praesertim omnia audienti, magna metuenti, multa suspicanti, nonnulla credenti. Magna uis est conscientiae, iudices, et magna in utramque partem, ut neque timeant qui nihil commiserint, et poenam semper ante oculos uersari putent qui peccarint. **62** Neque uero sine ratione certa causa Milonis semper a senatu probata est. Videbant sapientissimi homines facti rationem, praesentiam animi, defensionis constantiam, an uero obliti estis, iudices, recenti illo nuntio necis Clodianae, non modo

60 iis *H* : his *cett.* || accusatore *del. Halm.*
61 fuerit : fuerat *T* || modo *om. H* || his : iis *H* || etiam *om. E* || populi Romani : Romani populi *H* || cui *H* : cuius *ET*.
62 uidebant : uidebant enim *T* || an uero : at uero *H*.

ennemis de Milon mais encore de quelques hommes mal informés ? Ils affirmaient qu'il ne rentrerait pas à Rome. **63** Car s'il avait agi sous le coup de la colère et de l'emportement, s'il avait tué son ennemi dans un transport de haine, ils jugeaient que la mort de Clodius valait bien à ses yeux qu'il se résignât à l'exil, après avoir assouvi sa haine dans le sang de son ennemi ; ou même s'il avait voulu délivrer sa patrie par la mort de Clodius, il n'hésiterait pas, en citoyen généreux, conscient d'avoir assuré le salut du peuple romain au péril de sa vie, à se soumettre aux lois avec résignation [1] ; il n'emporterait avec lui qu'une gloire immortelle, et nous laisserait la jouissance des biens qu'il nous a conservés. Plusieurs parlaient même de Catilina et de ses monstrueuses entreprises [2]. « Il fera un coup de force ; il s'emparera de quelque place ; il fera la guerre à la patrie. » Qu'ils sont parfois malheureux les hommes qui ont rendu les plus grands services à l'État ! Non seulement on oublie leurs plus glorieuses actions, mais encore on leur suppose des projets criminels. **64** Donc tout cela s'est trouvé faux, mais aurait certainement été vrai si Milon avait commis un acte dont il ne pût se justifier dans l'honneur et la vérité. XXIV Et que d'imputations accumulées contre lui dans la suite ! Elles auraient accablé quiconque se serait senti coupable même de la faute la plus légère ; mais lui, comme il les a supportées, dieux immortels ! Que dis-je, supportées ? Comme il les a méprisées et comptées pour rien ! A ces imputations, ni un coupable avec beaucoup de force d'âme, ni un innocent, à moins d'une grande

1. *cederet... legibus*. Deux interprétations ont été proposées : 1) « se soumettre aux lois ». S'exiler volontairement dans ces conditions serait, de la part de Milon une marque de respect à l'égard des lois ; il échapperait ainsi aux conséquences d'une condamnation qu'il considérerait comme certaine. 2) « quitter Rome, contraint par les lois ».

2. Au § 37, c'est Clodius qui, selon Cicéron, serait l'héritier des projets criminels de Catilina.

inimicorum Milonis sermones et opiniones, sed nonnullorum etiam imperitorum ? Negabant eum Romam esse rediturum. **63** Siue enim illud animo irato ac percito fecisset, ut incensus odio trucidaret inimicum, arbitrabantur eum tanti mortem P. Clodi putasse ut aequo animo patria careret, cum sanguine inimici explesset odium suum ; siue etiam illius morte patriam liberare uoluisset, non dubitaturum fortem uirum quin, cum suo periculo salutem populo Romano adtulisset, cederet aequo animo legibus, secum auferret gloriam sempiternam, nobis haec fruenda relinqueret quae ipse seruasset. Multi etiam Catilinam atque illa portenta loquebantur : « Erumpet, occupabit aliquem locum, bellum patriae faciet. » Miseros interdum ciues optime de re publica meritos, in quibus homines non modo res praeclarissimas obliuiscuntur, sed etiam nefarias suspicantur ! **64** Ergo illa falsa fuerunt ; quae certe uera extitissent, si Milo admisisset aliquid, quod non posset honeste uereque defendere.

XXIV Quid ? quae postea sunt in eum congesta, quae quemuis etiam mediocrium delictorum conscientia perculissent, ut sustinuit di immortales ! Sustinuit ? immo uero ut contempsit ac pro nihilo putauit, quae neque maximo animo nocens, neque innocens nisi fortissimus uir neglegere potuisset !

63 percito *dett.* : perdito *cett.* || eum *HE* : enim *T* || cederet : secederet *E* || nobis *uolgo* : uobis *codd.* || fruenda : ferenda *E* || nefarias : -ria *H*.

64 quemuis : quamuis *H* || perculissent : pertulissent *E* || ac *HT* : haec *E*.

intrépidité n'aurait pu rester indifférent. Des amas de boucliers, d'épées, de javelots, de mors[1] auraient pu être saisis <chez lui> selon les dénonciateurs. Il n'y avait pas, disait-on, de quartier, de ruelle où Milon n'eût loué une maison ; des armes avaient été transportées par le Tibre dans sa villa d'Ocriculum[2] ; sa maison sur la montée du Capitole était remplie de boucliers ; tout était plein de traits incendiaires pour mettre le feu à la ville. Toutes ces imputations, non seulement on les a répandues, mais on les a presque accréditées et pour les écarter il a fallu une enquête. **65** Sans doute je faisais tout à l'heure l'éloge de la merveilleuse vigilance de Pompée, mais je dirai toute ma pensée, juges. On est contraint de prêter l'oreille à trop de rapports — et l'on ne peut faire autrement —, lorsqu'on a reçu la charge entière du gouvernement. Jusqu'à je ne sais quel Licinius, victimaire du Grand Cirque, qu'il a fallu écouter : des esclaves de Milon qui s'étaient enivrés dans sa maison lui auraient avoué qu'ils étaient d'un complot contre la vie de Pompée ; qu'ensuite l'un d'eux l'aurait blessé d'un coup d'épée pour l'empêcher de les dénoncer. On apporte la dénonciation à Pompée dans ses jardins ; on me fait venir l'un des premiers ; sur l'avis de ses amis, Pompée saisit le Sénat de l'affaire. Devant de tels soupçons chez l'homme qui veille sur ma propre sécurité et sur celle de la patrie, je ne pouvais manquer d'être glacé d'effroi ; néanmoins je m'étonnais qu'on en crût un victimaire, qu'on écoutât des révélations d'esclaves et puis qu'une blessure au côté, qui avait l'air d'une piqûre d'aiguille, passât pour le coup d'épée d'un gladiateur. **66** Mais, je m'en rends compte, de la part de Pompée, plutôt que crainte, c'était précaution, non seulement contre ce qui méritait d'être craint,

1. On soupçonnait donc Milon de recruter aussi de la cavalerie.
2. Ocriculum (aujourd'hui Otricoli) était situé au sud de l'Ombrice, sur la rive droite du Tibre, en amont de Rome.

Scutorum, gladiorum, pilorum, frenorum etiam multitudo deprehendi posse indicabatur ; nullum in urbe uicum, nullum angiportum esse dicebant, in quo non Miloni conducta esset domus ; arma in uillam Ocriculanam deuecta Tiberi, domus in cliuo Capitolino scutis referta, plena omnia malleolorum ad urbis incendia comparatorum, haec non delata solum, sed paene credita, nec ante repudiata sunt quam quaesita. **65** Laudabam equidem incredibilem diligentiam Cn. Pompei, sed dicam ut sentio, iudices. Nimis multa audire coguntur, neque aliter facere possunt ii quibus commissa tota est res publica. Quin etiam fu*i*t audiendus popa Licinius nescio qui de Circo Maximo, seruos Milonis apud se ebrios factos sibi confessos esse de interficiendo Cn. Pompeio coniurasse, dein postea se gladio percussum esse ab uno de illis, ne indicaret. Pompeio nuntiatur in hortos ; arcessor in primis ; de amicorum sententia rem defert ad senatum. Non poteram in illius mei patriaeque custodis tanta suspicione non metu exanimari, sed mirabar tamen credi popae, confessionem seruorum audiri, uolnus in latere, quod acu punctum uideretur, pro ictu gladiatoris probari. **66** Verum, ut intellego, cauebat magis Pom-

64 scutorum : et scutorum *H* || pilorum frenorum *CH* : frenorum pilorumque *ET* || deprehendi : deprendi *E* || non *post* conducta *habet T* || uillam : -la *T* || ocriculanam : oriculanam *H* || malleolorum : malleorum *E* || quam : qua *T*.

65 audire coguntur : coguntur audire *E* || ii *uolgo* : i *V* hii *H* hi *ET* || commissa tota *HV* : tota commissa *ET* || est r. p. *ET* : rei p. est *H* || quin etiam fuit *ed. Iuntina* : quin etiam fuerit *HET* quin etiam *Clark* || seruos *ET* qui nos *H* || esse *ET* : se *HV* || Cn. *om. ET* || dein : deinde *T* || nuntiatur in hortos *H* : in hortos nuntiauit *ET* || mirabar : miserabar *H* || popae *HT* : pompaeium *E*.

mais contre toutes choses, pour vous enlever tout sujet de crainte. On annonçait que la maison de l'illustre et vaillant C. César avait été attaquée de nuit pendant plusieurs heures. Personne n'avait rien entendu dans un quartier aussi fréquenté ; personne ne s'en était aperçu ; pourtant on en entendait parler. Je ne pouvais soupçonner de poltronnerie un homme d'une vaillance aussi insigne que Pompée. Je ne pouvais juger excessive aucune précaution, puisqu'il avait assumé la charge entière du gouvernement. Dans une assemblée en nombre du Sénat, ces jours derniers, au Capitole, un sénateur s'est trouvé pour dire que Milon était armé. Celui-ci s'est dépouillé de ses vêtements dans cette enceinte sacrée ; ainsi, puisque la conduite habituelle d'un citoyen et d'un homme tel que lui ne suffisait pas à garantir sa parole, il se tut et laissa parler les faits.

XXV **67** Toutes ces imputations ont donc été reconnues comme des mensonges, comme des inventions calomnieuses. Mais si l'on craint encore Milon, ce n'est pas la présente accusation, relative au meurtre de Clodius que nous redoutons, ce sont tes soupçons, Cn. Pompée — car c'est à toi que je m'adresse et assez haut pour que tu puisses m'entendre — oui, ce sont tes soupçons qui nous font trembler. Si tu redoutes Milon, si tu penses qu'il forme en ce moment contre ta vie des projets criminels, ou qu'il a jadis entrepris quelque chose de tel, si les levées faites en Italie, comme l'ont dit et redit certains de tes recruteurs, si les forces militaires que nous voyons, si les cohortes du Capitole, si les gardes, si les sentinelles, si la jeunesse d'élite qui protègent ta personne et ta maison sont armes contre les attaques de Milon, si tout cela a été organisé, disposé, dirigé contre lui seul, c'est, à coup sûr, lui attribuer une puissance considérable, un courage extraordinaire et plus de moyens et de ressources qu'un seul homme n'en peut avoir, si vrai-

peius quam timebat non ea solum quae timenda erant, sed omnia, ne uos aliquid timeretis. Oppugnata domus C. Caesaris clarissimi et fortissimi uiri multas noctis horas nuntiabatur. Nemo audierat tam celebri loco, nemo senserat ; tamen audiebatur. Non poteram Cn. Pompeium, praestantissima uirtute uirum, timidum suspicari ; diligentiam pro tota re publica suscepta nimiam nullam putabam. Frequentissimo senatu nuper in Capitolio senator inuentus est, qui Milonem cum telo esse diceret. Nudauit se in sanctissimo templo, quoniam uita talis et ciuis et uiri fidem non faciebat, ut eo tacente res ipsa loqueretur.

XXV **67** Omnia falsa atque insidiose ficta comperta sunt. Quo*d* si tamen metuitur etiam nunc Milo, non iam hoc Clodianum crimen timemus, sed tuas Cn. Pompei — te enim appello, et ea uoce ut me exaudire possis — tuas inquam suspiciones perhorrescimus. Si Milonem times, si hunc de tua uita nefarie aut nunc cogitare aut molitum aliquando aliquid putas, si Italiae dilectus, ut nonnulli conquisitores tui dictitarunt, si haec arma, si Capitolinae cohortes, si excubiae, si uigiliae, si delecta iuuentus, quae tuum corpus domumque custodit, contra Milonis impetum armata est, atque illa omnia in hunc unum instituta, parata, intenta sunt : magna

66 et fortissimi *ET* : ac fortissimi *HV* || multas : per multas *ET* || audiebatur : audiebatur a senatu *H* || tota : pro tota *HV* || se : sed *E*.

67 falsa *ET* : false *HV* || insidiose *HV* : insidiosa *ET* inuidiose *dett.* || quod si tamen *Lambin* : cum tamen si *codd.* || Milo : Miloni *Wolff* || enim *HV ASCONIVS* : enim iam *ET* || et ea *ASCONIVS* : ea *codd.* || exaudire *ASCONIVS* : audire *codd.* || tuas *H ASCONIVS* : tuas tuas *ET* || si Milonem times *om. H* || si Capitolinae : Capitolinae *H* || armata est *ET* : armata sunt *HV* || instituta *ET* : constituta *HV*.

ment c'est contre lui seul qu'on a fait choix du plus remarquable de nos généraux et dressé en armes l'État tout entier.

68 Mais qui ne comprend que toutes les parties du corps politique, affaiblies et chancelantes, t'ont été confiées pour que, grâce à ces forces armées, tu pusses leur rendre santé et vigueur? Si l'occasion lui en avait été donnée [1], Milon t'aurait certainement persuadé toi-même que jamais homme n'a eu plus d'affection pour un autre qu'il n'en a eu pour toi; qu'il n'est pas de danger qu'il n'ait affronté pour ton honneur, que bien souvent, pour ta gloire, il a lutté contre cet effroyable fléau ; que son tribunat, par tes conseils, a été dirigé vers le rétablissement de ma situation civile qui te tenait fort à cœur ; que depuis tu l'as défendu dans une cause capitale, soutenu dans sa candidature à la préture ; qu'il espérait s'être acquis pour toujours deux grands amis, toi par tes services et moi par les siens [2]. S'il n'avait pas réussi à te persuader de tout cela, si le soupçon avait été trop profondément ancré en toi pour que rien pût le détruire, si enfin, pour soulager l'Italie des levées de troupes et Rome des forces armées qui l'occupent, la perte de Milon était nécessaire, certes il n'aurait pas hésité à quitter sa patrie, comme le garantissent son caractère et sa conduite habituelle, mais auparavant, il t'aurait pourtant pris à témoin, Magnus, comme il le fait aujourd'hui.

XXVI **69** Tu vois les vicissitudes et l'instabilité de la vie, l'inconstance et la mobilité de la fortune ; tu vois à combien d'infidélités l'amitié est sujette, comme l'hypocrisie sait s'adapter aux circonstances, de quelles dérobades dans les dangers et de quelles lâchetés nos proches sont capables. Il viendra, il viendra ce temps, et l'on

1. D'après le témoignage d'Asconius, Pompée retranché dans ses jardins aurait refusé d'accorder audience à Milon et lui aurait fait interdire l'accès du Sénat.

2. Milon est l'obligé de Pompée et Cicéron celui de Milon.

in hoc certe uis et incredibilis animus et non un ius uiri uires atque opes iudicantur, si quidem in hunc unum et praestantissimus dux electus et tota res publica armata est. **68** Sed quis non intellegit omnis tibi rei publicae partis aegras et labantes, ut eas his armis sanares et confirmares, esse commissas ? Quod si locus Miloni datus esset, probasset profecto tibi ipsi, neminem umquam hominem homini cariorem fuisse quam te sibi ; nullum se umquam periculum pro tua dignitate fugisse ; cum illa ipsa taeterrima peste se saepissime pro tua gloria contendisse ; tribunatum suum ad salutem meam, quae tibi carissima fuisset consiliis tuis gubernatum ; se a te postea defensum in periculo capitis, adiutum in petitione praeturae ; duos se habere semper amicissimos sperasse, te tuo beneficio, me suo. Quae si non probaret, si tibi ita penitus inhaesisset ista suspicio, nullo ut euelli modo posset, si denique Italia a dilectu, urbs ab armis sine Milonis clade numquam esset conquietura, ne iste haud dubitans cessisset patria, is qui ita natus est et ita consueuit ; te, Magne, tamen ante testaretur, quod nunc etiam facit. XXVI **69** Vides quam sit uaria uitae commutabilisque ratio, quam uaga uolubilisque fortuna, quantae infidelitates in amicitiis, quam ad tempus aptae simulationes, quantae in periculis fugae proximorum, quantae timiditates. Erit,

67 in hoc certe : certe in hoc *E*.

68 homini : -num *H* || illa ipsa : ipsa illa *TW* || nullo ut *ET* : ut nullo *HV* || modo posset : posset modo *H* || iste : ille *dett.* || haud : aut *ET* || est et ita : est et esset ita *HV* || ante testaretur *HV* : antestaretur *cett.*

69 uides : uide *T* || amicitiis : amicis *T* || erit illud : et illud *T*.

verra luire ce jour où, avec une situation, je l'espère, intacte, peut-être par l'effet d'une de ces révolutions générales dont la fréquence nous est attestée par l'expérience, tu regretteras néanmoins de n'avoir pas auprès de toi le dévouement d'un excellent ami, la fidélité d'un homme très sûr, l'héroïsme du citoyen le plus valeureux entre tous depuis qu'il y a des hommes. **70** D'ailleurs qui voudra croire que Cn. Pompée, avec sa profonde connaissance du droit public, des traditions de nos ancêtres, en un mot de la politique, chargé par le Sénat de veiller « à ce que nul dommage n'atteigne l'État[1] » — petite ligne d'écriture qui a toujours suffi à armer les consuls, sans recours à d'autres armes — que Pompée, dis-je, mis à la tête d'une armée avec le droit de lever des troupes, aurait attendu l'arrêt d'un tribunal pour châtier les menées d'un homme coupable d'avoir anéanti par la violence les tribunaux eux-mêmes ? Pompée s'est assez clairement prononcé sur la fausseté des accusations dirigées contre Milon, lui qui a porté une loi qui, à mon avis, vous fait un devoir de l'absoudre, ou du moins, comme tout le monde le reconnaît, vous en laisse la liberté. **71** Par cela même qu'il se tient là-bas, et entouré de ces forces de la garde publique, Pompée fait voir assez clairement qu'il ne veut pas vous intimider, — quoi de plus indigne de lui que de vous contraindre à condamner un homme contre qui il pourrait sévir lui-même en vertu de la tradition de nos ancêtres et de ses pleins pouvoirs ? — mais bien vous prêter son appui et vous faire comprendre qu'à l'encontre de l'assemblée d'hier, il vous est loisible de vous prononcer librement, selon votre conscience.

1. Formule du *senatusconsultum ultimum*. D'après Cicéron, Pompée, qui disposait des pleins pouvoirs, aurait pu faire exécuter sommairement Milon s'il l'avait jugé coupable. En instituant pour le juger un tribunal spécial, il a laissé voir clairement qu'il n'était pas opposé à un acquittement.

erit illud profecto tempus, et illucescet ille aliquando dies, cum tu salutaribus ut spero rebus tuis, sed fortasse motu aliquo communium temporum — qui quam crebro accidat, experti scire debemus — et amicissimi beniuolentiam et grauissimi hominis fidem et unius post homines natos fortissimi uiri magnitudinem animi desideres. **70** Quamquam quis hoc credat, Cn. Pompeium iuris publici, moris maiorum, rei denique publicae peritissimum, cum senatus ei commiserit ut uideret ne quid res publica detrimenti caperet — quo uno uersiculo satis armati semper consules fuerunt etiam nullis armis datis —, hunc exercitu, hunc dilectu dato iudicium expectaturum fuisse in eius consiliis uindicandis, qui ui iudicia ipsa tolleret ? Satis iudicatum est a Pompeio, satis, falso ista conferri in Milonem ; qui legem tulit qua, ut ego sentio, Milonem absolui a uobis oportet, ut omnes confitentur, licet. **71** Quod uero in illo loco atque illis publicorum praesidiorum copiis circumfusus sedet, satis declarat se non terrorem inferre uobis — quid enim minus illo dignum quam cogere ut uos eum condemnetis, in quem animaduertere ipse et more maiorum et suo iure posset ? —, sed praesidio esse ut intellegatis contra hesternam illam

69 ille aliquando : aliquando ille *T* || salutaribus (*recte ?*) *HE* : salubritatibus *T* || motu *T* : metu *HE* || qui quam *H* : quicquam *ET* || accidat : -dunt *H* || desideres : -ras *E*.

70 peritissimum : -morum *T* || ei *om.* *T* || eius : eis *H* || ui *H* : uel *ET* || satis (*ante* falso) *om.* *HV* || oportet *HV* : oporteret *ET* || licet *V* : liceret *HET*.

71 in illo loco *ET* : illo loco *HV* || ut uos eum *ET* : ut uuum *V* ut uos *H* || suo : tuo *H* || posset : -sit *V* || sed *HE* : et *T*, *ASCONIVS*.

XXVII 72 En vérité, juges, quant à moi, l'accusation relative à Clodius ne m'émeut pas. Je ne suis pas si insensé, si ignorant, si mal instruit de vos sentiments que je ne sache pas ce que vous pensez de la mort de Clodius. Si je renonçais à ruiner l'accusation qui s'y rapporte, comme je l'ai fait, Milon n'en aurait pas moins, impunément, le droit de s'écrier devant tous, par un glorieux mensonge : « J'ai tué, oui, j'ai tué, non pas Sp. Mélius, qui, en réduisant le prix du blé et en sacrifiant sa fortune, se donnait l'air de courtiser la plèbe et fut, pour cette raison, soupçonné d'aspirer à la tyrannie ; non pas Tib. Gracchus, qui excita une émeute pour destituer un de ses collègues et dont les meurtriers remplirent l'univers de la gloire de leurs noms, mais j'ai tué — car il oserait le dire après avoir délivré la patrie au péril de ses jours — j'ai tué un homme que des femmes de haute noblesse ont surpris en flagrant délit d'adultère sacrilège sur les lits de parade du culte le plus saint ; 73 un homme dont le châtiment aurait dû, de l'avis répété du Sénat, expier la profanation des cérémonies solennelles, un homme dont L. Lucullus, sous la foi du serment, a dit que, par des interrogatoires d'esclaves, il le savait coupable d'un abominable adultère avec sa propre sœur[1] ; un homme dont les bandes d'esclaves armés ont chassé de la ville un citoyen que le Sénat, que le peuple romain, que toutes les nations avaient considéré comme le sauveur de Rome et de ses concitoyens ; un homme qui a donné ou confisqué des royaumes, qui a appelé qui bon lui semblait au partage de l'univers ; un homme qui, après avoir commis tant de crimes en plein forum, a contraint par la violence armée un personnage dont la vaillance et la gloire sont incomparables à se renfermer dans sa maison ; un homme pour qui

1. La plus jeune des trois sœurs de Clodius avait été mariée à L. Lucullus qui la répudia à son retour d'Asie.

contionem licere uobis quod sentiatis libere iudicare.

XXVII **72** Nec uero me, iudices, Clodianum crimen mouet, nec tam sum demens tamque uestri sensus ignarus atque expers, ut nesciam quid de morte Clodi sentiatis. De qua si iam nollem ita diluere crimen, ut dilui, tamen impune Miloni palam clamare ac mentiri gloriose liceret : « Occidi, occidi non Sp. Maelium qui annona leuanda iacturisque rei familiaris, quia nimis amplecti plebem uidebatur, in suspicionem incidit regni appetendi, non Ti. Gracchum qui collegae magistratum per seditionem abrogauit, quorum interfectores implerunt orbem terrarum nominis sui gloria, sed eum » — auderet enim dicere, cum patriam periculo suo liberasset — « cuius nefandum adulterium in puluinaribus sanctissimis nobilissimae feminae conprehenderunt ; **73** eum cuius supplicio senatus sollemnes religiones expiandas saepe censuit, eum quem cum sorore germana nefarium stuprum fecisse L. Lucullus iuratus se quaestionibus habitis dixit comperisse, eum, qui ciuem, quem senatus, quem populus Romanus, quem omnes gentes urbis ac uitae ciuium conseruatorem iudicarant, seruorum armis exterminauit, eum qui regna dedit, ademit, orbem terrarum quibuscum uoluit partitus est, eum qui plurimis caedibus in foro factis singulari uirtute et

72 qua : quam *T* || mentiri : metiri *H* || occidi, occidi *ET* : occidi *H* || Maelium : mellum *ET* || uidebatur *P*, *QVINT*. 5, 11, 12 : putabatur *cett.* || Gracchum : grecum *T* || abrogauit *PH* : -abit *E* -abat *T* || implerunt *HET* : impleuerunt *P*.

73 expiandas *PET* : expediendas *H* || L. *om H* || Romanus *PH* : *om. ET* || gentes *om. P* || iudicarant *PHV* : -abant *ET* || singulari : in singulari *HV*.

rien n'a jamais été sacré dans ses crimes et ses débauches ; un homme qui a brûlé le temple des Nymphes pour anéantir les documents officiels du cens consignés dans les registres publics[1] ; **74** un homme enfin pour qui n'existaient ni lois, ni droit civil, ni bornes de propriétés, qui n'avait pas même recours à des accusations calomnieuses, à des revendications et à des consignations illégitimes pour s'emparer des domaines d'autrui, mais à des forces militaires organisées, à des attaques en règle ; et ce ne sont pas seulement des Etrusques, race qu'il méprisait profondément, mais un homme de cœur et un excellent citoyen, P. Varius que voici, l'un de nos juges, qu'il a tenté de chasser de sa propriété avec tout un appareil militaire ; qui, avec des architectes et des perches d'arpenteur, parcourait les domaines et les jardins de nombreux propriétaires, qui n'assignait d'autres limites à ses espoirs d'acquisitions que le Janicule et les Alpes, qui, parce que l'honorable et vaillant chevalier romain M. Paconius avait refusé de lui vendre une île qu'il possédait dans le lac Prilius, fit soudain transporter dans cette île, sur des bacs, du bois de construction, de la chaux, des moellons, du sable et, sous les yeux du propriétaire qui le regardait de l'autre bord, eut l'audace de construire un édifice sur un terrain qui ne lui appartenait pas ; **75** qui osa déclarer à T. Furfanius, ici présent, quel homme, dieux immortels ! — pour ne rien dire de Scantia, une faible femme et de P. Apinius, un tout jeune homme, qui tous deux furent sommés par lui, sous peine de mort, de lui abandonner la possession de leurs jardins — qui osa, dis-je, déclarer à T. Furfanius que, faute de recevoir de lui tout l'argent qu'il réclamait, il porterait un cadavre dans sa maison pour allumer ainsi la haine contre un

1. Dans ce temple étaient déposées les archives du cens. En les détruisant, Clodius pouvait plus aisément modifier les cadres électoraux et faire inscrire indûment ses partisans.

gloria ciuem domum ui et armis compulit, eum cui nihil umquam nefas fuit nec in facinore nec in libidine, eum qui aedem Nympharum incendit, ut memoriam publicam recensionis tabulis publicis impressam extingueret, **74** eum denique cui iam nulla lex erat, nullum ciuile ius, nulli possessionum termini, qui non calumnia litium, non iniustis uindiciis ac sacramentis alienos fundos, sed castris, exercitu, signis inferendis petebat, qui non solum Etruscos — eos enim penitus contempserat —, sed hunc P. Varium fortissimum atque optimum ciuem, iudicem nostrum, pellere possessionibus armis castrisque conatus est, qui cum architectis et decempedis uillas multorum hortosque peragrabat, qui Ianiculo et Alpibus spem possessionum terminabat suarum, qui cum ab equite Romano splendido et forti, M. Paconio, non impetrasset ut sibi insulam in lacu Prilio uenderet, repente lintribus in eam insulam materiem, calcem, caementa, harenam conuexit dominoque trans ripam inspectante non dubitauit aedificium extruere in alieno; **75** qui huic T. Furfanio, cui uiro di immortales ! — quid enim ego de muliercula Scantia, quid de adulescente P. Apinio dicam ? quorum utrique mortem est minitatus, nisi sibi hortorum possessione cessis-

73 ui *om. T.* || et armis : ac armis *T* || nec... nec : neque... neque *HV*.

74 nulla lex : lex nulla *T* || P. (*ante Varium*) *H* : P. (?) *P*, c. p. *ET* || Varium : Varum *H* || terminabat : -rat *P* || forti : fortissimo *H* || M. *om. H* || Prilio *P* : prelio *H* perelio *ET* || lintribus : lyntribus *P* lutribus *E* || materiem *PHV* : -riam *ET* || harenam *CH* : arma *PET* || aedificium extruere : extruere aedificium *P*.

75 huic : hinc *E* || Furfanio : furio fanio *P* pharfunio *T* || cui : quo *E* || Scantia : stantia *P* sanctia *H* || P. Apinio *Peyron* : Papinio *P* Apinio *T* aponio *HE* || minitatus : minatus *HV* || cessissent : -set *ET*.

homme de cette valeur ; qui, en l'absence de son frère Appius [1] à qui m'unit la plus sincère amitié, le dépossséda d'un de ses domaines ; qui entreprit de faire passer un mur mitoyen et d'en mener les fondations par l'avant-cour de la maison de sa sœur, de manière à lui interdire non seulement l'usage de cette cour d'entrée, mais à la priver de tout accès et de toute issue.

XXVIII **76** Pourtant on commençait à trouver tout cela tolérable, bien qu'il s'en prît indistinctement à l'État, aux particuliers, aux gens éloignés, à ses voisins, aux étrangers, à ses proches ; mais je ne sais comment, l'habitude avait à la longue endurci et insensibilisé l'invraisemblable endurance des citoyens. Mais les maux qui déjà se manifestaient et qui étaient suspendus sur nos têtes, comment auriez-vous pu les détourner ou les supporter ? S'il s'était trouvé en possession de l'*imperium*, — je ne dis rien des alliés [2], des nations étrangères, des rois, des tétrarques [3], car vous auriez fait des vœux pour qu'il se jetât sur eux plutôt que sur vos propriétés, vos maisons, vos richesses ; que dis-je, vos richesses ? vos enfants, par ma foi, non plus que vos épouses, n'auraient jamais été à l'abri de ses désirs effrénés. Est-ce là une imagination, dites-moi, et non pas une vérité évidente, connue de tous, et dont on a les preuves en mains, qu'il aurait levé à Rome des armées d'esclaves pour se rendre maître de l'État tout entier et de toutes les fortunes privées ? **77** Si donc, tenant son épée cou-

1. Appius Claudius Pulcher, prédécesseur de Cicéron dans le gouvernement de Cilicie, d'abord adversaire déclaré de l'orateur, s'était récemment réconcilié avec lui.

2. Les provinciaux que Clodius aurait gouvernés comme propréteur.

3. Rappel de faits auxquels Cicéron a déjà fait allusion plus haut, § 73. Il s'agit de Déjotarus, tétrarque de Galatie que Clodius, lors de son tribunat, avait dépouillé du sacerdoce de la Mère des Dieux à Pessinonte et du territoire de cette ville pour les attribuer à Brogitarus, gendre de Déjotarus. A la même époque, Clodius avait fait confisquer les biens et le royaume de Ptolémée, roi de Chypre

sent — sed ausum esse T. Furfanio dicere, si sibi pecuniam quantam posceret, non dedisset, mortuum se in domum eius inlaturum, qua inuidia huic esset tali uiro conflagrandum ; qui Appium fratrem hominem mihi coniunctum fidissima gratia, absentem de possessione fundi deiecit, qui parietem sic per uestibulum sororis instituit ducere, sic agere fundamenta, ut sororem non modo uestibulo privaret, sed omni aditu et limine. »

XXVIII **76** Quamquam haec quidem iam tolerabilia uidebantur, etsi aequabiliter in rem publicam, in priuatos, in longinquos, in propinquos, in alienos, in suos inruebat ; sed nescio quo modo usu iam obduruerat et percalluerat ciuitatis incredibilis patientia. Quae uero aderant iam et impendebant, quonam modo ea aut depellere potuissetis aut ferre ? Imperium ille si nactus esset — omitto socios, exteras nationes, reges, tetrarchas ; uota enim faceretis ut in eos se potius immitteret, quam in uestras possessiones, uestra tecta, uestras pecunias — pecunias dico ? a liberis me dius fidius et a coniugibus uestris numquam ille effrenatas suas libidines cohibuisset. Fingi putatis haec quae patent, quae nota sunt omnibus, quae tenentur, seruorum exercitus illum in urbe conscripturum fuisse, per quos totam rem publicam resque priuatas omnium possideret ?

75 ausum *HVT* : ausus *E* ausu͏̄ *P* || esse *T. Richter* : esset *HVE* esse *PT* || Furfanio : -nium *T* || quantam : -tum *T* || posceret *H* : poposcerat *ET* || qua : quia *H* || limine : lumine *H*.

76 usu iam *H* : iam usu *T* usu *EV* || immitteret: mitteret *TW* || uestra tecta, uestras pecunias : uestras pecunias, uestra tecta *TW* || pecunias dico *HV* : dico *ET* || fingi : fungi *H* || putatis haec *CH* : haec putatis *ET* patentur haec *H*.

verte de sang, T. Annius s'écriait : « Approchez, je vous en prie, et écoutez-moi, citoyens ! J'ai tué P. Clodius ; ses violences insensées que nos lois, que nos tribunaux ne pouvaient plus réprimer[1], c'est le fer, c'est le bras que voici qui les ont écartées de vos têtes ; ainsi, grâce à moi, à moi seul, le droit, la justice, les lois, la liberté, l'honneur, les bonnes mœurs subsistent encore dans la cité », oui, vraiment, on pourrait craindre l'accueil que lui ferait la cité ! En réalité, qui ne l'approuve, qui ne le félicite, qui ne dit et ne pense que, de mémoire d'homme nul n'a rendu plus grand service à sa patrie que T. Annius et n'a causé plus d'allégresse au peuple romain, à l'Italie entière, à toutes les nations ? Je ne puis juger ce que furent dans le passé les joies du peuple romain ; du moins, notre époque a vu jusqu'ici maintes victoires éclatantes remportées par de grands généraux[2] ; mais aucune n'a apporté d'allégresse aussi durable ni aussi vive. Gravez ces paroles dans votre mémoire, juges. **78** J'espère que vous assisterez, vous et vos enfants à maints événements heureux dans la vie publique ; chaque fois vous ne manquerez pas de juger que, si P. Clodius avait été vivant, vous n'auriez rien vu de tel. Nous concevons l'ardent espoir et, j'en suis convaincu, l'espoir bien fondé, que cette année même le consulat de ce grand homme[3], en réprimant l'anarchie, en réfrénant les excès, en rétablissant les lois et les tribunaux, apportera le salut à la cité. Or est-il quelqu'un d'assez insensé pour croire que tout cela eût été possible du vivant de Clodius ? Que dis-je ?

1. Clodius, traduit devant un tribunal ordinaire après la violation des mystères de la Bonne Déesse, avait été scandaleusement acquitté. De même c'est en vain qu'à plusieurs reprises Milon l'avait accusé *de ui*. La désorganisation des tribunaux, conséquence des troubles politiques, avait entravé la procédure.

2. Notamment les victoires de Pompée sur les pirates et sur Mithridate.

3. Le 28 février, sur la proposition de Bibulus et de Caton, l'interroi en fonctions avait nommé Pompée consul sans collègue.

77 Quamobrem si cruentum gladium tenens clamaret T. Annius : « Adeste quaeso atque audite ciues ! P. Clodium interfeci, eius furores quos nullis iam legibus, nullis iudiciis frenare poteramus, hoc ferro et hac dextera a ceruicibus uestris reppuli, per me ut unum ius, aequitas, leges, libertas, pudor, pudicitia in ciuitate maneret » : esset uero timendum quonam modo id ferret ciuitas ? Nunc enim quis est qui non probet, qui non laudet, qui non unum post hominum memoriam T. Annium plurimum rei publicae profuisse, maxima laetitia populum Romanum, cunctam Italiam, nationes omnis adfecisse et dicat et sentiat ? Non queo uetera illa populi Romani gaudia quanta fuerint iudicare ; multas tamen iam summorum imperatorum clarissimas uictorias aetas nostra uidit, quarum nulla neque tam diuturnam laetitiam attulit nec tantam. Mandate hoc memoriae, iudices. **78** Spero multa uos liberosque uestros in re publica bona esse uisuros ; in his singulis ita semper existimabitis, uiuo P. Clodio nihil eorum uos uisuros fuisse. In spem maximam et, quem ad modum confido, uerissimam sumus adducti hunc ipsum annum, hoc summo uiro consule, compressa hominum licentia, cupiditatibus fractis, legibus et iudiciis constitutis salutarem ciuitati fore. Numquis est igitur tam demens qui

77 interfeci : interfici *T* || pudor *bis E* || in ciuitate *post* pudicitia *hab. T*, *ante* leges *H*, *post* leges *E*, *post* maneret *Zielinski*, *del Clark* || adfecisse et *HV* : adfecisset *E* adfecisse *T* || laetitiam attulit : attulit laetitiam *ET*.

78 bona *H* : multa bona *TW* uestra bona *E* || eorum *ET* : horum *HV* || hoc *HV* : hoc ipso *ET* || fractis : confractis *H* || igitur est *HV* : est igitur *ET*.

ces biens qui vous appartiennent en propre à titre privé, quel droit aurait pu vous en garantir la possession durable sous la tyrannie de ce fou furieux ?

XXIX Je ne crains pas, juges, de paraître, emporté par le ressentiment de l'hostilité, exhaler ma bile contre lui avec plus de passion que de vérité. Certes j'avais des raisons particulières de le haïr, mais tous avaient en lui un ennemi commun, si bien que dans cette haine universelle la mienne avait peine à atteindre le niveau général. On ne saurait assez dire ou même imaginer jusqu'où allait la scélératesse et la malfaisance de ce misérable.
79 Plus que jamais, prêtez-moi votre attention, juges. [On informe bien ici du meurtre de Clodius.] Eh bien, représentez-vous — car notre imagination est libre et se figure ce qu'elle veut aussi clairement que nous distinguons ce qui est sous nos yeux — représentez-vous, dis-je, en imagination la convention que voici. Si je pouvais obtenir de vous l'acquittement de Milon mais à la condition expresse que Clodius revînt à la vie... Eh quoi ? vos visages expriment la terreur ? Quelle serait votre émotion s'il était vivant, puisque, tout mort qu'il est, il vous a ainsi bouleversés par une vaine imagination ? Eh bien, si Pompée lui-même, qui, grâce à sa bravoure et à sa chance [1], a toujours réussi ce dont lui seul était capable, si Pompée, dis-je, avait eu le choix d'instaurer une instruction judiciaire au sujet de la mort de Clodius ou de le ramener des enfers, qu'aurait-il préféré, à votre avis ? Si même l'amitié l'avait engagé à le ramener des enfers, l'intérêt de l'État l'en eût détourné. Vous siégez donc ici pour venger la mort d'un homme à qui vous refuseriez de rendre la vie si vous vous en croyiez capables ; et le tribunal chargé d'informer du meurtre de Clodius a été institué par une loi qui, si elle avait eu le pouvoir

1. Dans le *de Imp. Pomp.*, 47-48, Cicéron insiste longuement sur le bonheur qui a toujours favorisé les entreprises de Pompée.

hoc P. Clodio uiuo contingere potuisse arbitretur ? Quid ? ea quae tenetis priuata atque uestra, dominante homine furioso quod ius perpetuae possessionis habere potuissent ?

XXIX Non timeo, iudices, ne odio mearum inimicitiarum inflammatus lubentius haec in illum euomere uidear quam uerius. Etenim si praecipuum esse debebat, tamen ita communis erat omnium ille hostis, ut in communi odio paene aequaliter uersaretur odium meum. Non potest dici satis, ne cogitari quidem quantum in illo sceleris, quantum exiti fuerit.
79 Quin sic attendite, iudices. [Nempe haec est quaestio de interitu P. Clodi.] Fingite animis — liberae sunt enim nostrae cogitationes et quae uolunt sic intuentur, ut ea cernimus quae uidemus —, fingite igitur cogitatione imaginem huius condicionis meae, si possim efficere Milonem ut absoluatis, sed ita si P. Clodius reuixerit... Quid uoltu extimuistis ? Quonam modo ille uos uiuos adficeret, quos mortuos inani cogitatione percussit ? Quid ? si ipse Cn. Pompeius qui ea uirtute ac fortuna est ut ea potuerit semper quae nemo praeter illum, si is, inquam, potuisset aut quaestionem de morte P. Clodi ferre aut ipsum ab inferis excitare, utrum putatis potius fac-

78 arbitretur : *ed. Aldina* : -traretur *codd.* || possessionis *dett.* : -nes *HET* || mearum inimicitiarum : inimicitiarum mearum *T* || etenim si : etenim etsi *H* || ne *T* : nec *HE*.

79 nempe... P. Clodi *del. Clark* : nempe de interitu P. Clodi *H* || sunt enim *CE* : enim sunt *HT* || cernimus : -namus *CH* || uidemus *CET* : non uidemus *H*, *cf*, *QVINT*. 9, 2, 41 || possim *T* : possum *E* possum id (*uel* iam) *V* possimus *H* || Milonem ut *H* : ut Milonem *ET* || uoltu *H* : uultum *T* uultus *E* || uiuos (*sic*) *HET* || adficeret *HV* : adfecerat *T* efficerit *E* || mortuos : mortus *H* || percussit : perculsit *E*.

de le ressusciter n'aurait jamais été portée. Si Milon était son assassin [1], craindrait-il, en l'avouant, d'être châtié par ceux qu'il a libérés ? **80** Les Grecs décernent des honneurs divins aux meurtriers des tyrans [2]. Que n'ai-je pas vu moi-même à Athènes ainsi que dans d'autres villes de Grèce ! Quelles cérémonies religieuses instituées en l'honneur de tels héros ! Quels chants, quels poèmes ! C'est presque une apothéose que leur confère le culte et le souvenir dont ils sont l'objet. Et vous, loin d'accorder des honneurs au sauveur d'un si grand peuple, au vengeur de tant de scélératesse, vous le laisseriez traîner au supplice ? Il avouerait, oui, il avouerait, s'il avait fait ce dont on l'accuse [3], avec enthousiasme et avec joie qu'il a accompli pour assurer la liberté publique un acte que non seulement il devrait avouer, mais dont il devrait se faire honneur. XXX **81** En effet s'il ne nie pas un acte pour lequel il ne demande que d'être absous, hésiterait-il à avouer ce dont il devrait attendre la récompense de la gloire ? A moins que vraiment il n'estime que vous lui savez plus de gré pour avoir défendu sa propre vie que pour avoir sauvé les vôtres, d'autant plus que cet aveu, si vous vouliez être reconnaissants, lui vaudrait les plus hautes récompenses. Si pourtant vous n'approuviez pas sa con-

1. C'est-à-dire meurtrier avec préméditation.

2. Cicéron assimile Clodius à un tyran cf. § 35 et 78. Dans une lettre à Atticus, 14, 15, 2, il appelle Milon « le tyrannicide crotoniate ». Ici il songe particulièrement à Harmodius et Aristogiton, les meurtriers des fils de Pisistrate à qui Athènes rendait un culte analogue à celui des héros. Il énumère le culte (res diuinas), les chants religieux exécutés par des chœurs (cantus), les poèmes de tous genres (carmina) tels que celui de Callistrate dont une strophe célèbre a été conservée.

Peut-être se souvient-il ici d'un passage du discours *Sur les prévarications de l'ambassade*, § 280, où Démosthène rappelle que les tyrannicides Harmodius et Aristogiton, en raison des immenses services qu'ils ont rendus à la patrie, sont associés au culte des immortels, célébrés par des chants et honorés à l'égal des dieux et des héros.

3. S'il avait prémédité le meurtre de Clodius, loin de s'en défendre, il s'en glorifierait.

turum fuisse ? Etiamsi propter amicitiam uellet illum ab inferis euocare, propter rem publicam non fecisset. Eius igitur mortis sedetis ultores, cuius uitam, si putetis per uos restitui posse, nolitis, et de eius nece lata quaestio est qui si lege eadem reuiuiscere posset, lata lex numquam esset. Huius ergo interfector si esset, in confidendo ab hisne poenam timeret quos liberauisset ? **80** Graeci homines deorum honores tribuunt iis uiris qui tyrannos necauerunt. — Quae ego uidi Athenis, quae aliis in urbibus Graeciae ! quas res diuinas talibus institutas uiris, quos cantus, quae carmina ! Prope ad immortalitatis et religionem et memoriam consecrantur — : uos tanti conseruatorem populi, tanti sceleris ultorem non modo honoribus nullis afficietis, sed etiam ad supplicium rapi patiemini ? Confiteretur, confiteretur inquam, si fecisset, et magno animo et libenter fecisse se libertatis omnium causa, quod esset ei non confitendum modo, uerum etiam praedicandum.

XXX **81** Etenim si id non negat ex quo nihil petit nisi ut ignoscatur, dubitaret id fateri ex quo etiam praemia laudis essent petenda ? Nisi uero gratius putat esse uobis sui se capitis quam uestri defensorem fuisse ; cum praesertim in ea confessione,

||**79** facturum fuisse : facturum esse *H* || euocari *HVW* : auocari *ET* || nolitis *HT*, *QVINT.*, 5, 14, 2 : nolletis *E* || lege eadem : legem eandem *T* || lata lex nunquam *ET* : ista lex lata numquam *H* ista lex nunquam lata *V* || hisne *ET* : his *H*.

80 homines : honores *T* || iis : his *HET* || aliis in : in aliis *H* || immortalitatis : immortalitatem *T* || libenter : libente *H* || fecisse se : se fecisse *H* || ei *om.* *HV* || uerum etiam *ET* : sed etiam uere *H*. *V*.

81 dubitaret : quod dubitaret *H* || id *H* : is *ET* || uestri *H* : uestri ordinis *ET* || ea *ET* : tali *H*.

duite — mais comment n'approuverait-on pas une action à laquelle on doit son salut ? — si pourtant la vaillance d'un homme de si grand cœur ne rencontrait pas la reconnaissance de ses concitoyens, alors, avec noblesse et fermeté, il quitterait une cité ingrate. Car ne serait-ce pas le comble de l'ingratitude que tous soient dans la joie, tandis que seul serait dans le chagrin l'auteur de la joie universelle ? **82** Et pourtant notre sentiment à tous a toujours été, lorsque nous écrasions les traîtres à la patrie, que, si la gloire devait être notre lot, il en serait de même des dangers et des haines. Par exemple, à quel mérite aurais-je pu prétendre moi-même si, dans mon consulat où j'ai tant osé pour vous et vos enfants, j'avais cru pouvoir tout entreprendre et tout oser sans courir personnellement les plus graves dangers ? Est-il une femme qui n'oserait mettre à mort un citoyen scélérat et malfaisant si elle n'avait aucun danger à redouter ? Mais avoir la perspective de la réprobation publique, de la mort, des châtiments et ne pas défendre l'État avec moins d'ardeur, c'est se montrer véritablement digne du nom d'homme. Le devoir d'un peuple reconnaissant est de récompenser les services que les citoyens ont rendus à la patrie, mais celui d'un homme courageux est de braver, même le châtiment, sans regretter d'avoir montré du courage. **83** Ainsi T. Annius ferait le même aveu qu'Ahala, que Nasica, qu'Opimius, que Marius, que moi-même[1], et si la patrie se montrait reconnaissante, il s'en réjouirait, si elle était ingrate, il aurait du moins dans son malheur le réconfort d'une bonne conscience.

1. Les noms de ces personnages, champions de la liberté du peuple romain, ont déjà été cités au § 8 dans le même ordre chronologique et reviennent souvent dans les discours de Cicéron. Ahala a tué, en 439 av. J.-C., Spurius Maelius, soupçonné d'aspirer à la royauté. P. Cornelius Scipion Nasica fut, en 133, l'initiateur du mouvement où périt Tiberius Gracchus.

En 121 le consul L. Opimius, investi des pleins pouvoirs, mena

si grati esse uelletis, honores assequeretur amplissimos. Sin factum uobis non probaretur — quamquam qui poterat salus sua cuiquam non probari ? —, sed tamen si minus fortissimi uiri uirtus ciuibus grata cecidisset, magno animo constantique cederet ex ingrata ciuitate. Nam quid esset ingratius quam laetari ceteros, lugere eum solum propter quem ceteri laetarentur ? **82** Quamquam hoc animo semper fuimus omnes in patriae proditoribus opprimendis, ut quoniam nostra futura esset gloria, periculum quoque et inuidiam nostram putaremus. Nam quae mihi ipsi tribuenda laus esset, cum tantum in consulatu meo pro uobis ac liberis uestris ausus essem, si id quod conabar sine maximis dimicationibus meis me esse ausurum arbitrarer ? Quae mulier interficere sceleratum ac perniciosum ciuem non auderet, si periculum non timeret ? Proposita inuidia, morte, poena qui nihilo segnius rem publicam defendit, is uir uere putandus est. Populi grati est praemiis adficere bene meritos de re publica ciuis, uiri fortis ne suppliciis quidem moueri ut fortiter fecisse paeniteat. **83** Quam ob rem uteretur eadem confessione T. Annius qua Ahala, qua Nasica, qua Opimius, qua Marius, qua nosmet ipsi et si grata res publica esset, laetaretur ; si ingrata, tamen in graui fortuna conscientia sua niteretur.

81 sin *HV* : si *ET* || non probaretur : probaretur *H* || magno : et magno *V* || quam *ET* : potius quam *HV*.

82 fuimus omnes *HVW* : omnes fuimus *ET* || nostra futura esset : futura esset nostra *H* || ipsi tribuenda : tribuenda ipsa *H* || meo *om*, *H* || quod *HT* : cum *E* || dimicationibus : cogitationibus *H* || interficere *post* mulier *hab*. *HE* : *post* ciuem *T* || ciuis uiri *om H*. || ut *om*. *T*

83 uteretur : -mur *T* ||publica *om*. *H* || si ingrata : sin ingrata *V*.

Mais pour ce bienfait, juges, c'est la Fortune du peuple romain, c'est votre bonheur, ce sont les dieux immortels qui croient pouvoir revendiquer votre reconnaissance. Pour penser autrement il faudrait nier la puissance et la providence divines, être indifférent à la grandeur de notre empire, à ce soleil qui nous éclaire, aux mouvements du ciel et des constellations, aux successions régulières de la nature et, bien plus encore, à la sagesse de nos ancêtres qui eux-mêmes ont pratiqué avec tant de piété le culte, les cérémonies, les auspices et nous les ont transmis, à nous leurs descendants. XXXI **84** Car elle existe évidemment, elle existe cette puissance et il est faux que nos corps, que notre faiblesse possèdent un principe de vie et de sentiment et qu'en soit privée l'activité si puissante et si splendide de la nature. A moins qu'on le nie parce qu'il est invisible et n'est pas perçu, comme si cet esprit qui nous donne sagesse et prévoyance et qui, en cet instant même, inspire nos actions et nos paroles, nous pouvions le voir et en connaître exactement la nature et le siège ? Cette puissance, à qui notre ville a dû souvent des succès et des prospérités incroyables, c'est donc elle qui a détruit et fait disparaître ce fléau et qui tout d'abord lui a inspiré l'audace d'exaspérer par ses violences et de provoquer à main armée un homme aussi vaillant, et ainsi l'a fait abattre par celui dont la défaite lui aurait procuré pour toujours l'impunité et la pleine liberté pour le crime.
85 Non, ce n'est pas par une résolution humaine, ni même par un effet ordinaire de la sollicitude des dieux immortels que ce grand événement s'est accompli. Les lieux sacrés eux-mêmes, qui ont vu tomber ce monstre,

contre Caïus Gracchus une lutte acharnée où le tribun et 3.000 de ses partisans trouvèrent la mort. C. Marius, en 100, fit mettre à mort les rebelles Saturninus et Servilius Glaucia. Enfin Cicéron lui-même, en 63, fit voter par le Sénat la peine de mort contre les complices de Catilina.

Sed huius benefici gratiam, iudices, Fortuna populi Romani et uestra felicitas et di immortales sibi deberi putant. Nec uero quisquam aliter arbitrari potest, nisi qui nullam uim esse ducit numenue diuinum, quem neque imperii nostri magnitudo neque sol ille nec caeli signorumque motus nec uicissitudines rerum atque ordines mouent neque id quod maximum est, maiorum nostrorum sapientia, qui sacra, qui caerimonias, qui auspicia et ipsi sanctissime coluerunt et nobis suis posteris prodiderunt. XXXI **84** Est, est illa uis profecto, neque in his corporibus atque in hac inbecillitate nostra inest quiddam quod uigeat et sentiat, non inest in hoc tanto naturae tamque praeclaro motu. Nisi forte idcirco non putant, quia non apparet nec cernitur ; proinde quasi nostram ipsam mentem qua sapimus, qua prouidemus, qua haec ipsa agimus ac dicimus, uidere ac plane qualis aut ubi sit sentire possimus. Ea uis igitur ipsa quae saepe incredibilis huic urbi felicitates atque opes adtulit, illam perniciem extinxit ac sustulit, cui primum mentem iniecit, ut ui irritare ferroque lacessere fortissimum uirum auderet, uinceretur que ab eo quem si uicisset, habiturus esset impunitatem et licentiam sempiternam. **85** Non est humano consilio, ne mediocri quidem, iudices, deorum immortalium cura res illa perfecta. Religiones mehercule ipsae

83 fortuna *om. H* || numenue : numenque *HV* || nostrorum *om. ET*.
84 est est *HV* : est *T* est igitur *E* et est *dett.* || illa uis profecto *CH* : profecto uis illa *ET* || tamque *CH* : tam *ET* || ac plane *CH* : aut plane *ET* || igitur ipsa *CE* : ipsa igitur *T* ipsa *H* || habiturus : habitaturus *T*.
85 religiones *ET* : regiones *HV* || mehercule : -les *HV*.

ont paru s'émouvoir et maintenir contre lui leur droit. Car c'est vous maintenant, hauteurs et bois sacrés d'Albe, c'est vous, dis-je, que j'invoque et que j'appelle en témoignage, et vous, autels ensevelis des Albains [1] qui êtes associés au culte du peuple romain et non moins anciens, vous que, dans l'aveugle emportement de sa démence, Clodius, après avoir coupé et abattu les bois les plus sacrés, avait écrasés sous la masse extravagante des soubassements de sa villa : alors votre caractère sacré s'est manifesté ; votre puissance, qu'il avait outragée par tant de crimes, a prévalu ; et toi, du haut de ta montagne, divin Jupiter Latial [2], dont les lacs, les bois, et tout le territoire avaient souvent été souillés par ses sacrilèges et ses crimes de toutes sortes, tes yeux se sont enfin ouverts pour son châtiment. C'est à vous tous, c'est en votre présence qu'il a donné satisfaction par un châtiment tardif sans doute, mais juste et mérité. **86** A moins d'attribuer encore au hasard ce fait que c'est devant le sanctuaire même de la Bonne Déesse situé dans le domaine de T. Sertius Gallus, jeune homme particulièrement honorable et distingué, sous les yeux mêmes, dis-je, de la Bonne Déesse que s'est engagé le combat et qu'il a reçu la première blessure dont il devait périr d'une mort ignoble. Ainsi, jadis, un jugement impie ne l'avait pas véritablement absous, semble-t-il, mais réservé à ce châtiment exemplaire.

XXXII On ne peut nier que ce soit cette même colère des dieux qui a égaré si fort l'esprit de ses satellites, que sans images d'ancêtres, sans chants ni jeux funèbres, sans cortège, sans lamentations, sans éloge funèbre,

1. Les autels des Albains, qui, comme en témoigne Tite-Live (1, 29, 6 et 1, 31, 3), avaient été respectés par les Romains lors de la destruction d'Albe, avaient servi à la célébration des *Feriae Latinae*, communes aux Romains et aux Albains.

2. Sur le plus haut sommet des monts albains s'élevait le temple de Jupiter Latiaris, protecteur de la confédération latine.

quae illam beluam cadere uiderunt, commosse se uidentur et ius in illo suum retinuisse. Vos enim iam Albani tumuli atque luci, uos, inquam, imploro atque testor, uosque Albanorum obrutae arae sacrorum populi Romani sociae et aequales, quas ille praeceps amentia caesis prostratisque sanctissimis lucis substructionum insanis molibus oppresserat ; uestrae tum religiones uiguerunt, uestra uis ualuit, quam ille omni scelere polluerat ; tuque ex tuo edito monte, Latiaris sancte Iuppiter, cuius ille lacus, nemora finesque saepe omni nefario stupro et scelere macularat, aliquando ad eum poeniendum oculos aperuisti ; uobis illae, uobis uestro in conspectu serae, sed iustae tamen et debitae poenae solutae sunt.
86 Nisi forte hoc etiam casu factum esse dicemus, ut ante ipsum sacrarium Bonae deae, quod est in fundo T. Serti Galli, in primis honesti et ornati adulescentis, ante ipsam, inquam, Bonam deam cum proelium commisisset, primum illud uolnus acciperet, quo taeterrimam mortem obiret, ut non absolutus iudicio illo nefario uideretur, sed ad hanc insignem poenam reseruatus. XXXII Nec uero non eadem ira deorum hanc eius satellitibus iniecit amentiam, ut sine imaginibus, sine cantu atque ludis, sine exequiis, sine lamentis, sine laudationibus, sine funere,

85 quae illam : quae tum illam *W* quae cum illam *T* || commosse : commouisse *E* || testor *H* : obtestor *ET* || oppresserat : impr- *H* || tum religiones *HV* : tum arae uestrae religiones *ET* || latiaris *E* : latiari *HV* : latialis *Schol. Lucan.*, 1, 198 latiarei *T* latiaret *W* || poeniendum : pun- *HE*.

86 *T.* om. *PH* || Serti : Sergi *P* || acciperet *PHV* : acceperit *TWE* || sine lamentis *om. HB*.

en un mot sans funérailles[1], son corps, couvert de sang et de boue, privé de la solennité de ce jour suprême, que d'ordinaire ne refusent pas même les ennemis, fût brûlé et abandonné sur la voie publique. Sans doute les dieux n'ont pas permis que les portraits d'hommes illustres vinssent apporter quelque éclat à un si exécrable assassin et que, mort, il fût déchiré ailleurs que dans le lieu même où vivant il avait été condamné.

87 Bien dure, par ma foi, me semblait être la Fortune du peuple romain, bien dure et bien cruelle, pour avoir, pendant tant d'années, souffert que cet homme insultât notre république. Il avait profané par un adultère le culte le plus sacré ; il avait brisé les sénatusconsultes les plus respectables, il s'était racheté à prix d'or d'une condamnation ; durant son tribunat, il avait persécuté le Sénat, rompu tout ce qu'avait fait l'accord de tous les ordres pour le salut public ; il m'avait chassé de ma patrie, pillé mes biens, brûlé ma maison, persécuté mes enfants et ma femme, déclaré à Pompée une guerre impie, massacré des magistrats et des particuliers, brûlé la maison de mon frère, ravagé l'Etrurie, expulsé une foule de propriétaires de leur demeure et de leur domaine ; ses menaces étaient incessantes, acharnées ; c'était un champ trop étroit pour sa folie que la cité, l'Italie, les provinces, les royaumes. Déjà chez lui on gravait des lois qui devaient nous asservir à nos esclaves[2] ; il n'était pas de possession convoitée par lui dont il n'espérât se rendre maître au cours de la présente année. **88** Pour faire obstacle à ses projets, il n'y avait personne que Milon. Le seul

1. Ici sont énumérés les éléments des funérailles solennelles (cf. § 33) : les images des ancêtres honorés de magistratures curules qui figuraient dans le cortège, la musique des joueurs de flûte et de cor, les jeux funèbres, spécialement les combats de gladiateurs, le convoi, les pleureuses, l'éloge du mort.

2. Dans sa présomption, Clodius n'attendait même pas que les lois fussent votées pour les faire graver en vue de l'affichage.

oblitus cruore et luto, spoliatus illius supremi diei celebritate cui cedere inimici etiam solent, ambureretur abiectus. Non fuisse credo fas clarissimorum uirorum formas illi taeterrimo parricidae aliquid decoris adferre, neque ullo in loco potius mortem eius lacerari quam in quo esset uita damnata.

87 Dura, me dius fidius, mihi iam Fortuna populi Romani et crudelis uidebatur, quae tot annos illum in hanc rem publicam insultare pateretur. Polluerat stupro sanctissimas religiones, senatus grauissima decreta perfregerat, pecunia se a iudicibus palam redemerat, uexarat in tribunatu senatum, omnium ordinum consensu pro salute rei publicae gesta resciderat, me patria expulerat, bona diripuerat, domum incenderat, liberos, coniugem meam uexarat, Cn. Pompeio nefarium bellum indixerat, magistratuum priuatorumque caedes effecerat, domum mei fratris incenderat, uastarat Etruriam, multos sedibus ac fortunis eiecerat ; instabat, urgebat ; capere eius amentiam ciuitas, Italia, prouinciae, regna non poterant ; incidebantur iam domi leges, quae nos seruis nostris addicerent ; nihil erat cuiusquam quod quidem ille adamasset, quod non hoc anno suum fore putaret.
88 Obstabat eius cogitationibus nemo praeter Milo-

86 cui : *T* || ambureretur : imbueretur *ET* || abiectus : etiam abiectus *T* || aliquid : -quod *T* || mortem : in mortem *H* || in quo esset uita damnata : iniquo esse uitam dampnati *H*.

87 mihi *ante* me *hab.* *T* || in hanc rem publicam : in hac r. p. *PV* || a iudicibus : iudicibus *ET* || palam *ante* se *hab.* *HV* || uexauerat *ET* : uexerat *H* || patria : -am *P* || indixerat : -du- *P* || capere : sapere *E* || seruis nostris : nostris seruis *T*.

homme, à part celui-ci, qui pouvait y faire obstacle, il croyait l'avoir pour ainsi dire lié à sa cause par une récente réconciliation. La puissance de César, disait-il, lui était acquise. Il avait appris, à l'occasion de mon malheur, à mépriser les sentiments des gens de bien. Seul Milon le serrait de près.

XXXIII C'est alors que les dieux immortels, comme je l'ai dit déjà, inspirèrent à ce pervers, à ce fou furieux d'attenter à la vie de Milon. Ce monstre n'aurait pu périr autrement ; jamais l'État n'aurait pu le châtier par les moyens de droit dont il disposait. Le Sénat, apparemment, aurait imposé un frein à sa préture. Mais même alors que le Sénat usait de cette prérogative, il avait été impuissant contre ce même Clodius, simple particulier. **89** Et les consuls, dites-moi, auraient-ils eu le courage de limiter son activité de préteur ? D'abord, après avoir assassiné Milon, il aurait eu des consuls à lui ; ensuite quel consul aurait montré du courage envers un préteur dont il se souvenait que, pendant son tribunat, il avait cruellement persécuté le mérite d'un ancien consul ? Il aurait tout accaparé ; il posséderait tout, serait maître de tout. Par une loi nouvelle qu'on a trouvée chez lui parmi tant d'autres lois Clodiennes, il aurait fait de nos esclaves ses affranchis ; enfin si les dieux immortels n'avaient inspiré à un efféminé comme lui le projet d'attenter à la vie d'un homme de grand courage, aujourd'hui vous n'auriez plus de gouvernement. **90** Dites-moi, une fois préteur et surtout une fois consul — si du moins les temples, les murailles mêmes de Rome avaient pu, de son vivant, rester debout assez longtemps pour attendre son consulat — Clodius vivant, en un mot, n'aurait-il fait aucun mal, lui qui, après sa mort, a, par les mains de l'un de ses satellites, incendié la curie ? Est-il rien de plus triste,

nem. Illum ipsum qui poterat obstare, nouo reditu in gratiam quasi deuinctum arbitrabatur ; Caesaris potentiam suam esse dicebat ; bonorum animos in meo casu contempserat : Milo unus urgebat.

XXXIII Hic di immortales, ut supra dixi, mentem illi perdito ac furioso dederunt, ut huic faceret insidias. Aliter perire pestis illa non potuit ; numquam illum res publica suo iure esset ulta. Senatus, credo, praetorem eum circumscripsisset. Ne cum solebat quidem id facere in priuato eodem hoc aliquid profecerat. **89** An consules in praetore coercendo fortes fuissent ? Primum Milone occiso habuisset suos consules ; deinde quis in eo praetore consul fortis esset, per quem tribunum uirtutem consularem crudelissime uexatam esse meminisset ? Oppressisset omnia, possideret, teneret ; lege noua quae est inuenta apud eum cum reliquis legibus Clodianis, seruos nostros libertos suos effecisset ; postremo nisi eum di immortales in eam mentem impulissent, ut homo effeminatus fortissimum uirum conaretur occidere, hodie rem publicam nullam haberetis. **90** An ille praetor, ille uero consul, si modo haec templa atque ipsa moenia stare eo uiuo tamdiu et consulatum eius expectare potuissent, ille denique uiuus mali nihil fecisset, qui mortuus uno ex suis satellitibus [Sex. Clodio] duce curiam incenderit ? Quo quid

88 poterat obstare : obstare poterat *P* || deuinctum *PW* : deuictum *HET* || potentiam *om. PHV* || hic *om. H* || illum : per illum *E*.

89 in eo : eo *HV* || fortis esset : fuisset fortis *H* || oppressisset *om. T* || suos effecisset *HV* : suos fecisset *E* fecisset suos *T*.

90 an : at *T* || qui mortuus uno *dett.* : cui mortuus uno *E* cum mortuus uno *T* qui mortuo unus *H* || Sex. Clodio : ex clodio (cloelio *E*) *ET*, *del. Madvig*.

de plus cruel, de plus déplorable ? Ce sanctuaire de sainteté, de grandeur, de sagesse, siège du conseil public, haut-lieu de la cité, autel des alliés, port de refuge de toutes les nations, demeure concédée par le peuple tout entier au seul ordre sénatorial, nous l'avons vu incendié, détruit, souillé ; et cela ne fut pas l'ouvrage d'une multitude aveugle — ce qui serait déjà lamentable — mais un seul homme en est l'auteur. Et celui qui a été capable de tant d'audace, comme brûleur de cadavre au service d'un mort, que n'aurait-il pas osé comme porte-enseigne de Clodius vivant ? Il a choisi la curie pour y jeter son corps, pour que Clodius l'incendiât une fois mort, après l'avoir bouleversée de son vivant **91** Et il y a des gens pour se lamenter à propos de la voie Appienne, quand ils ne disent rien de la curie et pour penser que lorsqu'il respirait encore on aurait pu défendre le Forum contre lui, quand la curie n'a pu se défendre contre son cadavre ! Rappelez-le, rappelez-le, si vous le pouvez, d'entre les morts ; briserez-vous les violences d'un vivant, quand vous avez grand peine à contenir les fureurs d'un mort sans sépulture ? Avez-vous donc contenu ces hommes qui ont couru à la curie avec des torches, au temple de Castor avec des faux et se sont répandus dans tout le Forum avec des épées ? Vous avez vu massacrer le peuple romain, disperser à coups d'épée l'assemblée qui écoutait en silence le tribun de la plèbe M. Célius, valeureux serviteur de l'État, inébranlable champion de la cause qu'il soutient, tout dévoué à la volonté des gens de bien et à l'autorité du Sénat, et qui témoigne à Milon, dans la réprobation dont il est l'objet, comme dans son exceptionnelle fortune, une héroïque, une incroyable fidélité.

PÉRORAISON. **XXXIV** **92** Mais en voilà assez sur la cause et même trop peut-être hors de la cause. Que

miserius, quid acerbius, quid luctuosius uidimus ? Templum sanctitatis, amplitudinis, mentis, consili publici, caput urbis, aram sociorum, portum omnium gentium, sedem ab uniuerso populo concessam uni ordini inflammari, excindi, funestari, neque id fieri a multitudine imperita — quamquam esset miserum id ipsum —, sed ab uno ! Qui cum tantum ausus sit ustor pro mortuo, quid signifer pro uiuo non esset ausurus ? In curiam potissimum abiecit, ut eam mortuus incenderet quam uiuus euerterat. **91** Et sunt qui de uia Appia querantur, taceant de curia. et qui ab eo spirante forum putent potuisse defendi, cuius non restiterit cadaueri curia ? Excitate, excitate ipsum si potestis a mortuis ; frangetis impetum uiui, cuius uix sustinetis furias insepulti ? Nisi uero sustinuistis eos qui cum facibus ad curiam cucurrerunt, cum fa*l*cibus ad Castoris, cum gladiis toto foro uolitarunt. Caedi uidistis populum Romanum, contionem gladiis disturbari, cum audiretur silentio M. Caelius tribunus pl., uir et in re publica fortissimus, in suscepta causa firmissimus, et bonorum uoluntati, auctoritati senatus deditus, et in hac Milonis siue inuidia siue fortuna singulari, diuina, incredibili fide.

XXXIV **92** Sed iam satis multa de causa, extra

90 urbis : orbis *CH* || inflamnari, excindi, funestari : excindi, funestari, excindi (*sic*) *H* || ab uno : uno *H* || quid : quod *E* || ausurus *H* : ausus *cett.*

91 Et *HT* : sed *E* || restiterit : restituerit *T* || cadaueri : cadauer in *ET* || a mortuis : ab inferis *VH* || sustinetis... uero *om. H* || falcibus *dett.* : facibus *HET* || in suscepta : et in suscepta *ET* || auctoritati *EV* et auctoritati *T* atque auctoritati *H* || siue fortuna singulari : fortuna siue a singulari *E* || incredibili *HV* : et incredibili *ET*.

me reste-t-il à faire ? A vous prier, à vous conjurer, juges, d'accorder à un homme de cœur une pitié qu'il n'implore pas lui-même, mais que j'implore et sollicite contre son gré. Je vous en prie, si vous n'avez pas aperçu une larme dans les yeux de Milon, au milieu des pleurs que nous versons tous[1], si vous voyez que son visage n'a pas changé, que sa voix et son langage sont toujours fermes et toujours assurés, ne lui soyez pas pour cela moins favorables[2] ; peut-être même est-ce une raison de s'intéresser bien davantage à lui. En effet, si dans les combats de gladiateurs, où il s'agit d'hommes de la catégorie et de la condition les plus basses, nous allons jusqu'à éprouver de l'aversion pour les lâches qui nous supplient et nous conjurent de leur accorder la vie, tandis que nous désirons sauver ceux qui, pleins de courage et de résolution, s'offrent intrépidement à la mort, si enfin notre pitié va bien plus à ceux qui ne la réclament pas qu'à ceux qui la sollicitent, à plus forte raison, quand il s'agit de vaillants citoyens, nous devons nous comporter ainsi. **93** Quant à moi, juges, elles me déchirent le cœur et me tuent, ces paroles de Milon que j'entends sans cesse, qu'en ma présence il répète chaque jour : « Puissent, dit-il, puissent être heureux mes concitoyens ; je leur souhaite salut, prospérité, bonheur ; puisse-t-elle se maintenir, cette ville glorieuse, cette patrie qui m'est si chère, quel que soit le traitement que j'en doive recevoir. Que mes concitoyens jouissent pleinement de la tranquillité publique, sans moi, puisqu'il ne m'est pas permis de jouir avec eux d'un bien qu'ils me doivent pourtant. Moi, je m'exilerai, je partirai. S'il ne m'est pas donné de jouir d'une patrie bienveil-

1. Outre les *patroni* et les *aduocati*, tous les parents, les amis, les partisans de Milon qui l'avaient accompagné au forum.

2. En fait, selon Plutarque, *Cic.*, 25, 1, l'impassibilité de Milon et son refus de recourir aux supplications indisposèrent les juges contre lui.

causam etiam nimis fortasse multa. Quid restat nisi ut orem obtesterque uos, iudices, ut eam misericordiam tribuatis fortissimo uiro quam ipse non implorat, ego etiam repugnante hoc et imploro et exposco ? Nolite, si in nostro omnium fletu nullam lacrimam adspexistis Milonis, si uoltum semper eundem, si uocem,si orationem stabilem ac non mutatam uidetis, hoc minus ei parcere ; haud scio an multo sit etiam adiuuandus magis. Etenim si in gladiatoriis pugnis et infimi generis hominum condicione atque fortuna timidos et supplices et ut uiuere liceat obsecrantis etiam odisse solemus, fortis et animosos et se acriter ipsos morti offerentis seruari cupimus, eorumque nos magis miseret qui nostram misericordiam non requirunt, quam qui illam efflagitant, quanto hoc magis in fortissimis ciuibus facere debemus !

93 Me quidem iudices exanimant et interimunt hae uoces Milonis quas audio adsidue et quibus intersum cotidie. « Valeant » inquit « ciues mei, ualeant ; sint incolumes, sint florentes, sint beati ; stet haec urbs praeclara mihique patria carissima, quoquo modo erit merita de me ; tranquilla re publica mei ciues, quoniam mihi cum illis non licet, sine me ipsi, sed propter me tamen perfruantur. Ego cedam atque

92 || obtesterque : obte storque *T* || adspexistis : adspexeritis *V* || orationem : rationem *T* || sit etiam adiuuandus *P* : etiam sit adiuuandus *HE* || etiam adiuandus sit *T* || infimi : in infimi *dett. plerique edd.* || hominum *PHV* : omnium *ET* || et supplices : atque supplices *P* || ipsos : ipsi *ET* || seruari *HV* : -re *PET* || ciuibus *om. H.*

93 ualeant inquit ciues mei ualeant *V* : ualeant ualeant inquit ciues mei ualeant *H* ualeant inquit ualeant ciues mei *PET* || stet : sitet *P* || erit merita de me : merita de me erit *T* || propter : per *ET*.

lante, du moins je me tiendrai éloigné d'une ingrate patrie; dans la première cité que je trouverai bien gouvernée et libre [1], j'aurai un lieu de repos. **94** O travaux accomplis en vain, o espérances trompeuses, o rêves qui ne se sont pas réalisés ! Moi qui, tribun de la plèbe, quand l'État était opprimé, me suis dévoué au Sénat que j'avais trouvé expirant, aux chevaliers romains dont les forces étaient chancelantes, aux gens de bien à qui les armes de Clodius avaient fait abdiquer toute influence, pouvais-je penser que jamais je serais privé de l'appui des gens de bien [2]? Et toi, <Cicéron> — car bien souvent il s'adresse à moi — après t'avoir rendu à la patrie, pouvais-je penser que dans cette même patrie il n'y aurait pas de place pour moi ? Qu'est devenu aujourd'hui ce Sénat dont nous avons servi la cause ? Que sont devenus ces chevaliers romains, dit-il, qui s'étaient donnés à toi ? et l'attachement des municipes, les acclamations de l'Italie [3]? enfin ta voix, M. Tullius, qui a prêté assistance à tant de citoyens et ton activité de défenseur ? Moi qui ai tant de fois bravé la mort pour toi, suis-je le seul qu'elles ne peuvent secourir ? »

XXXV **95** Tout cela, il ne le dit pas comme moi en pleurant, mais avec ce visage que vous lui voyez. Il ne dit pas en effet, non il ne dit pas que c'est pour des citoyens ingrats qu'il a agi de la sorte. Qu'ils aient été timides et trop circonspects à l'égard de tous les dangers, il ne le nie pas. La plèbe, le bas peuple qui, sous la conduite de P. Clodius menaçait vos biens ; il rappelle que, pour assurer votre sécurité, il a réussi à se l'attacher, non seu-

1. Milon se retira à Marseille, ville dont la constitution et le gouvernement étaient hautement appréciés.

2. Ici *boni uiri* paraît désigner non les seuls *optimates* mais tous les partisans de l'ordre.

3. Cicéron a maintes fois décrit l'accueil enthousiaste que lui firent Rome et toute l'Italie à son retour d'exil.

abibo. Si mihi bona re publica frui non licuerit, at carebo mala, et quam primum tetigero bene moratam et liberam ciuitatem, in ea conquiescam.

94 « O frustra » inquit « mihi suscepti labores, o spes fallaces et cogitationes inanes meae ! Ego cum tribunus pl. re publica oppressa me senatui dedissem quem extinctum acceperam, equitibus Romanis, quorum uires erant debiles, bonis uiris qui omnem auctoritatem Clodianis armis abiecerant, mihi umquam bonorum praesidium defuturum putarem ? Ego cum te » — mecum enim saepissime loquitur — « patriae reddidissem, mihi putarem in patria non futurum locum ? Vbi nunc senatus est quem secuti sumus, ubi equites Romani illi » inquit « tui, ubi studia municipiorum, ubi Italiae uoces, ubi denique tua illa, M. Tulli, quae plurimis fuit auxilio, uox atque defensio ? mihine ea soli qui pro te totiens morti me obtuli, nihil potest opitulari ? »

XXXV **95** Nec uero haec, iudices, ut ego nunc flens, sed hoc eodem loquitur uoltu quo uidetis. Negat enim, negat ingratis ciuibus fecisse quae fecerit, timidis et omnia pericula circumspicientibus non negat. Plebem et infimam multitudinem quae

93 abibo : adibo *T* || bona re publica : re (res *T*) publica bona *ETW* moratam : memoratam *T*.

94 mihi *P* : mei *cett.*, *QVINT.*, 6, 1, 27 || o spes : opes *T* || et cogitationes *P* : o cogitationes *ET*, *QVINT* cogitationes *H* || inanes *om. E* || me *om. H* || defuturum : futurum *T* || putarem in patria non futurum *P* : futurum in patria (-am *HV*) non putarem *HVE* non futurum in patria putarem *T* || illi *P* : illi illi *cett.* || illa *P* : *om. cett.* || atque : et *T*.

95 eodem : eodem illo *H* || enim *P* : enim se *HET* || pericula circumspicientibus : circumspicientibus pericula *T*.

lement en la dominant pas son courage mais en l'amadouant par le sacrifice de trois patrimoines ; et il ne doute pas, puisque ses largesses ont réussi à apaiser la plèbe, de vous avoir gagnés par les services éminents qu'il a rendus à la patrie. Le Sénat, dit-il, dans ces tout derniers temps, lui a souvent laissé voir sa bienveillance et, quel que soit le cours que la fortune donne à sa destinée, il emportera avec lui le souvenir de votre empressement, des sympathies, des propos flatteurs que vous avez eus pour lui, vous et les ordres auxquels vous appartenez. **96** Il se rappelle aussi que seule la proclamation du héraut [1] lui a manqué, et il ne la regrette guère, quand les suffrages unanimes du peuple que seuls il ambitionnait, l'ont déclaré consul ; et qu'aujourd'hui enfin, si cet appareil militaire doit être dirigé contre lui, ce qu'on lui oppose c'est le soupçon d'un attentat [2] et non une accusation fondée sur un fait. Il ajoute — ce qui est la vérité même — que les grands cœurs et les sages recherchent moins les récompenses de la vertu que la vertu elle-même ; que lui, dans sa vie, n'a rien fait qui ne fût glorieux, s'il est vrai qu'il n'est pas de plus beau titre d'honneur que de sauver sa patrie ;
97 que c'est un bonheur que de voir ses services honorés de la reconnaissance de ses concitoyens, mais que ce n'est pas un malheur que de les avoir vaincus en générosité ; mais toutefois que de toutes les récompenses de la vertu — s'il fallait avoir égard aux récompenses — la plus magnifique serait la gloire, car elle seule nous dédommage de la brièveté de la vie par le souvenir que conserve la postérité, et fait qu'absents nous sommes présents encore

1. Il s'agit de la proclamation officielle (*renuntiatio*) du résultat de l'élection qui faisait le magistrat président des comices par la voix du héraut. Milon n'a pu être proclamé consul parce que des troubles suscités par Clodius avaient interrompu le vote.

2. Il faut entendre non pas l'attentat dont Clodius a été victime mais de prétendus complots dirigés contre Pompée.

P. Clodio duce fortunis uestris imminebat, eam, quo tutior esset uestra uita, se fecisse commemorat ut non modo uirtute flecteret, sed etiam tribus suis patrimoniis deleniret, nec timet ne, cum plebem muneribus placarit, uos non conciliarit meritis in rem publicam singularibus. Senatus erga se beniuolentiam temporibus his ipsis saepe esse perspectam, uestras uero et uestrorum ordinum occursationes, studia, sermones, quemcumque cursum fortuna dederit, secum se ablaturum esse dicit. **96** Meminit etiam uocem sibi praeconis modo defuisse, quam minime desiderarit, populi uero cunctis suffragiis, quod unum cupierit, se consulem declaratum. Nunc denique si haec arma contra se sint futura, sibi facinoris suspicionem, non facti crimen obstare. Addit haec quae certe uera sunt, fortis et sapientis uiros non tam praemia sequi solere recte factorum, quam ipsa recte facta ; se nihil in uita nisi praeclarissime fecisse, si quidem nihil sit praestabilius uiro quam periculis patriam liberare. **97** Beatos esse quibus ea res honori fuerit a suis ciuibus, nec tamen eos miseros qui beneficio ciues suos uicerint. Sed tamen ex omnibus praemiis uirtutis, si esset habenda ratio praemiorum, amplissimum esse praemium gloriam ; hanc esse unam quae breuitatem uitae posteritatis memoria consolaretur, quae efficeret ut absentes

95 se (*ante* fecisse) *ET*, *ASCONIVS* : suam se *H* || deleniret : deliniret *E* || senatus *om. H* || fortuna dederit *ET*: fortunae ceperit *H* || secum se *HV* : secum *ET*.
96 uocem sibi : sibi uocem *T* || arma *om. T*.
97 hanc esse *V* : esse hanc *HET* || breuitatem : -te *ET*.

et que morts nous sommes vivants, que c'est elle enfin qui, comme par des degrés, permet aux hommes de s'élever jusqu'au ciel. **98** « Le peuple romain, dit-il, parlera toujours de moi, ainsi que toutes les nations ; le plus lointain avenir ne fera pas le silence sur mon nom. Et même, dans le moment présent où mes ennemis s'efforcent d'enflammer contre moi les brandons de la haine, dans toutes les réunions, dans toutes les conversations c'est envers moi un concert d'actions de grâces et de félicitations. Je ne dis rien des jours de fête que l'Etrurie a organisés et institués en mon honneur. Voici, je crois, le cent deuxième jour depuis la mort de P. Clodius[1] et déjà, jusqu'aux frontières les plus lointaines de l'empire romain, s'en est répandu non seulement la nouvelle mais l'allégresse. Ainsi je ne me mets pas en peine, dit-il, du lieu où reposera mon corps, puisque dans tout l'univers vit déjà et subsistera toujours la gloire de mon nom. »

XXXVI **99** Voici ce que tu m'as dit souvent, loin de nos juges, mais voici ce qu'en leur présence je te réponds, Milon : « La vaillance que tu manifestes est au-dessus de mes éloges. Mais plus cette valeur est héroïque, plus j'ai de chagrin à me séparer de toi. Si tu m'es arraché, il ne me restera pas même le consolation de me plaindre en exprimant mon indignation contre ceux qui m'auront infligé une blessure si cruelle. Car ce ne sont pas des ennemis qui t'arracheront à moi ; ce sont d'excellents amis qui, loin de s'être mal comportés envers moi, m'ont toujours comblé de bienfaits. » Non, juges, vous ne m'infligerez jamais de douleur assez grande — et peut-il y en avoir de pire que celle-ci ? — pour me faire oublier en quelle estime vous m'avez toujours tenu. Si vous en avez perdu le souvenir, ou si

1. Entre le 18 janvier, date du meurtre, et le 8 avril date du plaidoyer, le calendrier Julien, qui n'entra en usage qu'en 46 av. J.-C. ne donne qu'un intervalle de 81 jours. Pour obtenir le total de 102,

adessemus, mortui uiueremus ; hanc denique esse cuius gradibus etiam in caelum homines uiderentur ascendere. **98** « De me » inquit « semper populus Romanus, semper omnes gentes loquentur, nulla umquam obmutescet uetustas. Quin hoc tempore ipso, cum omnes a meis inimicis faces inuidiae meae subiciantur, tamen omni in hominum coetu gratiis agendis et gratulationibus habendis et omni sermone celebramur. Omitto Etruriae festos et actos et institutos dies : centesima lux est haec ab interitu P. Clodi et opinor altera. Qua fines imperii populi Romani sunt, ea non solum fama iam de illo, sed etiam laetitia peragrauit. Quam ob rem ubi corpus hoc sit, non » inquit « laboro, quoniam omnibus in terris et iam uersatur et semper habitabit nominis mei gloria. »

XXXVI **99** Haec tu mecum saepe his absentibus ; sed isdem audientibus haec ego tecum, Milo : « Te quidem cum isto animo sis, satis laudare non possum, sed quo est ista magis diuina uirtus, eo maiore a te dolore diuellor. Nec uero si mihi eriperis, reliqua est illa saltem ad consolandum querella, ut iis irasci possim a quibus tantum uolnus accepero. Non enim inimici mei te mihi eripient, sed amicissimi, non male aliquando de me meriti, sed semper optime. » Nullum mihi umquam, iudices, tantum dolorem inuretis — tametsi quis potest esse tantus ? —, sed ne hunc

98 meis *HV* : suis *ET* || celebramur : -bremur *ET* || est haec : haec est *T* || uersatur : -sabitur *V* || semper *ET* : semper hic *HV*.

99 absentibus : a sapientibus *H* || animo sis *H* : animo es *cett.* || ista *HV* : illa *ET* || saltem *HVW* : tamen *ET* || mihi unquam iudices : unquam iudices mihi *T* || tametsi *H* : etsi *ET*.

quelque chose en moi vous a heurtés, pourquoi ne pas m'en faire porter la peine plutôt qu'à Milon? Ma mort aura été belle si je suis frappé par le sort avant d'avoir vu un tel malheur. **100** Aujourd'hui une seule consolation me soutient, c'est de n'avoir manqué envers toi, T. Annius, à aucun de mes devoirs d'affection, de dévouement, de reconnaissance. Pour toi je me suis attiré l'inimitié des puissants [1] ; j'ai souvent exposé ma personne et ma vie aux armes de tes ennemis ; pour toi je me suis souvent abaissé au rôle de suppliant ; mes biens, ma situation et celle de mes enfants, je les ai associés à tes épreuves ; enfin, aujourd'hui même, si quelque violence te menace, quelque péril mortel, j'en revendique le risque. Puis-je davantage ? Que faire pour m'acquitter envers toi, sinon lier mon sort au tien quel qu'il puisse être [2] ? Je ne m'y refuse pas, je ne me dérobe pas et je vous supplie, juges, vous qui m'avez prodigué vos bienfaits, de les accroître encore en sauvant Milon ou de considérer qu'ils seront perdus si vous le condamnez [3].

XXXVII **101** Les larmes que je verse ne touchent pas Milon, car sa force d'âme est vraiment incroyable ; là est l'exil, pense-t-il, où il n'y a pas de place pour la vertu ; la mort lui paraît un terme naturel et non pas un châtiment. Qu'il garde ce caractère avec lequel il est né. Mais vous, juges, quels seront enfin vos sentiments ? Conserverez-vous le souvenir de Milon et le bannirez-vous lui-même ? Et y aura-t-il sur terre un lieu plus digne

il faut tenir compte du mois intercalaire (23 jours) et ne donner que 29 jours à janvier (mois lunaire).

1. C'est évidemment de Pompée qu'il s'agit ici, bien que Cicéron, en plusieurs passages de son plaidoyer, ait affecté de le croire favorable à Milon.

2. C'est-à-dire de suivre Milon dans son exil. Cette promesse imprudente prépare la *deprecatio* où Cicéron s'identifie à son client.

3. En condamnant Milon, les juges perdront le bénéfice de leurs bienfaits à l'égard de Cicéron qui ne pourra plus servir l'État.

quidem ipsum ut obliuiscar quanti me semper feceritis. Quae si uos cepit obliuio, aut si in me aliquid offendistis, cur non id meo capite potius luitur quam Milonis ? Praeclare enim uixero, si quid mihi acciderit, priusquam hoc tantum mali uidero. **100** Nunc me una consolatio sustentat, quod tibi T. Anni nullum a me amoris, nullum studi, nullum pietatis officium defuit. Ego inimicitias potentium pro te appetiui, ego meum saepe corpus et uitam obieci armis inimicorum tuorum, ego me plurimis pro te supplicem abieci, bona, fortunas meas ac liberorum meorum in communionem tuorum temporum contuli ; hoc denique ipso die si qua uis est parata, si qua dimicatio capitis futura, deposco. Quid iam restat ? Quid habeo quod faciam pro tuis in me meritis, nisi ut eam fortunam quaecumque erit tua, ducam meam ? Non abnuo, non recuso, uosque obsecro, iudices, ut uestra beneficia quae in me contulistis, aut in huius salute augeatis, aut in eiusdem exitio occasura esse uideatis.

XXXVII **101** His lacrimis non mouetur Milo — est quodam incredibili robore animi — exilium ibi esse putat ubi uirtuti non sit locus ; mortem naturae finem esse, non poenam. Sit hic ea mente qua natus est. Quid ? uos, iudices, quo tandem eritis animo ? Memoriam Milonis retinebitis, ipsum

99 ut *om. H* || cepit *HET* : ceperit *V* || obliuio : obliuio mei *H* || in me *H* : me *ET* || id meo : id in meo *H*.

100 abieci : obieci *E* || temporum *om. E* || si qua *CHE* : si quae *T* || dimicatio : diminutio *E* || quod *CH* : quid *ET* || non abnuo, non recuso : non recuso non abnuo *T* || salute : -tem *BH*.

101 exilium : sed exilium *E* || sit *CH* : sed *ET* || eritis animo *H* : animo eritis *cett.*

d'accueillir une telle vertu que celui qui lui a donné le jour ? C'est à vous, c'est à vous que je fais appel, hommes de cœur qui avez versé tant de sang pour la patrie ; je fais appel à vous dans le danger que court un tel homme et un citoyen invincible, à vous, centurions et à vous soldats[1] ; faudra-t-il, que sous vos yeux, que dis-je, quand vous êtes en armes pour protéger ce tribunal, une si haute vertu soit chassée, bannie, rejetée hors de notre ville ? **102** Malheureux, infortuné que je suis ! Toi, Milon, par ceux que voici, tu as pu me ramener dans ma patrie et moi je ne pourrai pas, par ces mêmes hommes te maintenir dans ta patrie ? Que répondrai-je à mes enfants, qui te considèrent comme un second père ? et à toi, mon frère Quintus, qui aujourd'hui es loin de moi[2], toi qui, en ce temps-là, as partagé mes épreuves ? Dirai-je que j'ai été incapable d'obtenir le salut de Milon de ceux qui lui ont donné le moyen d'assurer le mien ? Et dans quelle cause en aurai-je été incapable ? Dans une cause qui a les sympathies de toutes les nations, de qui n'ai-je pu l'obtenir ? De ceux à qui la mort de P. Clodius a apporté le plus de soulagement. Et qui les implorait ? Moi-même. **103** Quel est donc le crime si grand que j'ai commis ? De quel forfait me suis-je rendu coupable, juges, lorsque j'ai dépisté, découvert, révélé, étouffé ces signes annonciateurs de notre ruine à tous[3] ? Voilà la source unique d'où rejaillit sur moi et les miens ce flot de misères. Pourquoi avez-vous voulu mon rappel ? c'est sans doute pour que j'assiste au bannissement de ceux-ci qui m'ont fait revenir[4] ? Ne souffrez pas, je vous en conjure,

1. Cette apostrophe, un peu inattendue, aux troupes qui gardent le forum reprend, en quelque manière, le thème développé au début du discours.

2. Quintus est alors en Gaule, légat de César.

3. Depuis 63 Cicéron n'a cessé de vanter la perspicacité dont il a fait preuve dans la découverte de la conjuration de Catilina.

4. Ici, le pluriel *per quos*, comme plus bas *ad his*, désigne emphatiquement Milon.

eicietis ? Et erit dignior locus ullus in terris qui hanc uirtutem excipiat, quam hic qui procreauit ? Vos, uos appello, fortissimi uiri, qui multum pro re publica sanguinem effudistis ; uos, inquam, in ciuis inuicti periculo appello centuriones uosque milites ; uobis non modo inspectantibus, sed etiam armatis et huic iudicio praesidentibus haec tanta uirtus ex hac urbe expelletur, exterminabitur, proicietur? **102** O me miserum, o me infelicem! Reuocare tu me in patriam, Milo, potuisti per hos, ego te in patria, per eosdem retinere non potero ? Quid respondebo liberis meis qui te parentem alterum putant ? Quid tibi, Quinte frater, qui nunc abes, consorti mecum temporum illorum ? Mene non potuisse Milonis salutem tueri per eosdem per quos nostram ille seruasset ? At in qua causa non potuisse ? Quae est grata gentibus *omnibus.* A quibus non potuisse ? ab iis qui maxime P. Clodi morte adquierunt. Quo deprecante ? Me !

103 Quodnam ego concepi tantum scelus, aut quod in me tantum facinus admisi, iudices, cum illa indicia communis exiti indagaui, patefeci, protuli, extinxi ? Omnes mihi meisque redundant ex fonte illo dolores. Quid me reducem esse uoluistis ? An ut inspectante

101 ullus in terris *CH* : in terris ullus *ET* || sanguinem : -nis *C* || inquam in *Clark* : inquam et *H* unquam et *B* inuiri et in *ET* || periculo appello : appello periculo *T* || proicietur : proicitur *H*.

102 O me... o me : o me... o *T* me... me *QVINT*. 11, 3, 172 o me... o te *QVINT*. 6, 1, 24 || patria : -am *T* || Quinte *om. E* || grata : gratia *H* || gentibus : ingentibus *H* || *post* gentibus *aliquid deesse constat quanquam nulla significatur in codd. lacuna* ; omnibus *suppl. Garatoni* || ab iis (his *C*) *CH* : iis *ET*.

103 quo *HB* : quod *ET* || protuli : per- *H* || mihi meisque *CH* : in me meosque *ET*.

que le retour soit pour moi plus cruel encore que n'a été le départ. Car comment puis-je me croire rétabli si l'on m'arrache de ceux-mêmes qui m'ont fait rétablir ?

XXXVIII Plût aux dieux immortels — pardonne, o ma patrie, un tel langage, car je crains que ne soit un crime contre toi ce vœu que par devoir d'amitié j'exprime en faveur de Milon — plût aux dieux que P. Clodius fût encore vivant, bien plus, qu'il fût préteur, consul, dictateur et qu'à ce prix je n'eusse pas un tel spectacle sous les yeux ! **104** O dieux immortels ! Quel homme de cœur et comme il mérite, juges, d'être sauvegardé par vous ! « Non, non, dit-il ; mieux vaut au contraire que Clodius ait subi un châtiment mérité et que nous subissions, nous, si cela est inévitable, une peine que nous n'avons pas méritée. » Un tel homme, né pour sa patrie, va-t-il mourir ailleurs que dans sa patrie ? ou bien, si par hasard il en doit être ainsi, mourrait-il autrement que pour sa patrie ? Et vous, qui conservez les souvenirs de sa grande âme, souffrirez-vous qu'il n'y ait pas pour son corps de tombeau en Italie [1] ? Y aura-t-il quelqu'un pour bannir par son vote de notre ville celui que toutes les villes appelleront à l'envi quand vous l'aurez banni ? **105** Heureuse la terre qui là-bas accueillera ce grand homme ; ingrate la nôtre si elle le rejette et malheureuse si elle le perd ! Mais finissons. Voici que les larmes m'empêchent de parler et lui ne veut pas de larmes pour le défendre. Quant à vous, juges, je vous en prie et vous en conjure, ayez, en exprimant vos suffrages, le courage de votre opinion. Votre vaillance, votre justice, votre conscience, croyez-moi, auront tout

1. L'exilé perdait en même temps que sa personnalité civile, le *ius sepulcri*.

me expellerentur hi per quos essem restitutus ? Nolite, obsecro uos, acerbiorem mihi pati reditum esse quam fuerit ille ipse discessus. Nam qui possum putare me restitutum, si distrahar ab his per quos restitutus sum ?

XXXVIII Vtinam di immortales fecissent — pace tua, patria, dixerim ; metuo enim ne scelerate dicam in te quod pro Milone dicam pie —, utinam P. Clodius non modo uiueret, sed etiam praetor, consul, dictator esset potius quam hoc spectaculum uiderem !
104 O di immortales, fortem et a uobis, iudices, conseruandum uirum ! « Minime, minime » inquit ; « immo uero poenas ille debitas luerit ; nos subeamus si ita necesse est, non debitas ». Hicine uir patriae natus usquam nisi in patria morietur aut, si forte, pro patria ? Huius uos animi monumenta retinebitis, corporis in Italia nullum sepulcrum esse patiemini ? Hunc sua quisquam sententia ex hac urbe expellet quem omnes urbes expulsum a uobis ad se uocabunt ?
105 O terram illam beatam quae hunc uirum excipiet, hanc ingratam si eiecerit, miseram si amiserit ! Sed finis sit ; neque enim prae lacrimis iam loqui possum, et hic se lacrimis defendi uetat. Vos oro obtestorque iudices, ut in sententiis ferundis quod sen-

103 hi *E* : hii *H* ii *T* || putare me : me putare *T* || restitutum *H* : restitutum esse *ET* || distrahar *ETW* : -hor *HB* || praetor, consul : pr. consul *B* p. r. consul *H* proconsul *ET*.

104 iudices conseruandum uirum : uirum conseruandum iudices *CH* || non debitas *om.* *T* || hicine : hicne *C* || omnes : nos omnes *E*.

105 illam beatam *om.* *HB* || excipiet *B* excipit *H* exceperit *ET* || sed : sed si *T* || prae *ET*, *QVINT.*, 11, 3, 173 : pro *HB* || possum *ET*, *QVINT.* : possumus *CH* || ferundis *Schol. B* : -rendis *codd.* || sentiatis *Schol. B.* : -tietis *ET* -titis *HV* sententiis *B*.

particulièrement l'approbation de celui [1] qui, en recrutant les juges, a choisi parmi tous les plus honnêtes, les plus éclairés, les plus courageux.

1. Il s'agit de Pompée. Cicéron qui, en réalité ne doute pas que Pompée ne désire la condamnation de Milon, feint ici, comme aux §§ 2, 21, 71, d'être assuré de sa bienveillance ou du moins de son impartialité.

tiatis id audeatis. Vestram uirtutem, iustitiam, fidem, mihi credite, is maxime comprobabit qui in iudicibus legendis optimum et sapientissimum et fortissimum quemque delegit.

105 comprobabit *Clark* : comprobauit *CH* probabit *ET* || et fortissimum *om. T* || quemque : quem *H* || delegit *C* : elegit *HT* legit *E*.

TABLE DES MATIÈRES

Ce volume,
de la Collection des Universités de France,
publié aux Éditions Les Belles Lettres,
a été achevé d'imprimer
en novembre 2002
sur presse rotative numérique
de Jouve
11, bd de Sébastopol, 75001 Paris

N° d'édition : 4957
Dépôt légal : novembre et décembre 2002

Imprimé en France

Ce volume,
le quatre cent trente deuxième
de la série grecque
de la Collection des Universités de France,
publié aux Éditions Les Belles Lettres,
a été achevé d'imprimer
en novembre 2003
dans les ateliers
de l'imprimerie Peeters s. a.
à Louvain, B-3000

N° d'édition : 6022.
Dépôt légal : novembre 2003.

Imprimé en France